CHAVES DE LEITURA PARA A FILOSOFIA CONTEMPORÂNEA:

Uma introdução para não filósofos

OZANAN VICENTE CARRARA (ORG.)

CHAVES DE LEITURA PARA A FILOSOFIA CONTEMPORÂNEA:

Uma introdução para não filósofos

Direção Editorial:	Marlos Aurélio
Conselho Editorial:	Avelino Grassi
	Edvaldo Araújo
	Fábio E. R. Silva
	Mauro Vilela
	Márcio Fabri dos Anjos
Copidesque:	Ana Rosa Barbosa
Revisão:	Thiago Figueiredo Tacconi
Diagramação:	Tatiana Alleoni Crivellari
Capa:	Leonardo Asprino

1º impressão
@ Editora Ideias & Letras, 2015

Rua Tanabi, 56 – Água Branca
Cep: 05002-010 – São Paulo/SP
(11) 3675-1319 (11) 3862-4831
Televendas: 0800 777 6004
vendas@ideiaseletras.com.br
www.ideiaseletras.com.br

Dados Internacionais de Catalogação na Publicação (CIP)
(Câmara Brasileira do Livro, SP, Brasil)

Chaves de leitura para a filosofia contemporânea: uma introdução para não filósofos/Ozanan Vicente Carrara (org.).
São Paulo-SP: Ideias & Letras, 2015.
Vários autores.

ISBN 978-85-65893-84-8

1. Filosofia 2. Filosofia contemporânea
3. Filósofos I. Carrara, Ozanan Vicente.

15-03391   CDD-199

Índice para catálogo sistemático:
1. Filosofia contemporânea 199

SUMÁRIO

PREFÁCIO	7
Capítulo I ■ **Martin Heidegger**	11
(Hélia Maria Soares de Freitas – UERJ)	
Capítulo II ■ **Emmanuel Levinas**	35
(Ozanan Vicente Carrara – UERJ)	
Capítulo III ■ **Jean-Paul Sartre**	53
(Luciano Donizetti da Silva – UFSCar)	
Capítulo IV ■ **Henri Bergson**	67
(Tarcísio Jorge Santos Pinto – USP e Luka de Carvalho Gusmão – UFJF)	
Capítulo V ■ **Jacques Derrida**	83
(Dirce Eleonora Nigro Solis – UERJ)	
Capítulo VI ■ **Max Scheler**	107
(Fábio Murat de Pillar – UFRJ)	
Capítulo VII ■ **Gilles Deleuze**	121
(Sergio Resende – UFRJ)	
Capítulo VIII ■ **Cornelio Fabro**	139
(José Vidal de Amorim – PUG)	
Capítulo IX ■ **Merleau-Ponty**	153
(André Luiz Pinto da Rocha – UERJ)	
POSFÁCIO	169
Referências bibliográficas	171
Sobre os autores	187

PREFÁCIO

O livro que o leitor tem agora em mãos apresenta uma introdução a nove diferentes filósofos, oferecendo uma chave de leitura organizada por estudiosos que vêm se dedicando, por vários anos, às obras desses pensadores. Foi idealizado não apenas como introdução para não filósofos, mas como convite ao aprofundamento para aqueles que encontrarem em suas páginas um estímulo para a leitura atenta e dedicada de cada pensador.

O capítulo I, escrito por Hélia de Freitas, convida à leitura do filósofo alemão, Martin Heidegger, a partir de duas chaves de leitura: o método fenomenológico e a noção de compreensão. Tendo bebido na fenomenologia de Edmundo Husserl, Heidegger tornou-se uma das principais referências na filosofia contemporânea, despertando as mais diversas reações nos anos que se seguiram à publicação de *Ser e tempo* e, em sua segunda fase, após a virada hermenêutica, quando se propôs superar a metafísica tradicional. É nessa segunda fase que a compreensão, como constitutiva do existente humano, ganha importância fundamental em sua proposta filosófica, como o demonstra a autora. A fenomenologia hermenêutica do filósofo teve repercussões profundas nos mais diversos campos das ciências humanas, tendo ainda influenciado discussões posteriores entre os herdeiros da fenomenologia husserliana como Sartre, Levinas, Merleau-Ponty, Ricoeur, Derrida e outros.

O capítulo II é dedicado ao filósofo franco-lituano, Emmanuel Levinas, introdutor da fenomenologia na França e tradutor de Husserl. Por ter sido aluno de Husserl e Heidegger, Levinas se apropria do método fenomenológico para propor uma filosofia da alteridade. Distanciando-se da ontologia fundamental de Heidegger, o filósofo da alteridade radical propõe a ética como filosofia primeira, criticando a tradição filosófica ocidental por reduzir o outro ao mesmo, apagando dessa forma sua alteridade. Discutindo a existência humana com seus dois mestres e interlocutores, Levinas se aproxima de outras tradições filosóficas igualmente críticas da totalidade, como as de Martin Buber e Franz Rosensweig, construindo uma noção de subjetividade ética como alternativa às filosofias clássicas do sujeito, dando proeminência à corporeidade. Assim, a filosofia da alteridade de Levinas encontra sua chave de leitura nas duas noções de subjetividade propostas em suas duas obras principais e na busca de uma linguagem ética alternativa à linguagem da ontologia, questionando o filósofo a pertença do humano à ordem do ser.

O capítulo III, de Luciano Donizetti, aborda a filosofia de Jean-Paul Sartre, outro nome fundamental na história da fenomenologia francesa. A chave de leitura que o autor propõe para o iniciante na filosofia de Sartre é a questão da liberdade, modo básico de ser humano. É a proximidade com Husserl e com a fenomenologia heideggeriana que permite a Sartre propor uma filosofia da liberdade absoluta, aproximando-se e, ao mesmo tempo, distanciando-se dos dois mestres da fenomenologia, procurando também, no seio do marxismo, recuperar a liberdade perdida, numa continuidade sem rupturas no desenrolar de seu itinerário filosófico. O autor mostra como o filósofo propõe uma *analítica* do homem consciente no mundo contraposta à analítica do *Dasein,* vendo uma continuidade entre a obra *O ser e o nada* e a *Crítica da razão dialética*.

No capítulo seguinte, Tarcísio Pinto e Luka de Carvalho Gusmão apresentam a filosofia de Henri Bergson, outro nome entre os gênios filosóficos da França. Para os autores, o que melhor caracteriza a filosofia de Bergson é sua crítica à tradição filosófica por não ter apreendido a realidade da vida como duração. Tal tradição buscou no movimento e no devir apenas o estável, desvalorizando o durável, o movente e o mutável. O filósofo propõe então outra metafísica que, apoiada no método da intuição, seja capaz de apreender a verdadeira duração das coisas, deixando ver o que elas têm de único. A metafísica deve então se afastar de universalismos abstratos e simbólicos para, servindo-se da intuição, inseri-los no "imediato da realidade movente e concreta da duração viva das coisas". Só esse modo de aproximação intuitivo permitiria pensar a unicidade e a singularidade de cada ser. Uma noção se impõe como central nessa filosofia, a de experiência que, aliás, se apresenta tanto como fato quanto duração resistente à lei e à medida. Destarte, uma filosofia cuja proposta é aproximar-se da vida deve então ser primordialmente fundada na intuição. A filosofia de Bergson pode então ser lida a partir da descoberta da duração e do método que melhor é capaz de apreendê-la: a intuição.

O capítulo V, dedicado a Jacques Derrida pelos olhos da estudiosa do filósofo, Dirce Solis, apresenta-o como portador de uma contribuição marcante para a filosofia contemporânea, apesar de reconhecer as polêmicas que levanta. Embora não seja um nome diretamente associado à fenomenologia, Derrida fez estudos profundos de Husserl, Heidegger e Sartre. A autora apresenta o filósofo como propositor da *desconstrução*, "método" pelo qual se tornou conhecido, detendo-se no significado desse termo frequentemente tomado como seu método, embora o autor rejeite tal compreensão. Para o filósofo, desconstrução é um acontecimento, vendo no tempo do acontecimento algo coextensivo ao conceito de diferença, associando-o, assim, ao novo e à inovação. Dessa forma, Derrida se inscreve entre os pensadores questionadores da lógica da identidade da metafísica tradicional, fazendo coro com Levinas, Deleuze e outros. O fio condutor pelo qual o filósofo lê a história da metafísica ocidental, ao ver da autora, é a crítica do logocentrismo ou da redução do pensamento ao *logos*. Mas mostra ainda que Derrida não é apenas um desconstrutor dos conceitos metafísicos pelo viés linguístico, tendo se ocupado também da ética e política. Aliás, sua compreensão de ética deixa transparecer a influência de Levinas com quem Derrida manteve longo e frutífero debate filosófico. O filósofo travou ainda importantes batalhas políticas, tendo também contribuído para a democracia com suas reflexões filosóficas, sempre a partir da perspectiva desconstrucionista.

O capítulo VI é dedicado ao filósofo Max Scheler. Fábio Murat o apresenta a partir do núcleo central de seu pensamento: a teoria dos valores, como a aborda pelo método fenomenológico. Como demonstra Murat, Scheler parte do primado da emoção, segundo o qual tudo tem origem numa relação afetiva com as coisas, isto é, uma "atitude emocional que implica uma apreensão de valores". A experiência mais básica do ser humano é a do amor que o determina bem antes da razão. É a emoção que primeiro dá ao homem acesso ao ser e à significação. Assim, os valores são objetos captados nessa intuição emocional. Contrapondo a ética material de Scheler à kantiana, o autor mostra o excesso de formalismo da última. De fato, para o filósofo de Konisberg, uma ética material como a de Scheler seria ainda uma forma de heteronomia já que Kant nega a causalidade sensível aos valores. Ele demonstra, então, que uma ética de conteúdo é igualmente sustentável.

No capítulo VII é apresentado o filósofo francês Gilles Deleuze. O tema da filosofia deleuziana se delineia em torno do tema da *diferença,* a qual se dedica boa parte dos filósofos contemporâneos como Levinas, Derrida e outros. A crítica deleuziana à metafísica ocidental refere-se ao pensamento do *idêntico,* visto como refúgio que os fracos procuram para escapar à desordem do devir. Diferença para o filósofo é a resistência dos seres à estabilização da forma. O ser é potência e potência criativa, isto é, o ser é vida. Subvertendo dessa forma o platonismo, Deleuze afirma a diferença como objeto da filosofia e não mais a identidade, vendo-a como teoria da multiplicidade e não como a metafísica tradicional a viu, uma teoria dos princípios. O autor do capítulo,

Sergio Resende, apresenta o filósofo a partir dessa intuição básica da qual toda sua filosofia se desenvolve.

José Vidal de Amorim, no capítulo VIII, procura mostrar a atualidade do pensamento de Tomás de Aquino, através do filósofo italiano tomista, Cornelio Fabro, que se inspira na filosofia do Aquinate e mostra que ele ainda tem algo a dizer à contemporaneidade. Para isso, o autor italiano dialoga com a filosofia de Heidegger que com Tomás de Aquino, Hegel e Kierkegaard são, para ele, nomes essenciais da história da filosofia. Não é o tomismo puro e simples de que se ocupa o filósofo, mas ele em diálogo com o hegelianismo e a ontologia heideggeriana. Vidal apresenta o percurso do filósofo, a partir da noção metafísica de participação, noção cara ao sistema tomista.

O último capítulo é dedicado à filosofia de Maurice Merleau-Ponty, apresentada por André Pinto. O autor o descreve como filósofo do corpo e da carne, situando-o como nome de excelência na tradição fenomenológica francesa, da qual ele se distancia no fim do seu itinerário filosófico, ao buscar desvelar o ser através do anímico e ao retomar o biológico, o sensível e o estético como essenciais para a compreensão do ser. Em sua análise da experiência humana, o filósofo, segundo o autor, recorre não à intencionalidade husserliana, mas à psicologia da forma. Em sua *Fenomenologia da percepção*, ele se dedica ao estudo da corporeidade e do sensível, tendo seus livros posteriores quase todos teor político. O marxismo se apresenta ainda como a outra vertente filosófica que se faz presente, de maneira determinante, no pensamento merleau-pontiano, sobretudo o marxismo de Ernest Bloch, em sua valorização do corpóreo e do sensível, aproximando-se nesse aspecto também de Levinas. Assim, o filósofo trata o ser a partir das dimensões do corpo, do orgânico e da linguagem, denominando-o, por isso, como ser bruto, selvagem. Tais aspectos oferecem uma breve introdução ao iniciante na filosofia de Merleau-Ponty.

Enfim, esperamos que os leitores não familiarizados com o universo filosófico encontrem nestas páginas uma introdução que os ajude a se aventurar na leitura dos textos e do mundo de cada pensador apresentado e que essa introdução os encoraje a buscar mais aprofundamento no complexo mundo da filosofia.

Volta Redonda, 25 de novembro de 2013.

Prof. Ozanan Vicente Carrara

Capítulo I – Martin Heidegger

(Hélia Maria Soares de Freitas – UERJ)[1]

O método fenomenológico hermenêutico e o conceito de compreensão na construção do projeto heideggeriano de uma ontologia fundamental

Apresentar uma introdução geral e ao mesmo tempo sucinta do pensamento filosófico de Martin Heidegger é uma tarefa bastante difícil, tendo em vista a importância, a variedade de escritos e o próprio contexto de desenvolvimento do pensamento heideggeriano. Corre-se o risco de deixar de abordar questões e conceitos importantes que cada vez mais suscitam novas abordagens e diferentes desdobramentos nas mais diversas áreas de pesquisa. Considerando isso, adotamos como ponto de partida e fio condutor a análise de duas noções que ocupam lugar central no contexto de desenvolvimento de suas ideias filosóficas, e que são decisivas para a compreensão de sua obra principal: a questão do método fenomenológico hermenêutico e o conceito de compreensão.

Mas para uma melhor compreensão da profundidade e originalidade do pensamento deste importante filósofo contemporâneo, convém iniciarmos nossa análise com um breve relato da sua trajetória filosófica. Martin Heidegger nasceu em uma pequena cidade católica da Alemanha (Messkirch) em 1889. Quando era estudante secundário em Constança, o pároco lhe presenteou com a obra de Brentano, *Sobre os diversos sentidos do ente em Aristóteles*, episódio que o próprio Heidegger considerava o ponto de partida de seu caminho filosófico. Em 1909, ingressou em um curso de Teologia, na Universidade de Freiburg. Paralelamente, dedicou-se a estudos sobre Aristóteles e iniciou as primeiras leituras de Husserl, que o levariam ao método fenomenológico. Nessa mesma

---

1 Doutora em Filosofia pela UERJ e docente da Universidade Gama Filho/RJ.

época, conheceu a filosofia de Maurice Blondel e o pensamento de Kierkegaard. Heidegger cursou os dois primeiros anos até que, em 1911, abandonou a Teologia pela Filosofia. Entre 1919 e 1923 foi assistente de Husserl na Universidade de Freiburg, com quem se iniciou no método fenomenológico.

Desde o início, sua atividade docente chamou a atenção e sua fama se estendeu por toda a Alemanha. O que atraía o interesse de muitos era sua pretensão de recolocar questões filosóficas esquecidas e sedimentadas pela tradição. No exercício docente de Heidegger cobravam vida os autores antigos, desgastados e repetidos mecanicamente na cotidianidade das aulas. Em 1927 publicou sua obra mais célebre, *Ser e tempo*, a qual desde o começo suscitou muitas discussões. Hitler assumiu o poder na Alemanha em 1933. Seu governo nomeou Heidegger como Reitor da Universidade de Freiburg. Em pouco tempo, porém, compreendeu que, com a nova estrutura política, o controle da universidade não recaía sobre o reitor, mas sobre os estudantes filiados ao partido nazista. Por essa razão, no ano seguinte, apresentou sua renúncia, continuando com a tarefa docente. Heidegger faleceu em 1976 e foi enterrado segundo rituais da Igreja Católica em sua cidade natal. A trajetória do pensamento heideggeriano costuma ser dividida em duas fases, designadas como a do primeiro e a do segundo Heidegger. A primeira é caracterizada pela analítica da existência, na qual o existente humano é compreendido como *ser-aí* (*Dasein*), isto é, como um ente finito, aberto a possibilidades indeterminadas de ser, cuja característica essencial é a compreensão de ser. A fase caracterizada como a do segundo Heidegger se inicia na segunda metade dos anos 30 e se estende até suas últimas obras. Nessa fase ocorre uma mudança em seu projeto filosófico, conhecida como *virada* (*Kehre*), mediante a qual o pensamento heideggeriano, a partir de uma concepção não representacional da linguagem (considerada por Heidegger como a "morada do ser"), passa a meditar sobre o "acontecimento apropriativo" do Ser (*Ereignis des Seyns*). Trata-se de tema vasto que requer, para uma compreensão bem apropriada, uma reflexão acerca da concepção heideggeriana de fenomenologia e hermenêutica, bem como de seu projeto de desconstrução e superação da metafísica tradicional. Iniciemos, então, com uma retomada do significado inicial da hermenêutica até a concepção filosófica que a remete à *compreensão*, entendida como umas das características ontológicas fundamentais da existência humana.

Atualmente, a hermenêutica encontra-se entre as principais correntes filosóficas contemporâneas. Contudo, ela não foi, desde o início, concebida como uma teoria geral da compreensão que se ocupa de questões dos mais diferentes domínios da existência. Nos séculos anteriores ela era pensada como disciplina específica com limites e temas determinados, em geral voltados para o tratamento de questões relacionadas ao modo adequado de interpretação de textos. Os filósofos que contribuíram para a ampliação dessa concepção metódica para um modo propriamente filosófico de questionamento foram Scheleiermacher, Wilhelm Dilthey, Heidegger, Gadamer, J. G. Droysen, Max Weber, P. Ricoeur etc. O primeiro a ampliar a tarefa hermenêutica, ao apresentar, entre outras regras de interpretação, aquela que exige situar o pensamento do autor na totalidade de sua vida intelectual, foi Friederich Scheleiermacher. Seguindo esse movimento inicial, Dilthey ampliou ainda mais a dimensão filosófica da hermenêutica ao conceber o problema da compreensão como questão fundamental de uma filosofia das ciências do espírito. Para Dilthey, é a compreensão, e não a mera interpretação, a tarefa da reflexão hermenêutica propriamente filosófica. Mas o que Dilthey quer dizer aqui com "compreensão"? Para ele, toda compreensão é histórica: todos os seus desenvolvimentos metodológicos conduzem a uma consideração da vida como uma realidade radical e irredutível a qualquer outro tipo de realidade e só compreensível a partir de si mesma. De acordo com esse pensamento, a história constrói estruturas e conexões dinâmicas centradas em si mesmas, seguindo-se daí o caráter relativo dos valores e da verdade: todo valor e toda concepção de mundo deve ser julgada de acordo com seu contexto histórico.

Dilthey desenvolve, assim, uma hermenêutica filosófica que busca reestabelecer um nexo para a história que possibilite a compreensão do dado, a partir da totalidade. Contudo, será Martin Heidegger que dará o passo decisivo de uma hermenêutica filosófica particular para uma filosofia propriamente hermenêutica, na medida em que considera o fenômeno da compreensão muito mais que um modo de conhecimento ou um sistema de regras metodológicas. A compreensão, para Heidegger, é determinação ontológica do existente humano. Em outras palavras, a compreensão não é apenas uma forma de conhecimento, mas, antes, um aspecto constitutivo do existente humano. Em *Ser e tempo* (1927),[2] sua obra principal, Heidegger estabelece os fundamentos de uma hermenêutica ontológica e histórica que

---

2 Esse é um contexto contemporâneo à filosofia fenomenológica, cujo fundador, Edmund Husserl, se encarrega da tarefa de superar a crise da ciência positivista que havia dominado quase totalmente o cenário cultural europeu durante grande parte da segunda metade do século XIX. O significado dessa crise reside, para Husserl, no fato de que a ciência deixou de ter significado para o homem, uma vez que não lhe proporciona critérios rigorosos para orientar sua conduta. Nessa conjuntura, a fenomenologia se apresenta como reflexão filosófica que quer fundamentar inabalavelmente a objetividade do saber por um método, cuja regra principal é deixar que "as coisas mesmas" se mostrem como se dão imediatamente a quem as vive e suspendendo o juízo sobre a validade dos pressupostos, opiniões ou interpretações sobre elas. É importante destacar que é justamente essa exigência metodológica de suspensão da existência do mundo e dos sujeitos e objetos reais para ficar somente com a experiência da consciência pura, que Heidegger, aluno e assistente de Husserl, acabará por recusar, conduzindo a fenomenologia para a hermenêutica.

serão determinantes para o pensamento de outros filósofos como Hans-Georg Gadamer e Paul Ricoeur. As teses mais fundamentais de sua hermenêutica são apresentadas principalmente no capítulo V dessa obra. Para maior compreensão desses temas, convém analisarmos a apresentação que faz Heidegger da ontologia fundamental no capítulo introdutório de *Ser e tempo*.[3] No capítulo, Heidegger retoma os resultados obtidos de sua hermenêutica da facticidade, um projeto esboçado no início dos anos 1920, mais precisamente nas lições de 1923, nas quais analisa a tarefa das ciências positivas, as quais, segundo ele, se ocupam de problemas ônticos na medida em que formulam enunciados sobre a natureza e a cultura. Para Heidegger, contudo, as próprias ciências derivam de ganhos cognitivos ancorados no contexto concreto do *ser-no-mundo*. Em outros termos, isso quer dizer: as ciências nada mais são do que modos de ser do existente humano. E entre eles há um modo de ser fundamental: a compreensão (*Verstehen*).

Heidegger propõe pensarmos acerca de uma compreensão prévia de um mundo (entendido como horizonte de abertura dos entes) a partir do qual já sempre se interpretou o sentido dos entes, os quais só posteriormente podem ser objetivados pelas diversas ciências. Do mesmo modo como as reflexões de Dilthey e de outros pensadores, também exerceram grande influência na filosofia de Heidegger algumas importantes teses filosóficas desenvolvidas por seu mestre Edmund Husserl. Para esse filósofo, há duas formas de relação da consciência com o mundo: a primeira é a natural, que concebe a realidade como existindo em si, independentemente de todo ato de consciência. Já a segunda, a atitude fenomenológica, é aquela em que o mundo é visto na perspectiva de uma consciência (a transcendental), que suspende sua crença na realidade do mundo exterior para se colocar como condição de aparição desse mundo como doadora de sentido. A consciência deixa, assim, de ser pensada como parte do mundo, mas como o lugar de seu desdobramento no campo originário da intencionalidade. Na atitude fenomenológica, o mundo não é uma existência já que não é nada mais do que o que ele é para a consciência. Ou seja, um simples fenômeno. Daí que a tarefa da fenomenologia husserliana consiste em analisar as vivências intencionais da consciência para perceber como nela são produzidos os sentidos dos fenômenos. Contudo, é justamente a exigência metodológica da fenomenologia husserliana de pôr entre parênteses a existência do mundo e dos sujeitos e objetos reais para ficar apenas com a experiência da consciência pura, analisável por um observador desinteressado, o que Heidegger terminaria por rejeitar ao orientar a fenomenologia para a hermenêutica. Segundo Heidegger, o problema da fenomenologia, como

---
3 HEIDEGGER, Martin. *Ser y Tiempo*, §1 a §4, pp. 25-37 (2-15).

desenvolvida por Husserl, é que ela sucumbe à grande influência da posição teórica sobre o pensamento filosófico tradicional.

Heidegger e a hermenêutica da facticidade

No curso de 1919-1920 sobre os *Problemas fundamentais da fenomenologia* (GA 58),[4] Heidegger apresenta uma concepção de fenomenologia como ciência originária da vida fática. Heidegger se refere à cientificidade da filosofia como essencialmente ligada ao seu caráter originário, em seu sentido pré-teórico. Nesse período Heidegger concebe a filosofia como "re-vivência" ou repetição da vida imediata e espontânea. Tal repetição não pode, porém, ser tomada como a forma de reflexão proposta por Husserl, porque produz uma modificação essencial na vivência originária. A reflexão pode trazer à tona tudo o que se encontrava presente na vivência, mas não pode revivê-la. Assim, minhas vivências não se dão para mim como um objeto que se põe diante de mim, mas como um ocupar-se de muitos modos com os entes, uma ocupação que me envolve e me afeta. Nesse sentido, a repetição tem que tomar integralmente tudo o que aparece em minha vivência imediata, sobretudo os modos não teóricos desse aparecer. Isso equivale adotar uma posição inteiramente oposta à redução fenomenológica husserliana na medida em que implica subsumir-se na atitude natural e não a colocar fora de circulação.

Ao apresentar essa concepção, Heidegger se mostra, assim, bastante crítico no que diz respeito à pretensão de Husserl de captar as essências de modo imediato. Para ele, a abertura de um fenômeno só é possível sobre a base de sua pré-compreensão. Nesse sentido, é preciso que a fenomenologia se vincule à hermenêutica, o que ocorre em especial a partir das lições de 1923 sobre *Ontologia: hermenêutica da facticidade* (GA 63).[5] Nesses escritos Heidegger converte explicitamente a questão ontológica do sentido do ser na pergunta fundamental de sua filosofia. Ele observa que a vida fática compreende a si mesma de modo pré-teórico. Esse modo refere-se a determinado modo de ser em uma relação peculiar com todos os outros entes. Em tal relação está sempre presente essa compreensão prévia de seu próprio ser. Heidegger aqui não apenas começa a identificar a fenomenologia com a ontologia, como também essa última com uma "hermenêutica da facticidade", isto é, como o

---

[4] HEIDEGGER, Martin. *Grundprobleme der Phänomenologie*. Hrsg. H. H. Gander (Frankfurt: Vittorio Klostermann, 1992). GA 58.
[5] HEIDEGGER, Martin. *Ontologie (Hermeneutik der Faktizität)*. Hrsg: Käte Bröcker-Oltmanns (Frankfurt: Vittorio Klostermann, 1988). GA 63.

dar-se a conhecer da vida fática a si mesma. De acordo com Heidegger, a vida fática se dá de modo distorcido, pois sempre se encobre. E o que torna possível a compreensão é que tal encobrimento não é absoluto, mas uma espécie de distorção. A tarefa da hermenêutica consiste em encontrar uma interpretação que dissolva esse encobrimento originário.

É importante ressaltar que a experiência fática não diz respeito a uma espécie de reflexão teórica e tampouco a uma espécie de percepção interna. Trata-se da experiência imediata, que pode ser explicada como o acesso rotineiro e prático a nosso entorno (*Umgebung*) imediato. Heidegger afirma que "eu mesmo não me experencio". Essa expressão significa que, de início e na maioria das vezes, nos encontramos imersos pré-reflexivamente no mundo imediato que nos rodeia. Em virtude de minha facticidade, tenho a mim mesmo naquilo que faço, espero, uso, evito etc., isto é, em coisas com as quais me ocupo no mundo cotidiano. E, segundo Heidegger, é dessas vivências do mundo circundante que deve partir a análise filosófica. Ele escolhe, portanto, como ponto de partida para a filosofia a situação na qual nos encontramos de início e na maioria das vezes: as vivências do mundo circundante. As vivências genuínas do mundo, porém, não se dão, segundo Heidegger, na consciência, isto é, não têm origem na esfera de objetos diante de mim e que percebo, mas, ao contrário, surgem no interior de um horizonte de significados que articula o mundo fático em que vivo cotidianamente.

Ocorre, assim, uma mudança de perspectiva que configura o núcleo da transformação hermenêutica da fenomenologia iniciada por Heidegger nas mencionadas lições do início dos anos 1920: a substituição do modelo de uma filosofia da consciência, fundamentada na percepção, pelo paradigma da filosofia hermenêutica baseada na compreensão. Nessa mudança de perspectiva, as coisas, pessoas e situações do mundo cotidiano não se mostram primariamente como entes percebidos, mas como entes revestidos de significado concreto. Segundo o filósofo, só podemos conhecer os entes porque já nos movemos em um horizonte prévio de sentido no qual nos encontramos, em cada caso, facticamente jogados. A partir desse horizonte prévio os entes são de antemão compreendidos para só depois os vermos explicitamente *como* algo. De acordo com essa concepção, a existência humana possui caráter essencialmente dinâmico e seus modos de ser se constituem primariamente como modos práticos de se relacionar com o mundo.

Mas para entendermos melhor essa questão, convém destacar que o problema da realidade pode ser considerado a partir de dois pontos de vista, sendo que cada um dá lugar às seguintes perguntas: "*como* é a realidade?" e o "*que* é a realidade?" De acordo com a concepção heideggeriana, os conteúdos relativos à pergunta pelo *que* possuem sua origem na resposta pelo *como*. Isso significa afirmar que das duas formas de interrogação, a que Heidegger escolhe para colocar o problema da realidade é o modo, isto é, o *como* de sua mostração fenomênica. Em outros termos, os traços descritivos dos entes no real surgem a partir do modo de ser que os determina. E o que Heidegger procura afirmar é que esses modos de ser a partir dos quais os entes são descritos têm sua origem em um "eu" histórico que traz consigo um movimento de descerramento do mundo como horizonte total de manifestação dos entes em geral. De outro modo também poderíamos dizer que essa origem é a subjetividade, mas não pensada como sujeito epistemológico à semelhança da filosofia moderna, mas, antes, compreendida como um "eu" histórico e singular que pode adotar diversos modos de ser e que, por sua própria constituição, encontra-se inserido em um contexto temporal de significações. Esclareceremos essa questão ainda mais a fundo. Por hora, é importante retermos aqui a ideia de que essa condição singular do "eu" expressa aquilo que é peculiar e distintivo da vida humana: sua facticidade.

Em conformidade com o que vimos até aqui, o método fenomenológico de Heidegger não busca um acesso à realidade imediata por meio da teoria, mas procura, ao contrário, realizar uma distinção entre a atitude teórica e a fenomenológica. Para o filósofo, é justamente a primazia do teórico que impede um acesso genuíno à esfera imediata da vida e suas vivências. Mas como é possível obter acesso direto à esfera da vida fática? Como podemos passar da simples intuição das vivências a uma descrição de seu conteúdo? A partir dessas questões, propostas nas lições de 1923 sobre *Ontologia: hermenêutica da facticidade*, a pergunta central do pensamento de Heidegger se converte explicitamente na questão ontológica acerca do sentido do ser.[6]

Mas o que significa, exatamente, perguntar acerca do sentido do ser? Colocar a pergunta acerca do sentido do ser consiste em perguntar pelas condições de possibilidade de toda e qualquer ontologia. Lembremos que Heidegger não pode se deter em uma ontologia histórica em particular e adotá-la como modelo para investigação. De acordo com o filósofo, todos os elementos originários que fundamentam a possibilidade de um despontar de uma ontologia, não podem possuir uma natureza arbitrária qualquer, mas precisam se encontrar, desde o início, em relação com o ente a partir do qual a pergunta acerca do ser se mostra possível. Isso significa que a pergunta sobre as condições de possibilidade de toda e qualquer ontologia depende, inicialmente, de uma análise do modo de ser desse ente, isto é, de uma análise da existência fática ou *ser-aí* (*Dasein*). Heidegger quer,

---

[6] GA 63 *Ontologie (Hermeneutik der Faktizität)*. Hrsg: Käte Bröcker-Oltmanns (Frankfurt: Vittorio Klostermann, 1988).

assim, encontrar na própria existência fática a via de acesso ao ser e às suas diversas significações. E a hermenêutica surge, aqui, como modo unitário de abordar, focar, acessar, interrogar e explicitar a facticidade. Nas palavras de Heidegger:

> *A hermenêutica possui a tarefa de tornar acessível cada específico* ser-aí *(em seu caráter de ser) a este mesmo* ser-aí, *em compartilhá-lo, declará-lo, em ocupar-se com a autoalienação, pela qual o* ser-aí *é atingido. Na hermenêutica forma-se para o* ser-aí *uma possibilidade, a de se tornar e de ser entendedor para si mesmo.*[7] (GA 63, p. 15)

Na passagem citada, Heidegger nos oferece uma compreensão da hermenêutica como uma "autointerpretação" que visa tornar o existente humano (o *ser-aí* ou *Dasein*) transparente para si mesmo, assumindo uma interpretação pessoal de si mesmo. Esse movimento hermenêutico, porém, está essencialmente determinado pelo fato de que esse ente se compreende de um modo distorcido, uma vez que ele está sempre se ocultando para si mesmo. O existente humano (*ser-aí*) encobre-se a si mesmo na medida em que se compreende a partir das coisas do mundo e, em vez de assumir interpretação própria de si, assume a interpretação pública, impessoal ou imprópria, que o desonera da responsabilidade do autoesclarecimento.

Para maior compreensão dessa interpretação pública que o *ser-aí* adota sobre si mesmo, convém esclarecer um importante conceito que surge nessas preleções de 1923 e que reaparecerá na obra *Ser e tempo* como uma das estruturas e tendências fundamentais do *ser-aí*: o conceito de impessoal (*Man*).[8] Heidegger descreve o existente humano (*ser-aí*) como um ente que se move em determinado modo de falar de si mesmo concebido pelo filósofo como uma forma pública e mediana na qual esse ente se mantém e compreende a si mesmo. Pois bem, nessa forma impessoal de falar de si se encerra uma pré-compreensão determinada que o *ser-aí* tem de si mesmo: trata-se do "como que" fundamental, em função do qual o *ser-aí* se refere a si mesmo. A análise do impessoal, contudo, requer para sua compreensão uma breve retomada do modo como a filosofia moderna – em especial a interpretação do sujeito como autoconsciência elaborada por Descartes – concebe a subjetividade. Para os filósofos modernos, o "eu" não é pensado como problema especificamente ontológico, mas como algo que se mostra evidente por si mesmo. Para Heidegger, porém, essa determinação do sujeito como consciência evidente de si nada diz sobre o modo de ser do eu. É preciso, afirma Heidegger, "uma reflexão explícita acerca

---
[7] HEIDEGGER, Martin. *Ontologia: Hermenêutica de la Facticidad*. Tradução Jaime Aspiunza. Madrid: Alianza Editorial, 1999, p. 15.
[8] HEIDEGGER, Martin. *Ontologia: Hermenêutica de la Facticidad*. Tradução Jaime Aspiunza. Madrid: Alianza Editorial, 1999, pp. 62-63.

de como o *ser-aí* pode ser determinado de modo ontologicamente adequado" (GA 24).[9] A partir de Descartes, a distinção entre *res cogitans* e *res extensa* se converte no fio condutor de toda a problemática filosófica. No entanto, essa distinção não consegue esclarecer os diferentes modos de ser dos entes, em sua diversidade e, menos ainda, subordinar essa diversidade, enquanto múltiplos modos de ser, a uma ideia originária de ser em geral. Em vez disso, a interpretação do ser foi desenvolvida com a visão centrada no subsistente, isto é, no ente que não é o existente humano.

Mas é, realmente, "evidente" que o "eu" se mostra um conjunto intransferível e estável de propriedades substanciais? E como esse "eu" compreende a si mesmo cotidianamente? Ou, ainda, como esse "eu" experencia a si mesmo? Para responder a questões como essas, Heidegger propõe analisar o modo em que o existir se mostra para si. O que ele faz, na verdade, é propor um modo de atuar fenomenológico: em vez de proceder com base nas noções e conceitos já estabelecidos de intencionalidade, de autoconsciência etc., ele procede perguntando pelo modo como está dado o sujeito pelo "eu". Ao passarmos para uma descrição do modo como o sujeito se oferece para si, ou seja, do modo como se fenomenaliza para si mesmo, vemos que nos próprios comportamentos não só o objeto, mas também o ente intencional, está já desvelado. De que modo? Segundo Heidegger, o "eu" está presente para si mesmo, previamente a toda reflexão. A reflexão, no sentido de um voltar-se atrás, é somente um dos modos de apreensão de si, mas não o modo primário de descobrir-se a si mesmo. O modo primário de o *ser-aí* descobrir a si mesmo é o "mundo" enquanto totalidade de significações já sempre aberta, a partir da qual se dá todo ente intramundano. Nesse sentido, a expressão "mundo" (*Welt*) designa um espaço existencial, previamente constituído e não um somatório de entes presentes à vista. O termo "mundo", portanto, deve aqui ser entendido no sentido de uma estrutura ontológica, isto é, como horizonte originário de aparecimento dos entes em geral.

Concebido como horizonte de constituição de toda e qualquer experiência, o mundo é descerrado pela compreensão. No entanto, conforme vimos brevemente, a compreensão de si mesmo em que se movimenta o *ser-aí* se apresenta de modo impróprio. O termo "impróprio" (*Uneigentlichkeit*) refere-se ao fato de que tomamos a nós mesmos não a partir das possibilidades mais próprias de nossa própria existência, mas a partir dos entes com os quais nos ocupamos cotidianamente. Vimos também que o *ser-aí* se encontra imediatamente a "si mesmo" naquilo que realiza, necessita, espera e evita, ou seja, naquilo imediatamente à mão no mundo circundante, em sua ocupação. Isso implica dizer que

---

[9] HEIDEGGER, Martin. *Los Problemas Fundamentales de la Fenomenologia*. Tradução J. J. García Norro. Madrid: Trotta, 2000.

aquilo com o que primariamente nos encontramos não são as "coisas mesmas", mas a interpretação pública, familiar e cotidiana das coisas mesmas. E é essa interpretação que determina o que fazemos e como fazemos.

O mundo nos é dado, desde o início, como mundo comum e isso quer dizer que não existimos como "sujeitos individuais", cada um com seu mundo particular. Existir é um termo que deriva de *ek-sistir*, que significa literalmente *ser-para-fora*. O *ser-aí* é essencialmente um *ek-sistente*. Ou seja, é um ente que se constitui originariamente a partir de um movimento *ek-stático*. Esse se confunde com o que Heidegger denomina descerramento (*Erschlossenheit*). A existência traz consigo movimento de descerramento e liberação do mundo como campo de manifestação dos entes. Juntamente com o surgimento desse horizonte são liberadas as possibilidades fáticas do *ser-aí*. Este, portanto, não se apresenta primeiramente como puro *poder-ser* para depois se decidir por uma ou outra possibilidade disponível no mundo, mas, ao contrário, jogado de maneira abrupta em determinado mundo fático, o *ser-aí* assume comportamentos a partir das orientações que recebe do mundo circundante. Na medida em que se descobre em um mundo, ele, imediatamente, se vê perdido de si mesmo em possibilidades existenciais. Sua existência se desdobra primeiramente no horizonte interpretativo regulado pelo impessoal (*das Man*). Isso quer dizer que, de início e na maioria das vezes, nos vemos jogados no mundo comum do impessoal, no qual fazemos e pensamos o que *se* faz e *se* pensa.

A partir do horizonte dessa autoridade anônima exercida pelo impessoal, entregamo-nos a um estado interpretativo que, incessantemente, regula nossas possibilidades de sentir, de compreender e de falar, desonerando-nos dessa responsabilidade. Entregues ao modo de ser impessoal, já não sentimos, compreendemos e falamos a partir de relação direta com os entes e demais *seres-aí*, mas a partir do já sentido, do já compreendido e do já falado. Ou seja, não decido para que serve uma caneta, um cinzeiro ou um copo. Nem alguém em particular. É o impessoal que decide. Importa destacar que o fenômeno do impessoal aponta para o fato de que o *ser-aí* não é um eu ou ego no sentido já analisado da filosofia moderna. Mesmo assim, é importante ter em vista que se trata de um si mesmo, porém, não de um si mesmo próprio, mas de um próprio-impessoal (*Man-selbst*). Isso equivale dizer que *imediatamente* não "sou" "eu" no sentido do si mesmo próprio, mas sou os outros ao modo do impessoal. É a partir do impessoal (e como impessoal) que estou imediatamente "dado" a mim "mesmo".

Ser-aí: um ente determinado pela historicidade

Em suma, o que a fenomenologia hermenêutica heideggeriana visa analisar é o modo em que o *ser-aí* se tem a si mesmo no que diz respeito ao seu ser e ao modo segundo o qual se categoriza e compreende a si mesmo. Contudo, vimos até aqui que o *ser-aí* tem a tendência a decair no mundo que é seu e a interpretar-se a partir do impessoal. Ou seja, o existente humano tende a mergulhar numa perspectiva da tradição, mais ou menos explicitamente assumida que, além de lhe retirar a capacidade de se guiar por si mesmo, nega-lhe a possibilidade de assumir o modo de ser de um questionar "histórico" (*Geschichtlichkeit*). Mas o que significa, para Heidegger, um "interrogar histórico"? Abordaremos essa questão ao mesmo tempo em que procuraremos responder o modo como a hermenêutica procura executar sua tarefa de interpretação da facticidade.

Em seus primeiros escritos,[10] Heidegger procura mostrar que a questão acerca da unidade da determinação de ser que perpassa todos os seus múltiplos significados conduz à pergunta acerca do sentido do ser. No contexto dessa investigação, Heidegger procura não apenas distinguir ontologicamente um ente de uma classe especial de outro ente, mas também mostrar o ser do ente cuja existência pertence à compreensão de ser. Para Heidegger, faz-se necessário não apenas começar a partir do "sujeito", mas perguntar também *se* e *como* o ser do sujeito tem que se determinar como ponto de partida da problemática ontológica em geral. Com esse objetivo, Heidegger realiza análise acerca do modo como a filosofia moderna – sobretudo o pensamento kantiano – concebe o ser do "sujeito" ou do "eu", em oposição à realidade (que aqui quer dizer efetividade, subsistência). Ao realizar esse questionamento, e enfocando a posição kantiana sobre o problema da interpretação da subjetividade, Heidegger procura mostrar que um ente não se torna objeto por si mesmo para depois requerer um sujeito, mas apenas na objetivação, *mediante* um sujeito (GA 24).[11] Ou seja, só há objetos para um sujeito que objetifica. Essa relação, essa intencionalidade, está subentendida, portanto, no conceito de sujeito. Heidegger aponta, assim, para o fato de que a relação com um objeto não deve ser concebida como ligação acidental com um sujeito em

---

10 Em sua tese de docência, de 1915, intitulada *A doutrina das categorias e da significação em Duns Scotus*, o filósofo se dedicou à análise dos textos medievais na tentativa de elucidar um problema com o qual a filosofia moderna se ocupava fortemente: as categorias. Nessa obra Heidegger se dedica ao estudo do pensamento de um mestre da escolástica, Duns Scotus, que, ao procurar estabelecer as diferentes formas categoriais do significado em geral, elabora uma teoria formal dos significados.
11 HEIDEGGER, Martin. *Los Problemas Fundamentales de la Fenomenologia*. Tradução de J. J. García Norro. Madrid: Trotta, 2000.

virtude da subsistência fortuita de um objeto, mas como algo que pertence à existência do "sujeito". Existir significa *ser comportando-se com o ente* (GA 24).[12] Pertence à constituição essencial do *ser-aí* existir em um modo tal que se está sempre com outro ente. E é justamente porque esse ente se relaciona compreensivamente com seu próprio ser e se compreende a partir dos entes que vêm ao seu encontro no mundo que se converte no fio condutor da pergunta acerca do sentido do ser em geral.

Em cada um de seus modos de ser, porém, o *ser-aí* cresce dentro de uma interpretação de si mesmo, herdada da tradição. É a partir da tradição que esse ente se compreende a si mesmo e às suas possibilidades. E isso só ocorre porque o *ser-aí* é um ente determinado pela historicidade (*Geschichtlichkeit*). Essa historicidade do *ser-aí* é a constituição ontológica do "acontecer" desse ente, isto é, é o caráter de "acontecimento" do existente humano. Em outras palavras, uma "autorreflexão" dirigida para a plenitude de seu próprio ser *si-mesmo* e não para um eu abstrato, o encontrará historicamente determinado. Não faz sentido, portanto, falar de uma consciência pura ou de um sujeito transcendental, uma vez que a consciência é intrinsecamente temporal, isto é, as experiências da vida fática acontecem em um mundo histórico articulado significativamente. Por essa razão, Heidegger não se põe de acordo com a redução fenomenológica, proposta por Husserl. Lembremos que, para Husserl, é necessário desconectar todas as concepções teóricas que nos impedem de fazer uma descrição dos fenômenos como se apresentam à consciência. Para Heidegger, ao contrário, pôr a história entre parênteses só serve para encobrir os prejuízos que operam em toda descrição que se vale de conceitos. Segundo o filósofo, um acesso positivo ao fenômeno do qual se deve ocupar primariamente a fenomenologia requer uma dissolução das camadas sedimentadas dos campos de problematização originários de possibilidades abertas pelo passado e o descobrimento de novas possibilidades que permanecem latentes no pensamento anterior.

Mas qual é o fenômeno primário a que Heidegger se refere? O fenômeno não é outro senão o ser. Trata-se do projeto de uma ontologia fundamental, um projeto que pergunta pelas condições de possibilidade de toda ontologia e que requer, para sua realização, uma desconstrução crítica da gama de significações sedimentadas no presente. Esse projeto depende da análise do ser de um ente que se comporta teórica e praticamente a partir do horizonte aberto pela ontologia sedimentada no presente. É nesse sentido que a elaboração da questão do ser deve retirar do questionamento histórico a orientação para indagar sua própria história, isto é, deve tornar-se historiológica (*historisch*). Isso porque é somente por meio da apropriação positiva do passado que ela pode chegar à plena

---

12 *Ibid.*

posse de suas mais próprias possibilidades de questionamento. Ou seja, por requerer uma prévia explicação do *ser-aí* em sua temporalidade e historicidade, a pergunta acerca do sentido do ser é levada por si mesma a entender-se como investigação historiológica (*Historizität*).

No entanto, conforme vimos anteriormente, a interpretação preparatória das estruturas fundamentais do *ser-aí* revela que a historicidade desse ente pode permanecer encoberta para ele próprio, do mesmo modo como pode também ser descoberta de alguma maneira e se tornar objeto de cuidado especial. Assim, se a historicidade permanece encoberta para o *ser-aí*, e enquanto ela assim permanecer, também lhe é negada a possibilidade de questionar e descobrir factualmente a história. O primeiro parágrafo de *Ser e tempo* parte dessa tese quando, ao tratar da necessidade da repetição explícita da pergunta acerca do ser, afirma que essa questão caiu no esquecimento. O esquecimento da questão do ser resulta da permanência inquestionada, ao longo de toda a tradição filosófica, de um fundo de conceituação ontológica, a saber, a determinação do ser compreendido a partir de um horizonte temporal específico: o tempo presente.

O projeto *Ser e tempo* parte desse esquecimento e, já no início da obra, Heidegger aponta para o fato de que o mundo grego permanece debitário de uma facticidade histórica não tematizada. Segundo Heidegger, também o mundo medieval, dominado por um corpo doutrinal grego já consolidado, não consegue alcançar um caminho alternativo de reflexão. Já o mundo moderno, ao reduzir a totalidade à dicotomia sujeito-objeto e ao se orientar por certas regiões particulares de ser como o ego, o sujeito, o eu, a razão etc., o faz também de modo inquestionado, isto é, não interroga tais regiões no que diz respeito ao seu ser e à estrutura de seu ser e, como consequência, também não se dá conta do caráter tardio de tal dicotomia.

A fenomenologia hermenêutica e a ideia de uma lida desconstrutiva com a ontologia sedimentada no presente

No §6 de *Ser e tempo*,[13] Heidegger ressalta que a tradição não torna acessível o que lega, mas, de início e na maioria das vezes, o encobre e converte em coisa óbvia, obstruindo, assim, o acesso às fontes originais de onde foram gerados os conceitos e as categorias transmitidas ao longo da história da filosofia. Daí a

---

13 *Sein und Zeit*. Hrsg.: F.W. von Herrmann (Frankfurt: Vittorio Klostermann, 1976). Tradução de Jorge E. Rivera: *Ser y Tiempo*. (Santiago de Chile: Universitária, 1997).

necessidade de uma hermenêutica crítica da facticidade que seja capaz de dissolver esse encobrimento originário. Mas de que modo pode a hermenêutica executar essa tarefa?

É o que Heidegger chama de destruição (*Destruktion*) da história da ontologia. Para compreendermos bem esse conceito, convém retomar alguns pontos. De acordo com nossa análise anterior, dado que a compreensão de ser, pressuposta em todo comportamento intencional, é própria de um ente particular, isto é, do *ser-aí*, uma investigação que tem por objetivo pensar as condições de possibilidade de toda e qualquer ontologia depende, inicialmente, da análise do modo de ser desse ente. Todavia, a análise do modo de ser do *ser-aí* deve levar em conta, conforme observamos anteriormente, que, de início e na maioria das vezes, esse ente se compreende a si mesmo e às suas possibilidades a partir do mundo, e que essa compreensão de si próprio em que ele se movimenta apresenta-se de modo inautêntico, ou seja, mostra-o como se não pertencesse a si mesmo, perdendo-se nos entes. Além disso, tendo em vista que a questão consiste primeiramente em acessar de modo genuíno o *ser-aí* fático, então se faz necessário desenvolver um método capaz, em primeiro lugar, de reconduzir o olhar do ente para o ser desse ente. Para designar tal recondução, Heidegger adota um termo central da fenomenologia husserliana: a *redução fenomenológica*. Quanto ao uso do termo, Heidegger adverte, no curso do semestre de verão de 1927, em Marburg, que o mesmo foi empregado "valendo-se da expressão, mas não de seu conteúdo".[14] Husserl parte da suspensão da atitude natural e da concentração em nosso próprio ego e seus estados. Já a redução fenomenológica de Heidegger toma como ponto de partida a experiência fática do ente para chegar até a compreensão de ser desse ente. Contudo, em vez da relação de um sujeito cognitivo consigo mesmo, o método de Heidegger parte da interpretação de uma compreensão pré-ontológica do ser e, com isso, da explicação dos nexos de sentido em que a existência cotidiana se encontra desde sempre.

Trata-se, assim, da análise de um ente (o *ser-aí*) que não pode se desprender de sua "atitude natural" como se essa estivesse previamente dada à sua disposição. Heidegger realiza uma mudança de perspectiva que constitui o núcleo fundamental da fenomenologia: enquanto a filosofia da consciência, centrada no conhecimento, adota a perspectiva de um sujeito observador situado frente a um mundo entendido como a totalidade dos entes, a fenomenologia hermenêutica de Heidegger pensa a constituição das vivências subjetivas dos campos intencionais a partir do acontecimento do mundo circundante no interior do qual esses entes efetivamente

---

14 HEIDEGGER, Martin. *Los Problemas Fundamentales de la Fenomenologia*. Tradução de J. J. García Norro. Madrid: Trotta, 2000, p. 34.

se mostram. Heidegger não nega a intencionalidade, mas a enraíza em uma esfera ainda mais originária: o mundo compreendido como semântica histórica fática, isto é, como o horizonte originário de mostração dos entes em geral, prévio a toda e qualquer possibilidade de acesso aos entes.

A redução fenomenológica significa, assim, "a recondução do ver fenomenológico a partir da concepção, sempre concreta, de um ente até a compreensão do ser desse ente (projetada sobre o modo de seu ser desvelado)".[15] Trata-se, pois, de um projetar-se, um voltar-se para o modo em que o ente está desvelado. O ser, diz Heidegger, deve ser compreendido em um "livre projeto" (*Entwurf*). Heidegger designa esse momento de projeção de um ente, previamente dado, sobre seu ser e suas estruturas como *construção fenomenológica*, que significa a condução positiva ao próprio ser, condução que toma como ponto de partida, através da descrição das estruturas do ser do *ser-aí*, o mundo compreendido como horizonte semântico, isto é, como semântica histórica fática. Contudo, conforme já antecipado, para se chegar à *construção* da teoria do ser, é preciso realizar, ao mesmo tempo, uma *destruição* das ontologias tradicionais em uma necessária articulação com a desconstrução crítica dos campos significativos sedimentados que já se encontram, desde o princípio, presentes no mundo fático de cada *ser-aí*. Semelhante lida destrutiva com a semântica sedimentada constitutiva de cada mundo histórico é, pois, outro importante componente do método fenomenológico hermenêutico.

O método da fenomenologia, portanto, não se esgota com os momentos de *redução* e de *construção* fenomenológica. A reconquista do horizonte originário de surgimento dos entes, exigida em uma interpretação conceitual do ser, requer também a destruição das redes significativas sedimentadas e veiculadas por meio da facticidade. O termo alemão correlato da palavra "destruição", análogo ao emprego usual em português, é *Zerstörung*. Heidegger, porém, evita essa expressão em favor do termo derivado do latim, *Destruktion*, o qual, segundo o filósofo, deve ser compreendido como retorno desconstrutivo (*abbaue*) às fontes a partir das quais os conceitos tradicionais foram criados. Juntamente com a redução e a construção, a destruição tem como finalidade descerrar novamente as experiências originárias do *ser-aí*, as quais se escondem por detrás das categorias transmitidas, e, entrementes, mal reassumidas, da tradição ontológica. Ou seja, o diálogo com a tradição é indispensável porque toda e qualquer tentativa de resolução dos problemas filosóficos parte sempre da tradição. Assim, o decisivo não é simplesmente assumir o horizonte hermenêutico de colocação da questão acerca do ser no interior da tradição, mas ir ao seu encontro mediante um comportamento crítico-destrutivo da consistência transmitida por essa mesma tradição. Nas lições

---

15 *Ibid*, p. 47.

de 1927, *Os problemas fundamentais da fenomenologia,* Heidegger destaca que os três momentos fundamentais do método fenomenológico, a *redução*, a *construção* e a *destruição*, devem ser pensados em uma unidade necessária para a realização da tarefa da filosofia. Ainda que na explicitação de Heidegger essas instâncias sejam apresentadas como momentos sucessivos do método fenomenológico, elas se superpõem e se interpenetram.

A fenomenologia hermenêutica e a relação da compreensão com o modo como cada *ser-aí* projeta sua existência

De acordo com a análise realizada até o momento, ao apontar o acesso a um ente que tem a capacidade de se autocompreender como a tarefa fundamental da fenomenologia hermenêutica, Heidegger introduz uma mudança de perspectiva na filosofia, fundada na compreensão. Segundo o filósofo, a metafísica buscava determinar o ser dos mais variados gêneros de entes à luz de determinada compreensão de ser. Tal compreensão, no entanto, nunca chegou a se tornar objeto de investigação sistemática por parte da metafísica.

A questão filosófica fundamental, para Heidegger, não reside, pois, na pergunta por qual horizonte de sentido o ser deve ser compreendido, mas, antes, consiste na interrogação acerca de como é possível a compreensão do ser. Segundo o filósofo, semelhante compreensão do ser constitui a própria essência do homem. Contudo, Heidegger evita as expressões "existente humano", "ser humano" ou "homem" uma vez que tais determinações conceituais colocam o ente que deve ser investigado já de antemão dentro de uma determinada concepção categorial, seja como "animal racional" ou "criatura de Deus". Com tais definições, explica Heidegger, "prescreve-se a descrição de uma perspectiva determinada, sem que com ela se recuperem os motivos originários de tal perspectiva".[16] Para o filósofo, uma reflexão filosófica radical sobre o ser desse ente deve prescindir de orientar-se por ideias determinadas do *ser-homem*, estejam de modo expresso, encoberto ou implicitamente desenvolvidas. A questão que Heidegger coloca, desde o início, é a pergunta pelo sentido do ser e se o ser do "existente humano" é descrito e analisado é porque nesse ente se situa o lugar, o "aí" (*Da*) onde o ser (*Sein*) se desvela. O *Da* (aí) possui uma dimensão ontológica, isto é, não expressa um sentido físico ou geográfico de uma coisa dentro de outra. *Ser-aí* não significa

---

16 HEIDEGGER, Martin. *Ontologia: Hermeneutica de la Facticidad.* Tradução de Jaime Aspiunza. Madrid: Alianza Editorial, 1999, p. 23.

ocupar um lugar, mas abrir-se ao ente. É sua abertura, sua revelação. Trata-se do "aí", no qual o ser se coloca como questão. E se o que está em questão no ser desse ente (o *ser-aí*) não é apenas seu próprio ser, mas o ser em geral, ele não poderá interrogar sobre o ser sem se implicar a si mesmo na interrogação, isto é, sem perguntar sobre suas próprias estruturas de existência, pois é nelas e não por meio de um sujeito teórico neutro que o ser se põe em questão.

Como, então, é possível descrever esse ente? A análise existencial revela o *ser-aí* como *ser-no-mundo* (*In-der-Welt-sein*). Heidegger quer indicar com essa expressão que se trata de uma estrutura unitária. A partícula "em" de *ser-em* (*In-Sein*) possui o sentido de "habitar em", de estar familiarizado de modo imediato com o mundo de nossas ocupações diárias e com os outros com os quais tratamos cotidianamente. Para Heidegger, não nos encontramos primariamente com as "coisas mesmas", mas com sua interpretação pública, familiar e cotidiana. Desde as lições do semestre de pós-guerra de 1919, as quais anunciam a transformação hermenêutica da fenomenologia, Heidegger propõe refletir sobre o fato de que no mundo que nos circunda o significativo é o que se mostra imediatamente, sem nenhum desvio intelectual. O filósofo se refere ao âmbito de um mundo previamente descerrado que, de alguma maneira, já sempre se mostra familiar e conhecido. A análise se centra na ideia de uma imersão pré-temática no mundo, isto é, de uma absorção pré-teórica no mundo, que dispensa a necessidade de ter que separar artificialmente a região dos atos da consciência e o âmbito do mundo como tal. Já o termo "mundo" no contexto da expressão *ser-no-mundo* é aquilo que torna possível o aparecimento dos entes, é a condição de possibilidade de aparição dos entes. Antes da experiência do ente já se compreende o mundo. O mundo é, assim entendido, uma determinação de *ser-no-mundo*, um momento na estrutura do modo de ser do *ser-aí*.

A compreensão é, portanto, um elemento constitutivo da dinâmica de existência do *ser-aí* que instaura, a cada vez, o espaço existencial no interior do qual cada *ser-aí* realiza o *poder-ser* que é. Isso significa que o *ser-aí* só se determina em seu ser por meio de sua própria existência. Ele não é um ente do qual podemos extrair características concebidas como "propriedades definitórias". Ele é um ente cujas características constitutivas são sempre modos possíveis de ser, ou seja, possuem o caráter de possibilidade. Tais possibilidades, no entanto, não são como caminhos que se delineiam previamente de maneira extrínseca e que só são concebidos como modos possíveis por não terem sido ainda atualizados. Ao contrário, suas possibilidades existenciais são de seu ser que surgem ao mesmo tempo em que se delimita o espaço de realização de seu ser. Assim, o *ser-aí* só é efetivamente *poder-ser* porquanto já sempre descerrou compreensivamente o campo de jogo em meio ao qual uma série de coisas pode se mostrar possível.

Em resumo, o *ser-aí* é um ente marcado pelo caráter de *poder-ser* e isso significa dizer que todas as suas características são possibilidades que nascem com a delimitação do espaço de realização de seu ser. Esse espaço existencial é projetado pela compreensão que, ao mesmo tempo em que projeta o campo existencial, viabiliza o surgimento de caminhos e alternativas possíveis de realização do *poder-ser* de cada *ser-aí*. No entanto, a compreensão só projeta esse espaço existencial em sintonia com um processo de familiarização do *ser-aí* com seu mundo fático, promovido pela disposição. Dito de outra maneira, a disposição expressa as tonalidades afetivas que revelam que o *ser-aí* já se encontra em determinadas possibilidades reguladas pela totalidade conformativa. Convém destacar que no interior desse contexto, a estrutura designada por Heidegger como discurso (*Rede*) se perfaz não como elemento extrínseco, mas como articulação das possibilidades viabilizadas pela compreensão. Já o termo "significância" (*Bedeutsamkeit*) designa o modo mais básico de relacionar-se do *ser-aí* com os entes, modo que se mostra como estrutura formal do mundo e da mundaneidade.

A abertura do mundo fático traz consigo uma significância sedimentada que se expressa como discurso (*Rede*). As possibilidades discursivas se mostram, assim, essencialmente associadas a uma experiência anterior de abertura de um horizonte no qual os entes se mostram como os entes que são. Pensemos, agora, em um exemplo cotidiano. Posso solicitar um cinzeiro para soltar um cigarro. Ao fazer isso, escolho e articulo uma das significações desse utensílio surgidas no interior de um âmbito de compreensibilidade já previamente constituído. Ao formular a pergunta: "Há um cinzeiro por aqui?". Faço a partir de um campo de possibilidades aberto pela compreensão, que projeta essa ação, entre uma miríade de outras atividades, como possível e desejada. Mas eu também posso, na falta de um cinzeiro, usar a tampa de um vidro qualquer para colocar o cigarro. Nesse caso, estou articulando uma significação distinta da habitual para a tampa. Mesmo o uso excepcional que faço desse utensílio é viabilizado pelo horizonte conformativo de uma ocupação determinada. No instante em que a interpretação articula uma possibilidade de compreensão, surge tal horizonte que torna possível o aparecimento de um ente específico *como* utensílio *que serve* para o desempenho de uma ocupação determinada, no exemplo, *como* utensílio que *serve para depositar o cigarro*.

Tendo em vista esse exemplo, podemos compreender mais claramente o sentido do termo "significância" como designando não o conteúdo específico de uma expressão, mas, ao contrário, como o modo mais básico de descobrimento dos entes no interior de uma totalidade ontológica designada como mundo. As significações repousam sobre ligações referenciais, em meio às quais os entes intramundanos se mostram como os entes que são. Assim, a significância aponta para uma estrutura semântica complexa inerente ao mundo determinado. Isso significa dizer que cada mundo possui sua significância específica. No momento em que se dá a abertura do mundo também se dá a abertura da significância relativa a esse mundo. Em suma, no mundo das ocupações cotidianas os entes intramundanos se mostram relacionados entre si e com um significado compreensível que depende do modo como cada *ser-aí* projeta sua existência. Isso significa o mesmo que dizer que os entes não possuem um significado em si mesmo, pois podem significar algo distinto para alguém que se projeta, por exemplo, como pedreiro, professor, esportista etc. Cada um desses projetos determina o *em-virtude-de* (*Woraufhin*) que fazemos uso de tais entes. Heidegger designa como "interpretação" (*Auslegung*) ao desenvolvimento dessa compreensão originária.

A relação de lida com os entes: nossa primeira relação com o mundo

Para Heidegger, os entes intramundanos nunca se apresentam primeiramente para o *ser-aí* como objetos de uma contemplação teórica, mas se mostram, antes, como entes que se dão de antemão articulados com uma certa lida prática específica e que, por isso, recebem a denominação de utensílios (*Zeug*). Ao ser do utensílio pertence cada vez a uma totalidade utensiliar. O utensílio é essencialmente *ser-para*, ou seja, o copo é usado *para* beber líquidos, a caneta *para* escrever, a cadeira *para* sentar etc. Na estrutura *ser-para* reside uma referência a algo. Isso significa que no momento em que o utensílio vem ao encontro do *ser-aí*, traz consigo, originariamente, relação referencial que orienta a constituição do seu uso. Heidegger destaca que a totalidade utensiliar possui, além disso, certa anterioridade em relação à própria utilização e estabelecimento dos utensílios. Mas o que importa aqui é que o *ser-aí* recebe do próprio modo de sua manifestação as indicações necessárias sobre o modo de realização de seu uso. Ao se deparar com o utensílio, o *ser-aí* não necessita de nenhum recurso teórico para sua determinação como tal. Enquanto não retirarmos o utensílio de sua articulação com a dinâmica da ocupação e não interrompermos a conformidade do utensílio com a atividade à qual ele se destina, ele permanece sendo o que é. Além disso, é preciso que se dê uma fixação, isto é, uma sedimentação juntamente com a constituição dos campos de uso para que se torne possível usar um utensílio como é próprio a esse ente. Uma cadeira, por exemplo, é um utensílio que serve para sentar. Ao dirigir-me à escrivaninha, aproximo de mim a cadeira que a acompanha e a acomodo antes de sentar. Para que isso ocorra não é necessário o exercício de uma abstração teórica que determine o que é uma cadeira, no entanto, é preciso que o campo de uso em que estou imersa seja um campo sedimentado. Ou seja, é preciso que esteja sedimentado o que é uma cadeira para que alguém a use. Se a significação de tal utensílio não estivesse sedimentada, eu não teria como me valer da cadeira do mesmo modo como todos se valem. Seria preciso determinar o que é tal utensílio cada vez que fosse usá-lo. É nesse sentido que, para Heidegger, de início e na maioria das vezes, não lidamos com a realidade a partir de conceitos, mas a partir de uma familiaridade com os campos sedimentados nessa realidade.

O mundo fático, entendido como significância, como a totalidade de ligações a partir das quais o *ser-aí* se dá a compreender previamente seu *ser-no-mundo*, não encerra em si mesmo apenas a significação dos utensílios em geral, mas também uma série de compreensões medianas acerca dos mobilizadores estruturais e de outras noções acerca do *ser-aí*. Ou seja, além do surgimento das significações dos utensílios e do compartilhamento de compreensões medianas em geral envoltos na semântica cotidiana, faz-se necessário que certas instâncias funcionem como mobilizadores dos projetos existenciais dos *seres-aí*. O que o *ser-aí* precisa, por exemplo, para saber o que significa uma cadeira é apenas possuir uma familiaridade com a totalidade conformativa na qual esse ente aparece. Do mesmo modo, o que ele precisa para iniciar um projeto existencial com um ou mais entes quaisquer é possuir algo em virtude do que o projeto existencial se realiza e pode se realizar. Em suma, a totalidade conformativa só é mobilizada estruturalmente em virtude de uma possibilidade específica do *ser-aí*, articulada com seu caráter de *poder-ser*. Podemos dizer, assim, que a tese de que os significados dos entes decorrem do estabelecimento de uma totalidade conformativa inerente ao mundo das ocupações, permite a Heidegger sustentar que nossa primeira relação com o mundo não é teórica, mas de lida, de trato. De acordo com essa concepção, o conhecimento teórico é uma transformação modal dessa relação semântica em que se movimenta o *ser-aí*. Ou seja, a relação teórica é modificação dessa experiência pré-temática com tudo o que o cerca.

Segundo Heidegger, a teoria pressupõe uma abertura prévia do âmbito de compreensibilidade dispositiva que vem à tona a partir da significância fática, isto é, a partir de uma totalidade de significações que se mostra como a instância originária da linguagem e dos significados em geral. Em sintonia com essa tese, a proposição teórica se mostra como um modo de ser do *ser-aí*, um existencial derivado de uma estrutura prévia de sentido na qual os entes intramundanos aparecem, inicialmente, como utensílios. É quando ocorre uma perturbação radical na utensiliaridade que abre pela primeira vez o acesso a um novo modo de comportamento em relação ao ente. Aquilo *com que* lidávamos na dinâmica da ocupação se converte, assim, em um "*acerca* de que" da proposição teórica. A estrutura do "como" da interpretação experimenta, portanto, uma modificação. O "como" já não diz respeito, em sua função de apropriação, a uma totalidade referencial. No que concerne às suas possibilidades de articular relações de referências, o "como" é desligado da significância que forma a visão de conjunto do mundo circundante, isto é, que constitui a compreensão imediata que temos dos utensílios em seu contexto de uso. Para Heidegger, portanto, há dois modos básicos de compreender: o de uma proposição e um compreender anterior, hermenêutico, no qual se dá o sentido que sustenta o comportamento teórico. O compreender de uma proposição possui sua origem ontológica justamente nessa interpretação compreensiva. Assim, o *como* (*Wie*) originário é identificado por Heidegger como um comportamento, evidenciando seu pertencimento ao âmbito da modalidade e apontando para o caráter modal da concepção de uma produção de sentido.

A partir dessas considerações, podemos dizer que as condições genéticas de um fenômeno e sua possibilidade residem nos diversos comportamentos modais que o "eu histórico" pode assumir frente ao dito. E a transformação modal requerida para que o *ser-aí* se coloque em uma relação originária com aquilo sobre o que recai o discurso é o *si-mesmo* próprio que, ao assumir a responsabilidade por seu ser, decidindo-se (*Entschlossenheit*) por ser *si-mesmo* próprio, se mostra como contexto enunciativo transparente, isto é, ponto de vista modal a partir do qual é possível recorrer o sentido, podendo, a partir daí, atualizar novas possibilidades de interpretação soterradas pela presença do mundo fático. O conceito de "decisão" em Heidegger requer uma abordagem mais detida que envolve outros conceitos como a angústia, a voz da consciência etc., cuja análise extrapolaria os limites desta apresentação. Do mesmo modo, com respeito à ideia de uma "transformação modal" do *ser-aí*, apontamos, como desdobramentos para uma análise futura, a reflexão acerca do discurso da analítica existencial enquanto uma metalinguagem não teórica, no sentido negativo do termo, que pode ser, assim como qualquer linguagem discursiva, também objetivada. Podemos afirmar, contudo, que, para Heidegger, é possível um tipo de objetivação que não traga consigo um encobrimento e que seja capaz de dar conta das estruturas da vida fática. Trata-se da indicação formal (*formale Anzeige*), um importante componente do método hermenêutico que cumpre essa função. A indicação formal expressa a possibilidade de um discurso sobre a própria vida, que não se mostra simplesmente como análise semântica da polissemia dos conceitos filosóficos fundamentais, mas que busca o contexto de onde surgem os predicados que descrevem originariamente tais conceitos. De acordo com a doutrina das indicações formais, um conceito filosófico deve, de acordo com suas funções metodológicas,[17] apontar uma direção de apropriação, impedindo, ao mesmo tempo, que outras direções não examinadas em suas pressuposições se imponham como óbvias. Do mesmo modo, um conceito filosófico possui a função de proporcionar uma reversão no modo cotidiano de conceitualização objetivante. Destaca-se, aqui, o componente dêitico da indicação formal. Segundo a posição de alguns intérpretes,[18] a modalidade possui também um sentido dêitico que se manifesta na indicação do contexto enunciativo originário do qual surgem os conceitos e enunciados. Por fim, podemos dizer que o sentido de realização (*Vollzugssinn*), isto é, o modo como a referência intencional é realizada interpretativamente em situações concretas, pode ser equiparado a uma atitude dêitico-modal graças ao fato de que Heidegger o identifica com o *si-mesmo* como fonte de todo sentido.

Enfim, para concluir nossa análise dessas noções que se mostram decisivas para a compreensão do projeto heideggeriano de uma ontologia fundamental, destacamos que o filósofo, ao denunciar e refletir acerca do esquecimento do ser em que incorreu a metafísica, trouxe à tona a raiz da atitude que o homem ocidental adotou frente à natureza na modernidade. Para ele, a ciência e a técnica não são o oposto da metafísica, mas, ao contrário, são sua continuidade histórica, assim como o niilismo é sua consequência extrema. Nas obras posteriores a *Ser e tempo*, Heidegger dá maior evidência ao *ser* do que ao ente humano, e não vê tanta necessidade de gerar uma mudança de atitude frente ao ser, mas a esperança de que seja o próprio ser que nos mostre de um novo modo e nos possibilite estabelecer com ele outra relação. Ou seja, não é o homem que projeta o horizonte em que experimenta o ser, mas é o ser que solicita o *ser-aí* com seu apelo e instaura o horizonte em que se faz ouvir. Tais reflexões de Heidegger perante o problema do ser lhe trouxeram uma variedade de interpretações por parte de diversos intérpretes: subjetivistas, ateísticas, teísticas, antropológicas etc. Mas, para Heidegger, o decisivo é compreender que o ser que está em questão em seu pensamento filosófico se situa numa região anterior às determinações. Segundo Heidegger, o ser sempre se dá caracterizado, isto é, ele sempre se dá a cada tempo histórico com uma de suas características: substância, vida, espírito, matéria etc. E não é uma preocupação de Heidegger acrescentar mais uma característica a todas essas. Em outros termos, Heidegger renunciou a aderir a possibilidades e caminhos filosóficos já traçados e sedimentados. Isso porque, para ele, o

---

17 DAHLSTROM, Daniel. Heidegger's method: philosophical concepts as formal indications. Em: *Review of Metaphysics*, 47, 1994, pp. 775-795.
18 BUREN, 1994 e STREETER, 1997.

ser é desvelamento e velamento, e, acontecendo como verdade, como história, nunca poderemos objetivá-lo sem dividi-lo, sem nos voltarmos somente para um de seus lados. Tais conceitos e seus desdobramentos fecundaram muitas disciplinas das ciências humanas. Exerceram influência na psicanálise com Ludwig Biswanger e Medard Boss, na hermenêutica de R. Bultmann, na poética com Emil Staiger, na reformulação antropológica do marxismo com H. Marcuse, na fenomenologia da percepção de Merleau-Ponty no existencialismo de Sartre, na questão da alteridade em Levinas etc. O pensamento de Heidegger também exerceu (e exerce) influência em correntes da ética ambiental e suas tentativas de compreender o existente humano num mundo sob a ameaça de um possível aniquilamento ambiental. Por fim, concluímos assinalando que, para Heidegger, o ser sempre se retrai, está sempre oculto e, desse modo, nos comanda em nossa história. E a história da metafísica se mostrou como esquecimento de que o ser é ocultamento. A tarefa da filosofia é, pois, justamente lembrar que o ser está sempre oculto, que jamais é óbvio, jamais é posse, jamais é manejável em seu destino.

Questões para estudo e discussão:

- Explique o significado do conceito de "compreensão" no pensamento filosófico de Heidegger.

- Qual é a crítica que Heidegger faz à pretensão de Husserl de captar as essências de modo imediato?

- O que significa dizer que o *ser-aí* é um ente determinado pela historicidade?

Capítulo II – Emmanuel Levinas

(Ozanan Vicente Carrara – UERJ)[19]

Dados biográficos e obra filosófica[20]

Embora seja considerado um filósofo francês, Emmanuel Levinas nasceu na Lituânia, em 1906, então sob domínio russo. Sua infância foi marcada pela guerra de 1914. Seu pai possuía uma pequena livraria em Kovno, o que permitiu ao filho o acesso às obras da literatura russa, sobretudo Dostoievski e Tolstoi. A parte antiga de sua cidade natal era habitada por judeus, havendo ali várias sinagogas e lugares de estudo. Nessa parte da Europa oriental, o judaísmo conheceu um alto desenvolvimento espiritual com estudos profundos do Talmude. A juventude local era então iniciada na língua e na cultura hebraicas, bem como na língua e cultura russas. A presença dos judeus, no entanto, se limitava às partes limítrofes do império russo. Levinas diz que havia na Lituânia certa paz e harmonia, sem vivenciar o antissemitismo presente em outras partes da Europa, como na Polônia. Ele se refere ao judaísmo lituano não como uma corrente mística do judaísmo, mas como um judaísmo intelectual, ligado aos comentários e estudos talmúdicos.

Aos 11 anos, Levinas entra no Liceu, em Kaharkov, na Ucrânia. A Rússia se encontrava então sob o regime czarista. Em 1917, com a renúncia do czar, começa a revolução leninista. Em 1920, sua família retorna à Lituânia, onde permaneceu até 1923, concluindo seus estudos secundários.

Em 1923, Levinas se estabelece na cidade francesa de Estrasburgo onde, após um ano de estudo do latim, começa o de filosofia. A escolha da filosofia se deve à influência dos autores russos como Pouchkine, Lermontov, Dostoievski

---

19 Professor doutor em Ética e Filosofia Política pela UERJ e professor adjunto II da UFF de Volta Redonda.
20 Os dados biográficos sobre Emmanuel Levinas se baseiam principalmente em sua própria entrevista concedida a François Poirié, em abril e maio de 1986, publicada em POIRIÉ, François. *Emmanuel Lévinas. Essai et Entretiens*. Arles: Actes Sud, 1996.

e Tolstoi. Alguns temas típicos desses autores russos estarão presentes em sua obra filosófica como o amor, a transcendência e outros. Os textos judaicos e russos serviram a Levinas como preparação para a leitura de Platão e Aristóteles.

Na Universidade de Estrasburgo, Levinas frequentou os cursos de ética e política de Maurice Pradines e foi marcado pela psicologia antifreudiana de Charles Blondel, pelo sociólogo Maurice Halbwachs e o professor católico Henri Carteron, de filosofia antiga e especialista em Aristóteles e Santo Tomás. O próprio filósofo diz ter sido profundamente marcado por esses quatro grandes mestres. No ambiente universitário, Levinas desenvolve grande amizade com Maurice Blanchot, que o introduziu na leitura de Proust e Valéry. Em Estrasburgo, Levinas diz ter tomado gosto pela língua francesa, na qual ele dizia "sentir o suco do solo". Assim ficara conhecido na história da filosofia como um filósofo francês.

No nível filosófico, Levinas cultivou grande admiração pela filosofia de Henri Bergson que para ele foi quem tornou possível a filosofia dos tempos modernos e pós-modernos. Durante sua estada na França, de 1924 a 1930, a filosofia nova ensinada na França era a filosofia de Bergson. Alguns temas bergsonianos vão marcar profundamente a reflexão filosófica levinasiana como as noções de duração, de ser e do outro do ser, da diacronia, do infinito e sobretudo a noção de temporalidade.

Os anos de 1928 e 1929, Levinas os passou junto a Edmund Husserl, cujos cursos ele seguiu antes que Husserl se retirasse do magistério, na cidade alemã de Friburgo. Em contato com Husserl, Levinas descobre outro grande filósofo alemão, Martin Heidegger. A maneira como Heidegger praticava a fenomenologia em sua obra *Ser e tempo* produziu fortes marcas em Levinas a ponto de ele o colocar ao lado dos maiores filósofos como Platão, Kant, Hegel, Bergson, embora ele nunca lhe tenha perdoado suas ligações com o nazismo.

Aos 24 anos, Levinas apresenta sua tese sobre Husserl cujo título foi *Teoria da intuição na fenomenologia de Husserl*, defendida na Universidade de Estrasburgo, numa época em que a fenomenologia era totalmente desconhecida na França. Seus estudos influenciaram a primeira geração francesa de fenomenólogos.

Nos anos que se seguem e que precedem a Segunda Guerra, Levinas adquire a nacionalidade francesa, se casa e passa a fazer parte da administração das escolas da Aliança Israelita Universal, voltada para a emancipação de israelitas em países em que os judeus não tinham ainda direitos de cidadania, sobretudo em países não europeus. A seguir, é nomeado diretor da Escola Normal Oriental de Paris. Durante esses anos, Levinas produz seu primeiro escrito filosófico, intitulado *De L'Évasion* (1936), escrito em 1935, em que fala das angústias da guerra que se aproximava e do "cansaço do ser", temas que a seu ver caracterizavam bem esse período. Essa desconfiança com relação ao ser se pressentia por toda parte com as ameaças do hitlerismo. O humano aí se lhe apresentava como evasão do ser, tema predominante na obra filosófica levinasiana. Na mesma época, pronuncia quatro conferências sobre o tempo e o outro – que deram origem ao livro *Le Temps et L'Autre* (1947) – no colégio filosófico fundado e animado por Jean Wahl. De seus encontros com M. Chouchani, exegeta e mestre no Talmude, surgem seus escritos *Difficile Liberté* (1963), que são estudos e comentários feitos a partir das escrituras judaicas.

Nos anos da guerra, Levinas os passa como prisioneiro, numa cidade alemã, durante quatro anos, protegido pela Convenção de Genebra, o que fez com que ele não fosse mandado aos campos de concentração destinados a milhões de judeus. Suas habilidades de intérprete de russo e de alemão o ajudaram a se manter prisioneiro em condições especiais, embora submetido ao trabalho forçado. Ao mesmo tempo, sua esposa e sua filha foram escondidas no Convento Católico das Irmãs de São Vicente de Paulo, nas proximidades de Orleans. Esse campo de prisioneiros foi libertado mais tarde pelos americanos, mas Levinas conserva dessa experiência o tratamento dado aos seres humanos, sobretudo aos judeus, como mercadoria ou objeto. Essa experiência influenciará fortemente sua reflexão sobre o sentido do humano e a negação do outro.

Dos anos de cativeiro, surge um outro escrito *Da existência ao existente* (1947), um escrito que serve de introdução aos iniciantes em Levinas. A temática existencialista se faz presente nesse texto, já que Levinas diz ter tido contato com *A náusea*, de Jean-Paul Sartre, além de tê-lo encontrado pessoalmente nas reuniões filosóficas, na casa do filósofo existencialista católico, Gabriel Marcel, que foi, com Sartre, um dos nomes mais conhecidos do existencialismo francês. Levinas diz ainda ter lido *O ser e o nada*, de Sartre, nos anos iniciais do cativeiro. Nesses encontros, Levinas encontrou também Jacques Maritain, outro filósofo católico famoso, ligado ao tomismo. Farão parte ainda do seu círculo acadêmico de amizades os filósofos Paul Ricoeur e Jacques Derrida, tendo esse último mantido estreito diálogo com a filosofia da alteridade.

Da existência ao existente é, nas palavras de Levinas, "uma descrição do ser em seu anonimato", ao qual ele se refere pelo verbo impessoal francês *il y a* (há), para dizer a ausência do sujeito, do portador: há o ser... um estado "insuportável em sua indiferença", o horror de uma "monotonia desprovida de sentido".[21] Levinas descreve tal estado como o da insônia. Sai-se desse estado de anonimato do *il y a* pela hipóstase, isto é, pelo sujeito-mestre do sentido quando o ser se torna ser de alguém.

---

21 POIRIÉ, François. *Emmanuel Lévinas, Essai et Entretiens*. Arles: Actes Sud, 1996, p. 101.

CAPÍTULO II ■ EMMANUEL LEVINAS

Levinas descreve aí a fenomenologia da fadiga e da preguiça das quais se sai pela responsabilidade pelo outro, obrigação capaz, então, de introduzir um sentido no não sentido do *il y a*. Trata-se do acontecimento ético que ocupará toda a reflexão posterior do filósofo franco-lituano. O sujeito é então perseverança no ser, mas tem fome do outro. Eis os temas frequentes de sua filosofia. Nota-se, neste seu primeiro escrito filosófico, já um distanciamento de Heidegger. No lugar da angústia do nada – temas caros a Heidegger e a Kierkegaard – Levinas coloca o horror do *il y a* que não é medo da morte nem do *não-ser*,[22] mas desgosto de si, cansaço de si, sendo necessária uma evasão para fora de si. Sair de si só é possível pelo ocupar-se do outro, de seu sofrimento e de sua morte em vez de permanecer fechado na preocupação consigo mesmo. A nossa humanidade se descobre no encontro com o outro.

Em 1961, Levinas publica sua tese de doutorado que se tornará seu livro mais conhecido, *Totalidade e infinito*, visto pelos críticos como uma obra-prima da fenomenologia. Na obra, ele propõe pensar uma subjetividade que não se fecha nem volta em si mesma, saindo de si em direção ao outro. Ele se demora numa detalhada descrição fenomenológica da constituição corporal do sujeito, constituição anterior à consciência e por isso que não é realizada pela consciência transcendental, como Husserl a pensou. Trata-se de pensar uma subjetividade como hospitalidade, como morada, onde outrem possa ser acolhido. A noção de separação que aí aparece permite a Levinas pensar eu e outrem como separados. Sendo um comando moral, outrem resiste à representação da consciência "doadora de sentido", apresentando-se na expressão e significando a partir de si mesmo. Para Levinas, trata-se de incomodar ou inquietar o egoísmo do eu em seu fechamento, desinstalando-o e abrindo-o às exigências do outro.

Em 1961, é nomeado professor na Universidade de Poitiers. Em 1967, se torna professor na Universidade de Nanterre, próximo a Paris, e, em 1973, passa à Sorbonne, onde permanece até sua aposentadoria, em 1976. Em 1974, publica sua obra filosófica da maturidade celebrada pelos críticos como auge de sua invenção e criatividade filosóficas: *Autrement Qu'être ou Au-delà de L'essence*. A obra radicaliza o projeto levinasiano de superar a ontologia pela via da ética, propondo toda uma substituição da linguagem ontológica por uma linguagem ética respeitadora da alteridade de outrem. Propõe todo um vocabulário novo capaz de descrever a subjetividade como anarquia, dando à corporeidade o sentido de *corpo-para-o-outro* e fugindo à concepção de corpo próprio; supera a distância do conceito pela proximidade; substitui a noção de temporalidade como sincronia pela diacronia,

---

22 Nota do Editor: Depois do advento promulgado pelo Novo Acordo Ortográfico, segundo o VOLP (Vocabulário Ortográfico da Língua Portuguesa), o hífen, antes demarcado nas palavras constituídas do "não" na qualidade de prefixo, deixou de existir.

fazendo a responsabilidade preceder a liberdade e dando à substituição o lugar que a identidade sempre ocupou na filosofia ocidental. A identidade do sujeito não vem dele mesmo, mas de um outro que ele. Levinas procura aí evitar toda linguagem ontológica, tarefa que não teria sido atingida plenamente em *Totalidade e infinito*, recusando todo o léxico e toda a gramática da ontologia. Pode-se verificar aí a audácia e a originalidade do projeto filosófico levinasiano ao propor uma filosofia radical da alteridade, pensando-a em termos diferentes dos utilizados até então pela tradição filosófica. A subjetividade que nasce a partir de *Autrement Qu'être* pensa o sujeito como maternidade – Outro no Mesmo – como passo decisivo para a ruptura com toda forma do que denomina "totalitarismo ontológico". É a obra mais difícil para os que pretendem se aprofundar na filosofia de Levinas.

As obras do período de sua aposentadoria em que se torna conferencista na França e no exterior são: *De Deus que vem a ideia* (1982) – trata-se de um dos últimos livros de Levinas, portanto, pertence também à sua fase de maturidade. Aí aparece a ideia de uma vida devotada ao outro, isto é, a santidade que resulta justamente do primeiro lugar concedido ao outro, às suas reivindicações colocadas ao eu, da exigência última radical de morrer pelo outro. Deus, o radicalmente Outro, vem à ideia, à ontologia do ser através do humano e não por uma ruptura com a ordem natural das coisas como no milagre ou ainda pela compreensão do mistério da criação. Em 1984, aparece o texto *Transcendance et Intelligibilité*; em 1987, o livro *Hors Sujet* que surge de vários artigos; em 1991, todo um volume do *Cahier de l'Herne* lhe é dedicado, tendo publicado nesse mesmo ano *Entre Nous – Essais sur le Penser-à-L'Autre*. Sua última publicação, *Nouvelles Lectures Talmudiques*, de 1995. Emmanuel Levinas morre, em Paris, na noite de natal de 1995.

Itinerário filosófico da filosofia da alteridade

O ponto de partida da reflexão filosófica de Levinas é uma certa reserva com relação ao ser e, portanto, à ontologia numa época em que ela domina o cenário filosófico, sobretudo aquela do filósofo alemão Heidegger. Durante o período em que esteve em Friburgo, junto a Husserl, Levinas descobriu a obra *Ser e tempo* que ele reputou como uma das mais belas da história da filosofia. De fato, Heidegger havia inaugurado uma nova forma de fazer filosofia, em que a noção tradicional de consciência, tão central na tradição filosófica, não mais era aquela que melhor definia o homem. Com a noção de *ser-no-mundo*, de existência e de *Dasein* (*estar-aí*), Heidegger se distancia da noção cartesiana que definia o homem como consciência de si (*res cogitans*). O mundo não é mais algo exterior ao homem, mas se torna um constitutivo dele, parte de sua identidade. Entretanto, Levinas vê nessa noção heideggeriana de ligação com o mundo o risco de esquecimento do outro ao tender a pensar o homem como elemento da natureza, encerrado na totalidade do ser. Levinas suspeita de uma estreita associação entre natureza e ser. O filósofo alemão havia também introduzido uma nova compreensão da razão que se afasta da noção moderna – até então dominante – na qual ela era poder ou vontade de dominação da natureza, de apropriação do real. Seus últimos escritos criticam a técnica que surge desse modo de compreender a razão e a ciência.

Outra contribuição definitiva de Heidegger foi a busca de uma nova compreensão do ser que o toma não mais como um nome, mas que o apreende em sua verbalidade, ou seja, como acontecimento. Em sua leitura da história da filosofia, Heidegger ensina que ela se esqueceu do questionamento fundamental que é a questão do ser, interessando-se apenas pelos entes, isto é, pelas coisas. Partindo da diferença ser/ente, Levinas, no entanto, a toma num outro sentido, afirmando a necessidade de sair do ser, do impessoal, sendo a subjetividade do sujeito esse momento de saída do anonimato. Assim, Levinas substituirá o "esquecimento do ser" preconizado por Heidegger pelo "esquecimento do outro", propondo então a ética como filosofia primeira contra a proposta da ontologia fundamental do filósofo alemão que concebeu o homem como um "*estar-aí* (*Dasein*) à escuta do ser". Um componente fundamental da ontologia heideggeriana é a finitude, isto é, o homem é um *ser-para-a-morte*. Para Levinas, ao contrário, o homem não está condenado à fatalidade do ser, mas deve justamente se evadir do ser, sair do ser em direção ao outro. Levinas não se cansa de se opor também à concepção do filósofo holandês Spinoza, que define o homem a partir do esforço de perseverança em seu próprio ser, concepção que aos olhos de Levinas está ainda presa ao biológico como na vida animal ou vegetal que luta pela sobrevivência, eliminando tudo que se lhe oferece como obstáculo. Se a vida é apenas o esforço de sobreviver a todo custo, o outro se oporá a mim em seu mesmo esforço para sobreviver, fazendo-nos cair na guerra, ou seja, na luta de uns contra os outros. Tal perspectiva é também a do filósofo inglês Thomas Hobbes que dizia que o homem era lobo para o outro homem. Levinas quer sair dessa metafísica da guerra e da luta que tanto marcou a tradição filosófica ocidental.

Heidegger ainda viu a fonte do mal na essência da técnica que reduziu a existência humana à exploração da natureza e critica a filosofia ocidental a partir dela, enquanto Levinas dirige sua crítica ao pensamento totalizante destruidor da diferença e da alteridade. A experiência nazista foi para ele a negação de toda singularidade e de toda alteridade, tentando-se criar um ser impessoal. Além do mais, ninguém pode existir apenas em função de si mesmo, pois os problemas e dramas individuais se tornam pequenos e mesquinhos, quando vistos a partir das necessidades e da vida do outro. Deve-se, por isso, conceder prioridade a outrem. Por isso, é a ética que diz respeito a essa situação em que não posso ficar indiferente diante do olhar do outro que me olha e me interpela. E essa relação ao outro não é de conhecimento em que o objeto se oferece à apropriação pelo saber, perdendo assim sua alteridade. Na relação ética, não há apropriação de outrem nem apagamento de sua alteridade, mas o outro permanece em sua estrangeiridade de outro. A figura que melhor traduz a alteridade é o Rosto que não é nem objeto, nem aquilo que pode ser visto, mas o Rosto se manifesta como imperativo que convoca minha responsabilidade pelo outro. O conteúdo do Rosto é a nudez, a miséria, a fragilidade do outro que me tira da indiferença, obrigando-me a responder às suas necessidades e à sua vulnerabilidade. Esse vínculo não escolhido com o outro, essa obrigação sem que se possa exigir reciprocidade é a responsabilidade que não é da ordem do conhecimento nem do saber, mas é ética. O existente se afirma ao se lançar para fora da existência impessoal, isto é, do *il y a*, assumindo sua responsabilidade pelo outro.

Com relação a Husserl, seu grande mestre e iniciador na fenomenologia, as reservas de Levinas dizem respeito à maneira husserliana de pensar a alteridade. Na quinta das *Meditações cartesianas,* que Levinas traduziu para o francês, o pai da fenomenologia constrói o *alter ego,* deduzindo-o por analogia do eu. Isso significa que o outro é percebido a partir de suas semelhanças com o eu. Levinas não concebe a consciência como pura presença a si nem a relação ao outro sob o modo analógico. Tal maneira de conceber a alteridade retira do outro sua radical alteridade. O outro não pode ser reduzido ao mesmo, isto é, ao que eu sou. A tradição fenomenológica, herdada de Husserl e Heidegger, permaneceu prisioneira da manifestação (fenômeno é o que se deixa ver, o que aparece à consciência!), portanto, da visão. O outro se mostra em sua irredutível diferença e não possui nada em comum com o eu. A ética, maneira de o outro se dar, vai assim além da fenomenologia. A consciência transcendental se acha atravessada por uma alteridade que não se constituiu na consciência. Um dos conceitos-chave de Husserl é o da "intencionalidade da consciência" que significa que a consciência só se apreende em relação ao objeto que visa, isto é, ela é sempre consciência de alguma coisa; é doadora de sentido. Outrem não tem sua origem na consciência, pois isso o reduziria a um conceito.

Levinas concebe uma consciência passiva, retirando-lhe a característica da transcendentalidade que o idealismo sempre lhe atribuiu. Levinas constata um excesso do fenômeno sobre sua doação, excesso que não é obra da consciência e não se origina nela. O modo como Levinas usa o método fenomenológico o distancia de Husserl, uma vez que o usou para chegar ao eu puro, ao ego transcendental; enquanto em Levinas o método o leva à descoberta de outrem ou de uma alteridade que tem sua origem em si mesma e não na consciência doadora de sentido. Levinas usa a expressão "traumatismo" para designar algo com que a consciência se depara sem ser ela mesma seu autor. Nosso autor fala de um "acordar do sono ontológico", pois, não sendo outrem um conceito que se origina na consciência, arranca a consciência à coincidência consigo mesma e a retira da posição de centro do mundo. Husserl ainda pensou a relação entre o eu e o outro em termos de conhecimento, mas para Levinas outrem não pode ser identificado ao conhecido ou ao cognoscível. Daí a ética ter primazia sobre a ontologia já que o eu se descobre afetado por algo que não vem de si e que não procurou por sua própria vontade: outrem.

Isso não nega que o eu se constitua movimento de constituição, detalhadamente descrito em *Totalidade e infinito* a partir dos elementos e da fruição em que o eu ainda "egoísta" toma "consciência" de si ao se distinguir dos elementos do mundo, fruindo deles. É nesse movimento que denomina "necessidade" que o eu se põe como consciência e corpo diante de um conjunto de objetos. Aqui também se nota uma diferença em relação a Husserl: não é o sujeito que constitui o mundo, mas é o mundo que atua, através dos alimentos que preenchem a necessidade do corpo, como constituinte do sujeito. E, ao mesmo tempo em que o sujeito é constituído, ele é destituído pelo outro que vem de si mesmo, outro que é o não constituído ou inconstituível ou aquele que aparece irredutível ao eu. Logo, o sujeito levinasiano se caracteriza pela passividade e não por uma atividade objetivante, como em Husserl. A passividade do eu – que aqui não é consciência intencional – é necessária para que se manifeste a alteridade. Estamos ainda, portanto, no nível da sensibilidade, anterior ao da consciência objetivante, que posteriormente transformará outrem num conceito, e é ainda nesse nível que respondo ao apelo do outro numa responsabilidade que não nasce de minha vontade livre e autônoma. Vemo-nos assim diante de uma ética sem dever nem saber, uma ética da alteridade e não da consciência.

A transcendência radical de outrem de que fala Levinas se deixa então ver como algo que ultrapassa a consciência intencional, isto é, constata-se aí "uma exterioridade irredutível à visão intencional"; é o Infinito que rompe com o poder objetivante dessa consciência. Aqui a relação não objetivante entre o eu e outrem é sociedade, já que eu e outrem permanecem em sua integridade sem que um seja eliminado pelo outro. O Infinito não é uma ideia, como Descartes o concebeu (se fosse, seria absorvido pela consciência!), mas permanece em sua inadequação ao pensamento. Outrem aparece a partir de si e não a partir do eu e a isso se denomina, no vocabulário levinasiano, revelação ou epifania. Logo, a fenomenologia levinasiana encontra seus fundamentos na ética.

Um filósofo é reconhecido nessa condição quando segue a tradição dos gregos e se inspira nela, mas sabemos que vários filósofos buscaram inspiração também nos poetas e na literatura de outros povos ou ainda na mitologia *greco-romana*, como Heidegger que lia o poeta alemão Holderlin. Da mesma forma, Levinas reivindica o direito de mencionar os versos bíblicos dentro de um texto filosófico, embora nunca os use como prova do que está dizendo, mas recorra ao testemunho e à experiência que atestam. Nesse sentido, a tradição profética dos judeus não se opõe à grega, mas possui destinação universal. A esse respeito, afirma o fenomenólogo italiano Fabio Ciaramelli:

> *A condição judaica é, então, por si mesma, contestação do privilégio do ser e testemunho de uma humanidade que se mantém na solidão da consciência moral. Traduzir em grego esse não helenismo da tradição e da existência judaicas é, antes de tudo, essa prova da não pertença do humano à ordem do ser, significa dizer na linguagem da filosofia isso mesmo que a excede. Mas há somente o logos da filosofia para traduzir universalmente a primazia extrafilosófica da ética a qual o judaísmo testemunha.*[23]

Mas a influência judaica sobre Levinas não se deve apenas à tradição bíblica. Dois importantes filósofos judeus o influenciaram enormemente: o polonês Martin Buber e o alemão Franz Rosenzweig. Buber tornou-se conhecido como filósofo da religião e do diálogo. Em sua obra principal, *Eu e tu,* ele explora o mundo da alteridade, distinguindo dois modos de ser ou duas atitudes diante do ser: *Eu-tu* e *Eu-isso*, sendo a primeira a atitude do encontro entre dois parceiros cujas características são a reciprocidade e a confirmação mútua (atitude ontológica), e a segunda atitude se caracteriza pela experiência e utilização (atitude cognoscitiva). Embora Levinas admita a influência de Buber na compreensão da relação *Eu-tu*, não deixa de tomar distância do modo como Buber a concebe em pelo menos três aspectos: a reciprocidade, o formalismo e a ética. Buber admitiu três tipos de alteridade: a do mundo, a do outro e a de Deus, sendo que a alteridade só se manifesta a partir da relação, embora não possa ser reduzida à relação dialógica entre um eu e um tu. O mundo buberiano da relação é marcado pela reciprocidade e mesmo uma coisa (um isso) pode se apresentar como um *tu* ao *eu* que o percebe, posição que parece insustentável a Levinas. Buber teria permanecido ainda preso à relação

---

23 CIARAMELLI, Fabio. *Transcendance et Éthique. Essai sur Levinas.* Bruxelles: Éditions Ousia, 1989, p. 40.

tipo sujeito-objeto e Levinas concorda com caracterizar a relação de conhecimento como objetivante, sem poder haver aí relação, apenas objetivação.

A relação *Eu-tu*, isto é, o encontro não supõe o eu como consciência objetivante ou representativa e não é nunca uma relação de conhecimento. Entretanto, em Levinas, o Rosto se manifesta fora de qualquer representação, ele não é fenômeno! Buber ainda ensinou que o encontro é a cada vez único e irrepetível (ele é um acontecimento!), características que Levinas também atribui à epifania do Rosto. No entanto, caracterizar o encontro pela reciprocidade, como o faz Buber, é colocar o outro na mesma altura que o eu, o que ao seu ver compromete a transcendência radical do outro. Em outros termos, uma relação recíproca entre o *eu* e o *tu* faria com que o Infinito tivesse necessidade do finito – o que seria uma aberração para Levinas! –, já que o Infinito não tem necessidade de algo que não é ele mesmo: o outro vem de si e não tem nada em comum com o eu; sua alteridade é radical e irredutível. A necessidade é ainda movimento do mesmo em Levinas e é um retorno a si. O movimento em direção ao outro é desejo que nunca pode ser adequadamente preenchido. A reciprocidade é ainda retorno do sujeito sobre si mesmo, o que faz Levinas ver aí o risco de uma absorção do objeto pelo sujeito. Esse formalismo da estrutura dialogal impede que o sujeito se coloque no lugar do outro, esquecendo-se de si já que a relação, em Buber, exige reciprocidade, isto é, a relação buberiana *eu-tu* pode se dar tanto entre um *eu* e um *isso* como entre um *eu* e um *tu*. Isso colocaria no mesmo plano o homem e as coisas, o mundo e o outro, destruindo sua alteridade. A relação estaria esvaziada de seu conteúdo ético. No lugar da reciprocidade buberiana, Levinas coloca a assimetria que põe o *outro* acima do *eu*, ligando o *eu* ao *outro* pelo vínculo da responsabilidade.

Quanto a Rosenzweig, sua obra principal é *Estrela da redenção*, seguida de seu estudo *Hegel e o Estado,* tendo desenvolvido a Filosofia da Revelação, em que o diálogo é fundamental. Ele se alinhou a Kierkegaard, filósofo protestante dinamarquês, em sua crítica a uma razão totalizadora. Sua influência sobre Levinas se pode ver sobretudo na oposição à ideia de totalidade à qual Levinas contrapõe a noção de separação, tão presente em *Totalidade e infinito* cuja introdução faz alusão à presença do espírito da filosofia de Rosenzweig. A insistência levinasiana numa saída da totalidade e do pensamento totalizante visa, sem dúvida, sobretudo a Hegel e seu sistema. O movimento em direção à totalização atinge seu auge em Hegel. No entanto, a saída da totalidade segue procedimentos diferentes nos dois filósofos. Para Rosenzweig, como o mostra Zielinski, o pensamento da totalidade tem a pretensão de englobar o todo do mundo, mas o mundo não se lhe apresenta como totalidade, um objeto ou soma de objetos reunidos num sistema. A discordância entre os dois filósofos está no lugar que concedem ao mundo, em suas filosofias. Enquanto Levinas aborda o mundo a partir do amor ao próximo, em Rosenzweig é o mundo todo que se apresenta a mim no próximo e, na responsabilidade pelo próximo, eu me responsabilizo pelo mundo inteiro, isto é, a "ética engloba o mundo por intermédio de outrem".[24]

Levinas, no entanto, pensa outrem separado do mundo e aí encontramos uma divergência entre os dois, pois enquanto Levinas insiste na separação para evitar a absorção de um termo pelo outro numa totalidade englobante, Rosenzweig insiste na relação entre os três termos: o homem, o mundo e Deus. Já para Levinas, a relação ética é uma relação dual entre um *eu* e um *outro*. O mundo não entra aí. O diálogo ético não inclui o mundo. A responsabilidade é pelo outro e não inclui o mundo. Levinas suspeita de aproximação excessiva entre outrem e o mundo, assim como vimos nas suspeitas em torno da ontologia heideggeriana, que lê como ontologia da natureza. Em parte, a divergência se explica pelo fato de Rosenzweig ter vivido no contexto da Primeira Guerra e não ter vivido a experiência do holocausto que tanto marcou Levinas. Foi no período após a Segunda Guerra que se desenvolveram as fenomenologias do mundo como as de Heidegger e de Merleau-Ponty. Como o mostra Zielinski, Levinas encontrou nas filosofias do diálogo munição para a crítica da imanência da consciência husserliana, mas se distancia quando critica a imanência mundana em que "a consciência, constituindo o mundo, se identifica àquilo que ela constitui".[25] O diálogo deve, então, conduzir tanto para além da consciência fechada sobre si mesma quanto para além do horizonte do mundo. Tal visão permite a Levinas criticar tanto a falta de uma dimensão ética no pensamento de Buber quanto a insuficiência da noção rosenzweigina de amor ao próximo. Num diálogo verdadeiro, eu e outrem devem permanecer separados e a ausência do mundo, na relação ética, garante-lhes a transcendência da separação. Para Zielinski, Buber e Rosenzweig permitiram a Levinas criticar Husserl e Heidegger, mas, ao se distanciar, naqueles aspectos acima descritos, de Buber e Ronsezweig, Levinas construiu uma transcendência separada tanto da consciência transcendental quanto do mundo. Não é sem razão que os críticos nomeiam Levinas o filósofo da transcendência radical.

---

24 ZIELINSKI, Agata. *Levinas. La Responsabilité est Sans Pourquoi*. Paris: PUF, 2004, p. 45.
25 *Ibid.*, p. 51.

CAPÍTULO II ■ EMMANUEL LEVINAS

A subjetividade ética

A filosofia de Levinas é esforço de recuperação da noção de subjetividade que teria sido abandonada ou colocada em segundo plano, no contexto do pós-guerra, pelas escolas filosóficas então dominantes, quais sejam o existencialismo, o marxismo e o estruturalismo. O debate filosófico estava voltado para a totalidade e o indivíduo surgia, nesse contexto, como mera peça de uma engrenagem maior, desprovido de consciência. Levinas, então, se propõe a uma reapropriação do sujeito. Para isso, ele busca construir uma outra noção de subjetividade, distanciando-se da filosofia clássica do sujeito que acusa também de ter se centrado em demasia no eu.[26] Um eu tão forte e colocado como centro de tudo acabou incorporando outrem a si na obra de totalização. A noção ética de subjetividade que nasce com a filosofia da alteridade é um esforço de sair do solipsismo em que os clássicos a teriam feito cair. As estratégias que Levinas adotará para chegar a uma noção de subjetividade ética passam por uma concepção de humanismo que impede o sujeito de voltar a si mesmo, repensando a noção de identidade, central na tradição ocidental, cuja expressão maior na literatura ocidental é a volta de Ulysses a sua terra natal, Ítaca, após percorrer todo o mundo, indicando sua eterna circularidade. Levinas opõe a Ulysses a figura de Abraão, aquele que parte rumo à Terra Prometida, sem jamais retornar ao ponto de origem, fugindo assim da constante volta ao mesmo, indicando a busca do desconhecido e da alteridade.[27]

Ainda uma outra estratégia de Levinas será a valorização da corporeidade como meio de superação do idealismo e da ontologia heideggeriana.[28] Para isso, ele mostra como a consciência de si não é adquirida num movimento de retorno a si mesmo, mas projetando-se para fora de si em direção a algo que ela mesma não pode se dar. Em linguagem filosófica, dizemos que o sujeito se encontra numa posição não transcendente. Sendo a constituição material do corpo anterior à constituição teórica da consciência, o corpo se constitui como um lugar capaz de acolher outrem antes que a consciência tenha tomado consciência de si e antes que possa se perguntar quem é outrem. Nesse estágio pré-reflexivo, eu e outrem estão separados e, nessa separação, o eu se sente só diante da existência, procurando se libertar da solidão. O *eros* e a fecundidade aparecem, então, como meios que libertam o *eu* de uma existência solitária. Aqui se vê como o plano ético

---

26 LEVINAS, Emmanuel. *Humanisme de l'Autre Homme*. Paris: Fata Morgana, 1972, p. 100.
27 LEVINAS, Emmanuel. *Descobrindo a existência com Husserl e Heidegger*. Lisboa: Instituto Piaget, 1997, p. 232.
28 A constituição da corporeidade se acha descrita, longa e detalhadamente, na Seção II de *Totalidade e infinito*.

é anterior ao ontológico.[29] A noção de identidade, dominante no pensamento ocidental, não é destruída por Levinas, mas o termo levinasiano que toma seu lugar, a separação quer manter *eu* e *outrem* em sua condição de integridade, sem que um seja absorvido pelo outro, uma vez que a consciência transcendental tem esse poder usurpador que resulta na destruição da alteridade. Sem a constituição do corpo como lugar que se dá num estágio ainda pré-reflexivo, outrem não poderá ser acolhido. Não é que nosso autor elimine o cogito cartesiano que caracteriza a consciência de existir pelo movimento reflexivo (*Penso, logo sou*!), mas, ao contrário, ele o concebe como cogito silencioso, sensível, em que o *eu* se apropria da existência pelo corpo que surge, então, como lugar ou morada.[30] Outrem só pode ser acolhido num *eu* que já tenha se constituído como uma casa e essa constituição é anterior ao trabalho da consciência transcendental. Nesse estágio pré-reflexivo, o corpo frui dos elementos do mundo, distinguindo-se deles e, ao mesmo tempo, se afirmando como egoísmo de viver, como felicidade. Levinas descreve a fruição como excesso de ser para diferenciá-la da ontologia. Trata-se de uma intencionalidade da sensibilidade e da encarnação para a distinguirmos da intencionalidade da representação ou da consciência husserlianas. O sujeito na fruição ainda não pensa nem percebe objetos, mas somente frui dos elementos do mundo. E a relação do corpo com o mundo se dá através da necessidade, pois o corpo tem necessidade de um outro que preencha sua necessidade ou que o satisfaça.[31] Heidegger ensinou que a relação com o mundo começa pela queda, isto é, o *Dasein* se acha jogado no mundo, não tendo tomado a iniciativa de sua própria existência.

Para Levinas, a relação com o mundo começa pela fruição do mundo em que se oferece como alimento. Assim, a boca que traz a si os alimentos é o primeiro existencial e não o olhar ou a mão ou os utensílios. Por isso, o que melhor caracteriza a condição corporal é a fome e, ao satisfazê-la através dos alimentos,

---

[29] Levinas entende a ética como "relação entre termos onde um e outro não estão unidos por uma síntese do entendimento nem pela relação de sujeito a objeto e onde, no entanto, um pesa ou importa ou é significante para o outro, onde estão ligados por uma intriga que o saber não poderia esgotar ou deslindar" (LEVINAS, E. *Descobrindo a existência com Husserl e Heidegger*, p. 275, nota 184). Quanto à metafísica, Levinas a toma em seu aspecto de transgressão da fenomenalidade, do mundo e de sua luz. Ela não designa abertura para o além, mas a própria experiência do infinito capaz de romper com aquilo que se deixa ver. Não está próxima da ontologia nem é sinônimo dela, mas indica uma dimensão que excede o ser e seu discurso. A metafísica, aliás, precede a ontologia que se liga à totalidade ao passo que ela se liga ao Infinito que rompe a totalidade, remetendo assim para fora dela, para a transcendência radical do Outro que, em sua altura, não se confunde com o mundo. É a metafísica que permite pensar uma relação com a alteridade e, por isso, ela se deixa perceber como uma primeira aproximação da ética.
[30] BENOIST, Jocelyn. Le Cogito Lévinassien: Lévinas et Descartes. Em: MARION, Jean-Luc. *Positivité et Transcendence. Lévinas et la phénomènologie*. Paris: PUF, Coll. Épiméthée, 2000, pp. 111-112.
[31] LEVINAS, Emmanuel. *Totalidade e infinito*. Lisboa: Edições 70, 1980, p. 101.

o corpo traz para dentro de si o que estava fora. Nesse primeiro movimento do corpo denominado "necessidade", aquilo que é outrem (os alimentos) perde sua alteridade ao ser absorvido. O trabalho e a economia são os momentos em que o corpo tentará recuperar a alteridade perdida. Essa intencionalidade do corpo na fruição não tem caráter constituinte já que seu conteúdo não pode ser transformado em pensamento e, portanto, não pode ser representado. Com isso, Levinas quer mostrar também que o mundo de que vivo não é constituído pela consciência uma vez que antes de representá-lo, eu me alimento dele, isto é, eu vivo dele. Em outros termos, a vida na fruição não é atividade de uma consciência que tudo constitui e tudo se representa. Há aqui um *eu* antes do conceito de *eu*, uma ipseidade, uma interioridade que se retira e resiste à totalidade que tenta abarcá-la.[32] Todo esse esforço de descrever a constituição do *eu* na corporeidade tem por objetivo preservar sua singularidade e unicidade. Para Levinas, a transformação da ipseidade em conceito de eu, trabalho posterior da consciência, acaba por reunir as diferenças pelo que têm em comum. O gênero, por exemplo, é a reunião dos seres que têm semelhanças. A conceituação perde, por isso, a unicidade da ipseidade. O homem é reduzido a um conceito. Vê-se aqui como a obra de totalização destrói a separação, reduzindo outrem ao mesmo, não havendo mais sociabilidade, já que o gênero e a espécie, ao reunir os seres pelas semelhanças, apagam as diferenças e individualidades. Logo, a tematização e a objetivação, operadas pela consciência intencional, destroem a pluralidade de um *eu* e um *outro*, mantidos em sua integridade, na separação.

A fruição mostra ainda que a existência é pura gratuidade e não se reduz ao utilitário. O *Dasein* heideggeriano não tem fome e é ela que permite a experiência de um corpo próprio. O *da* (aí) do *Dasein* é o corpo! Não obstante, a fruição só permite a cristalização do eu, pois a indigência do corpo não pode ser definitivamente superada. Em vez da angústia da morte, que em Heidegger caracteriza o homem, Levinas o caracteriza pela indigência e pela necessidade. Uma vez satisfeitas as necessidades do corpo, o homem, então, pode buscar o transcendente, a salvação.

A separação, então, permite a produção de um ser independente, de uma interioridade que não se perde na totalidade e que se afirma no "egoísmo" (que não é o moral). Esse ser separado é necessário para se pensar o Infinito que, por sua vez, não surge de uma oposição dialética ao finito. A dialética também destrói a alteridade no momento da síntese em que se perde a pluralidade. O eu de Levinas surge, na separação, como um psiquismo, como resistência à totalidade, como uma interioridade capaz de acolher outrem. A morada é, então, pressuposto para que o sujeito possa

---

[32] *Ibid.*, p. 103.

depois contemplar o mundo após já tê-lo experimentado, morando nele.[33] Como o mostra Derrida, a acolhida pressupõe a intimidade de um *em-si*.[34] Ocorre aqui uma inversão do modo como Husserl pensa a constituição: é o mundo que atua como constituinte da consciência e não a consciência que o constitui, pois eu e mundo se constituem simultaneamente.

Destarte, é o corpo que permite uma primeira relação consigo mesmo, relação que é pré-reflexiva e não tem a forma da representação. Ao descrever assim uma subjetividade a partir da sensibilidade, Levinas foge à ontologia. Vive-se inicialmente num estágio como que infantil, sem responsabilidade. A consciência virá justamente da tomada de consciência com relação ao presente e da insegurança com relação ao futuro incerto. O trabalho e a economia se oferecem então como meios de assegurar o futuro e superar a insegurança, como um chamado à responsabilidade. A teorização da realidade é uma imposição da economia, pois a vida que se vive e se ganha através do trabalho demanda compreensão e inteligibilidade. Faz-se mister representar essa vida através do pensamento e com isso dá-se o nascimento da ontologia. O risco doravante é que a representação da existência tome o lugar dessa mesma existência e que o eu ignore outrem, fechando-se em sua própria autonomia. Será necessário então uma forma de heteronomia capaz de questionar o *eu* e de o abalar, impedindo-o de se fechar na própria autossuficiência.[35]

Dá-se aqui um segundo movimento na constituição da subjetividade distinto da necessidade que, sendo ainda um retorno a si, é por isso mesmo uma experiência do mesmo. De outra natureza é o movimento do desejo metafísico que não alcança saciedade e destarte é um movimento que vem do outro que não tem nada em comum com o eu, sendo o princípio por excelência da diferenciação e da transcendência. Não se trata de desejo que possa ser satisfeito na totalidade, mas que resiste ao poder totalizante, pois outrem vem de si mesmo, por sua própria iniciativa e não parte do eu. Ao impedir o sujeito de se afirmar em si, o desejo metafísico dirige o eu para o outro, fazendo-o voltar-se para o exterior. Eis aí uma porta de saída para fora da totalidade. Não sendo uma ideia, mas um comando moral (Rosto), outrem não se desfaz na obra de totalização, mas a interrompe. Diferentemente da necessidade, o desejo respeita a alteridade radical do outro que, sendo força ética, não pode ser abarcado pela consciência que tudo transforma em conceito. Diz Levinas: "O Desejo é desejo do absolutamente Outro".[36] O sujeito se vê, então, diante de uma transcendência infinita que o coloca em

---

33 *Ibid.*, pp. 135-136.
34 DERRIDA, Jacques. *Adieu à Emmanuel Lévinas*. Paris: Galilée, 1997, p. 59.
35 LEVINAS, Emmanuel. *Totalidade e infinito*. Lisboa: Edições 70, 1980, pp. 150-156.
36 *Ibid.*, p. 22.

questão, não podendo existir por si mesmo, mas somente a partir de uma relação com o outro. Sua identidade de sujeito ganha a condição do *um-para-o-outro*, de um sujeito responsável pelo outro que, por sua vez, tem parte ativa na constituição do sujeito. A experiência fundadora é, portanto, a de um sujeito que não pode se dar a capacidade de perseverar em seu próprio ser, mas a daquele que se descobre diante de uma alteridade que o inquieta, lançando-se do solipsismo ao *ser-para-o-outro* e, ao mesmo tempo, passando da metafísica à ética.

A fadiga[37] é o indício de uma impossibilidade de fechamento em si em nome de uma alteridade que desinstala o eu do isolamento e que não se totaliza com o mundo. Necessidade e desejo indicam dois modos de existir, sendo que somente o último pode ser caracterizado como ético. O desejo opera uma ruptura, colocando o *eu* da necessidade diante do Outro, um estrangeiro que entra na interioridade do *em-si*, impedindo-o de permanecer centrado em si mesmo e fazendo-o entrar no mundo da responsabilidade pelo outro. O sujeito passa então a ser descrito como "hospitalidade", termo levinasiano que melhor traduz a "intencionalidade" husserliana, embora não signifique em Levinas o retorno do sujeito à sua própria consciência, mas um desejo sem retorno sobre si e um movimento não reflexivo, e nisso ele se diferencia também do *eros* platônico que se satisfaz na busca do conhecimento que, sendo reminiscência, não faz surgir nada de novo, não passando, portanto, de retorno a algo já conhecido. Nesse sentido, a reminiscência platônica também é um movimento do mesmo e a contemplação das ideias busca a adequação enquanto o desejo, por sua vez, é inadequação por excelência, marca da separação entre o eu e o Outro.

O objeto do desejo não é nem um objeto de conhecimento nem um ente mundano do qual a mão se apropria e cuja posse do desejado faz desaparecer o desejo, mas antes, não tendo origem no *eu*, remete-o ao Infinito sobre o qual o *eu* não tem nenhum poder, fazendo romper todos os limites da subjetividade. O desejo deixa ver assim o Outro como o não apropriável, o não pertencente a este mundo, aquele que dá sentido tanto às coisas do mundo como à minha existência, um Outro de uma alteridade radical que nunca pode ser simplesmente um *alter ego*, exterioridade total que não é o inconsciente, mas um outro que eu; ele permite a experiência de um excesso em relação ao ser, um além do ser. A origem do desejo encontra seu princípio em outrem, diante do qual

---

[37] A fadiga, imagem empregada em *De L'Existence à L'Existant*, está ligada à própria existência, pois o fato de ser ou de ter de ser me esgota e me cansa. Ela traduz a ideia de individuação do sujeito, pois é pela fadiga que o eu, querendo se livrar de si mesmo ou desfazer-se de si mesmo, sente seu próprio peso e assim se solidifica. A fecundidade se oferece, então, como possibilidade de sair de si, através do filho. Em *Autrement Qu'Être*, a fadiga ganha o aspecto da "paciência do envelhecimento", traduzindo a ideia de uma exposição ao sofrimento de um sujeito vulnerável.

o sujeito se encontra numa posição de pura passividade, sem poder dar a si mesmo sua identidade, mas recebendo-a de um outro a quem ele responde e que se apresenta em sua nudez e vulnerabilidade. Os termos que designam essa subjetividade ética a partir da obra *Autrement Qu'Être ou Au-Delà de L'Essence* são inteiramente novos: substituição, expiação, exposição, refém, obsessão etc. Levinas recorre ao sentido latino da palavra sujeito – *subjectum* – para traduzir a ideia de alguém que sofre passivamente a ação de um outro que ele. O processo de identidade ganha, então, dimensão ética, uma vez que o eu se afirma na resposta ao apelo do outro, apelo ao qual ninguém pode responder em seu lugar. A fragilidade do outro expulsa o eu do ser, fazendo-o "sentir-se mal em sua pele", impedindo-o de repousar em si e constrangendo-o "a se desprender de si", "a se despossuir até se perder".[38] É essa insubstituibilidade que lhe dá a condição de único, de uma singularidade que preserva o sujeito de qualquer correlação a um objeto, definindo-se a partir daquilo que ele não é nem pode ser, isto é, a partir de uma exterioridade inviolável. O sujeito recebe sua identidade de um outro que ele; é constituído e não constituinte. Em suma, a responsabilidade pelo outro destitui o sujeito da posição de autonomia e de constituinte de si mesmo que a tradição lhe conferiu.

    A temática que Levinas privilegia em sua filosofia não diz respeito apenas à sua época, mas tem muito a dizer à nossa realidade brasileira contemporânea, marcada pela violência urbana crescente em que as estatísticas apontam para um total de mais de 50 mil homicídios por ano. A banalidade do assassinato é algo que podemos verificar com tristeza e indignação no cotidiano das grandes cidades cuja gravidade aumenta diante da falta de punição dos responsáveis. Não precisamos mais recorrer ao exemplo dos campos de concentração para falar da redução da vida humana à condição de mercadoria e de objeto. É nesse sentido que a reflexão ética de Levinas é mais do que atual e sua pergunta "o que é o humano?" É também a questão que nos colocamos diante das atrocidades e do desprezo para com a vida humana que presenciamos no dia a dia. Ou será que também não negamos a alteridade do outro, matando-o? Levinas nos mostra que o Rosto é um comando moral que se traduz através da ordem bíblica "Não matarás!". E há duas formas de negar a alteridade do outro: o assassinato puro e simples que é sua negação radical e uma forma mais sutil que apaga a alteridade no nível da universalização do conceito e da teoria. A filosofia deve se ocupar prioritariamente desta última, mas pode ser levada a ela pela experiência da primeira.

---

38 LEVINAS, Emmanuel. *Autrement Qu'Être ou Au-Delà de L'Essence*. Paris: Brodard & Taupin, 2001, p. 175.

O próprio processo de colonização da América Latina foi, sem sombra de dúvida, a negação da alteridade que se apresentava no rosto dos indígenas, desrespeitados em suas culturas milenares em nome da imposição de uma outra cultura, a europeia, que se apresentava como superior e universal. Feita a partir da visão cultural europeia, tal universalização acabou por transformar outrem no mesmo, impondo aos indígenas uma língua, costumes, hábitos, modos de pensar e de agir estrangeiros. As diferenças não foram acolhidas e respeitadas e por isso não houve encontro entre duas grandes civilizações, mas destruição de uma em nome da superioridade da outra. Levinas ensina o acolhimento incondicional do outro. O mesmo se pode dizer com relação às culturas africanas cuja presença se fez marcante em solo brasileiro com o início da escravidão. As culturas africanas não foram vistas na riqueza de sua diferente visão de mundo, mas foram submetidas aos padrões culturais europeus e julgadas a partir deles, não encontrando aqui espaço para sua livre expressão. Se hoje falamos de um Brasil multicultural, somos levados à admissão de que vários povos e culturas se encontraram e forjaram a construção de uma nação e de uma civilização que trazem as marcas profundas dos povos e culturas indígenas, africanos, árabes, asiáticos e europeus chamados a conviverem, apesar de suas diferenças, na fraternidade e na solidariedade universais, acolhendo e respeitando as alteridades dos diferentes rostos dos povos que a constituem. A expressão levinasiana Rosto quer justamente designar o humano desvestido de uma cultura, de uma classe social e de um contexto histórico para ensinar que qualquer um deve ser acolhido, independentemente de sua condição cultural, social ou histórica. E o imperativo da hospitalidade se torna cada vez mais urgente num mundo que se torna cada vez mais plural e globalizado.

Questões para estudo e discussão:

• A filosofia da alteridade se apresenta como certo distanciamento da ontologia fundamental de Heidegger. Discuta os motivos desse distanciamento.

• A corporeidade ganha importância fundamental na filosofia da alteridade. A que se deve essa importância quando se leva em consideração a tradição filosófica do Idealismo?

• O que a filosofia da alteridade tem a ensinar à realidade latino-americana, especialmente ao processo de colonização vivido por nosso continente, quanto ao modo de se relacionar com a alteridade do indígena e do negro?

Capítulo III – Jean-Paul Sartre

(Luciano Donizetti da Silva – UFSCar)[39]

Liberdade e história: uma introdução à filosofia de Sartre

> *Eu construo o universal escolhendo-me; construo-o compreendendo o projeto de qualquer outro homem, seja qual for a sua época. O que o existencialismo toma a peito mostrar é a ligação do caráter absoluto do compromisso livre pelo qual cada homem se realiza, realizando um tipo de humanidade.* (SARTRE, 1973, p. 22)

A filosofia de Sartre é multifacetada, o que não permite uma definição simples de seu trabalho; mais: ele não se resumiu a escrever exclusivamente textos de filosofia, mas aventurou-se pelo teatro e literatura, alcançando aí notáveis resultados. E, ainda, não faltam textos nos quais questões políticas de seu tempo foram discutidas e as mazelas de sua época retratadas, o que gerou uma série de polêmicas e disputas com intelectuais importantes da segunda metade do século XX. Para indicar algo que unifique todas as suas questões pode-se dizer que bastaria uma única palavra: liberdade. Essa é a tônica de seu pensamento desde a aurora, com a aproximação da Fenomenologia de Husserl, até seu ocaso, quando o filósofo pretendeu reconciliar seu Existencialismo com o Marxismo.

Assim, apresentar a filosofia de Sartre não é tarefa fácil, especialmente porque não há maneira segura de separar sua biografia de sua bibliografia e, menos ainda, separar o que ele publicou como *texto de filosofia* (obras técnicas) dos *demais textos* (literatura, teatro etc.); mas se separar não é uma alternativa viável, muito mais complicado seria pretender dar conta de tudo, haja vista o trabalho

---

[39] Professor doutor em Filosofia pela UFSCar e professor adjunto da UFJF.

colossal que resultaria dessa empreitada.[40] De todo modo espera-se, ao menos, apresentar um panorama dessa filosofia a partir de uma chave de leitura única que, apesar de toda a evolução doutrinal que uma obra desenvolvida ao longo de meio século comporta, permanece a mesma.

A liberdade é o mote inicial da filosofia de Sartre. Claro que ele não pode precisar o momento em que entra na *idade da razão*; isso é impossível para todos os homens. Mas o fato é que em suas *memórias* (*Les Mots*) o filósofo afirma que desde quando passou a se compreender como indivíduo, ele o fez *livremente*, e isso teria a ver com a morte prematura de seu pai:

> *A morte de Jean-Baptiste foi o grande acontecimento de minha vida: devolveu minha mãe a seus grilhões e me deu a liberdade. [...] Foi um mal, um bem? Não sei; mas subscrevo de bom grado o veredicto de um eminente psicanalista: não tenho superego.* (SARTRE, 1984, pp. 15-16)

Sua vida com sua mãe e o avô, que já teria cumprido sua função repressora, teria muito a ver com tamanha inclinação pela *liberdade*.[41]

Mas a liberdade física, de *fazer o que se quer* com a complacência do avô e da mãe, ou mesmo a liberdade *psíquica* de não conviver com a castração paterna, não é tudo. Na verdade, a filosofia de Sartre leva a uma noção de liberdade *absoluta*, pois "O homem não é *primeiro* para ser livre *depois*: não há diferença entre o ser do homem e o seu *ser livre*" (SARTRE, 1997, p. 68). A liberdade coincide com o modo de ser humano e, assim, o fato de compreender-se livre ou agir livremente não são mais que consequências dessa condição primordial. A contrapartida da liberdade, a possibilidade de *agir de má-fé* está sempre presente; e a biografia de Sartre, malgrado sua interpretação libertária, tem também seus momentos de má-fé, naturalmente presente nas ações humanas.[42]

A *interpretação biográfica*, asseverada por parte dos comentadores do filósofo, serve para indicar limites na maneira pela qual a liberdade é *vivida*; o fato biográfico de Sartre jamais se preocupar com suas várias *mudanças de posição* indica claramente em sua vida esse apelo à liberdade. É fato que nenhum homem pode escolher

---

40 Note-se, por exemplo, CONTAT, M.; RYBALKA, M. *Les Écrits de Sartre*. Paris: Gallimard, 1970; COHEN-SOLAL, A. *Sartre – 1905-1980*. Tradução Milton Person. Porto Alegre: ed. L&PM, 1986; e *Sartre*. Tradução de Paulo Neves. Porto Alegre: LP&M, 2005.
41 Jean-Paul Sartre nasceu no dia 21 de junho de 1905, em Paris, filho de Jean-Baptiste Sartre e Anne-Marie Schweitzer. Em 1906, com a morte do pai, sua mãe muda-se para Meudon, onde Sartre conviverá com seus avós, Charles Schweitzer e Louise Guillemin.
42 Anne Cohen-Solal, em *Sartre – 1905-1980*, retrata a tentativa do filósofo, quando criança, de *comprar amigos*; também algumas atitudes de *mudança brusca* de posições políticas (em relação ao comunismo, por exemplo) e de *crítica a intelectuais opositores* mostram bem essa limitação que é *humana*, e não exclusiva de Sartre.

sua *vinculação com o mundo*, no sentido de que tanto existir como ter tal posição social, econômica etc., é absolutamente aleatório; mas cada um permanece também absolutamente livre para projetar-se e, assim, efetivar seu *ser livre* em todas as suas atitudes no mundo. Ao que parece, e sem nenhuma necessidade de apegar-se a detalhes biográficos, a vida de Sartre atesta esse modo de ser *livre* no mundo.[43]

E foi justamente esse interesse pela liberdade que marcou a aproximação de Sartre à filosofia de Husserl. Num lendário encontro com Raymond Aron, ele teria dito a Sartre que a fenomenologia permitia falar de um *coquetel de abricó* e, ainda assim, *estar filosofando*;[44] bastou para que Sartre, em 1933, fosse para Berlim estudar a fenomenologia. O resultado desse encontro foi decisivo para Sartre (2005, p. 56): " 'Toda consciência é consciência *de* alguma coisa'. Não é necessário mais do que isso para pôr um termo à filosofia aconchegante da imanência, na qual tudo se faz por compromisso, por trocas protoplasmáticas, por uma morna química celular". A intencionalidade da consciência, essa *ideia fundamental da fenomenologia de Husserl*, seria diante o instrumental básico para estabelecer a liberdade como base da subjetividade e pedra de toque dessa filosofia.[45]

A proximidade com Husserl e com a fenomenologia começa a ser estremecida já em 1936: em *A imaginação*, Sartre parece dar-se conta de que a *ciência de essências* husserliana permitia, com a intencionalidade, fundar uma filosofia da liberdade absoluta. Porém, para tanto era preciso lidar com o *mundo reduzido*, com o mundo *entre parênteses* e, claro, essa jamais foi a intenção do filósofo. Assim, para Sartre (1973, p. 109):

> *[...] como, então, uma vez feita a redução, distinguir o centauro que imagino da árvore em flor que percebo? [...] Agora, a coisa árvore foi posta entre parênteses, não a conhecemos mais senão como noema de nossa percepção atual; e, como tal, esse noema é um irreal, assim como o centauro.*

A liberdade pretendida por Sartre exigia que fosse *concreta* (em oposição à abstração do mundo *reduzido*), ou, *no mundo concreto*; e uma vez que a filosofia husserliana levava, cada vez mais, ao idealismo, Sartre aproxima-se de Heidegger.[46]

---

43 Em 1920 Sartre ingressa, juntamente com Paul Nizan e Raymond Aron, na École Normale Supérieure; nove anos depois conhece Simone de Beauvoir e inicia o serviço militar no Forte Saint-Cyr. Em 1931 é nomeado professor de filosofia no Havre e tem seu primeiro romance, *Lenda da verdade*, recusado por todas as editoras.
44 MOUTINHO, 1995, p. 24.
45 Em 1933 Sartre substitui Raymond Aron no Instituto Francês de Berlim, onde desenvolve seus estudos sobre a Fenomenologia e já no ano seguinte, fortemente influenciado por Husserl, publica *A transcendência do ego*, e dois anos depois (1936), ainda se declarando fenomenólogo, publica *A imaginação*. Nesses anos, apesar de reformular seu romance-tese mais de uma vez, tem *A náusea* que é recusado por todas as editoras.
46 Em 1939 Sartre publica *O muro* e *esboço de uma teoria das emoções*; em seguida é aquartelado em Nancy,

CAPÍTULO III ■ JEAN-PAUL SARTRE

Essa aproximação, porém, não significou de modo algum que Sartre tenha se tornado heideggeriano. Assim como antes, quando de sua maior proximidade com Husserl, Sartre mantém o plano inicial de uma filosofia da liberdade; mas, uma vez que a fenomenologia tomava rumos idealistas e Sartre pretendia falar da liberdade *total* no mundo *real*, era necessário buscar outros caminhos. E foi o que ele encontrou na analítica existencial do *Dasein* a partir de seu *ser-no-mundo* (1996, p. 242):

> Essa consciência livre – cuja natureza é ser consciência de alguma coisa, mas que por isso mesmo constitui-se ela própria diante do real e a cada instante o ultrapassa porque ela só pode ser enquanto "estiver no mundo", quer dizer, vivendo sua relação com o real como situação – o que ela é senão simplesmente a própria consciência tal como ela se revela a si mesma no cogito?

A filosofia da liberdade tinha, enfim, todo o instrumental necessário para ser levada a termo: a consciência intencional, movimento *livre* de si a si, necessariamente passando pelo mundo, *em situação* no mundo; assim, em 1943, aparece o *Ensaio de ontologia fenomenológica*.[47]

O ser e o nada é a primeira grande obra de Sartre que, possivelmente em razão da guerra, passa despercebida no momento de sua publicação. Alguns comentadores veem essa fase como se fosse um *primeiro Sartre*, ligado à fenomenologia e construindo sua *filosofia da liberdade*, filosofia que será substituída na década de 1960 pela *Crítica da razão dialética*, e essa aproximação ao marxismo caracterizaria um *segundo Sartre*. Entretanto, e graças à liberdade (eixo condutor dessa introdução), não partilhamos dessa opinião; na verdade, Sartre tem sim sua fase de proximidade com o marxismo, mas isso não caracteriza nenhum tipo de ruptura em sua filosofia que justifique falar de "primeiro" e "segundo" Sartre, questão já desenvolvida em outro trabalho.[48] Mas importa dizer que a liberdade é a base desse primeiro momento da filosofia e, quando de sua maior proximidade com o marxismo, ela será a moeda de troca dessa relação: Sartre terá por objetivo *recuperar a liberdade humana* no seio da teoria marxista.

---

onde aproveita o ócio para escrever *A idade da razão* e *O ser e o nada*. No ano seguinte publica *O imaginário* e é feito prisioneiro de guerra pelos alemães. Passando-se por civil, Sartre, em 1941, foge e volta a Paris onde, em cooperação com Merleau-Ponty, funda o grupo de resistência intelectual denominado *Socialismo e liberdade*.

47 Em 1943 Sartre publica *As moscas* e *O ser e o nada*, e é nesse ano que Gabriel Marcel utiliza o termo *existencialismo* para referir-se a essa filosofia; em 1945 são publicados *Entre quatro paredes*, *A idade da razão* e *Sursis*. É desse ano a conferência *O existencialismo é um humanismo*, texto mais conhecido de Sartre. Em 1947 é a vez de *Situações I*, *Baudelaire* e *Teatro I*, além de parte de *O que é literatura?* ser publicada.

48 DA SILVA, 2010 (note-se, especialmente *Parte II, Caribe ou cila?*, a respeito do *método*).

E a liberdade a ser *recuperada* em 1960 é justamente aquela estabelecida em 1943: "A liberdade humana precede a essência do homem e torna-a possível: a essência do humano acha-se em suspenso na liberdade. Logo, aquilo que chamamos liberdade não pode se diferenciar do *ser* da 'realidade humana' " (SARTRE, 1997, p. 68). Para fazê-lo, Sartre adentra definitivamente o campo ontológico, porém, da perspectiva da fenomenologia; uma fenomenologia *sui generis*, afinal, conforme já foi dito, não se trata do *mundo entre parênteses*, mas do mundo vivido. O distanciamento de Husserl a fim de afastar-se do idealismo rumo à *situação* heideggeriana permite a Sartre a análise dos vividos intencionais de consciência que, segundo sua compreensão, deverão permitir descrever o *ser* a partir do mundo.

O problema metodológico na filosofia de Sartre não se resolve tão facilmente, mas a título de introdução trata-se primeiro de manter a intencionalidade da consciência husserliana sem, contudo, efetuar a *epoché fenomenológica*; trata-se de promover uma *analítica em situação*, porém não uma do *Dasein*, mas do homem *consciente* no mundo. Em resumo, Sartre (1997, p. 44) afirma que:

> *Basta abrir os olhos e interrogar com toda ingenuidade a totalidade homem-no-mundo. Descrevendo-a, podemos responder a essas duas perguntas: 1ª) Qual é a relação sintética que chamamos de ser-no-mundo? 2ª) Que devem ser homem e mundo para que seja possível a relação entre eles? [...] Mas cada uma das condutas humanas, sendo conduta do homem no mundo, pode revelar-nos ao mesmo tempo, o homem, o mundo e a relação que os une.*

É certo que esses não são os únicos aportes metodológicos de *O ser e o nada*, mas é fundamental a passagem pela relação de Sartre com Husserl e Heidegger para entender esse momento inicial de sua filosofia; e para completar os *três "agás" alemães* é preciso também recorrer a Hegel, outra forte influência da ontologia fenomenológica, não apenas pela obviedade do título, mas porque é justamente da recusa da dialética hegeliana (mais *kojèviana* que hegeliana, é verdade) que nasce a dialética que Sartre utiliza em sua primeira grande obra.[49] Na verdade, a *introdução* de *O ser e o nada* apenas faz sentido se vista dessa perspectiva, como a tentativa de superar a dicotomia moderna do realismo e do idealismo a partir da filosofia contemporânea; claro que não se trata de simples *aceitação*, pois desde o início Sartre indica os limites dessas filosofias e aponta para aquilo que será seu trabalho.

---

49 KOJÈVE, 2002.

Assim, encontra-se na primeira parte de *O ser e o nada* um título no mínimo curioso: *O problema do nada*, problema esse que pode ser resumido na exigência de que o nada tenha sua *existência* restrita ao plano humano, e que de modo algum possa *existir previamente* ou *advir* do ser: "O ser é. O ser é *em-si*. O ser é o que é" (SARTRE, 1997, p. 40); o nada, por sua vez, não tem existência, e se pode ser encontrado no mundo jamais poderá advir do Ser. Então, de onde vem? Note-se que a resposta a essa questão será a fundamentação, no plano ontológico, para o enraizamento da liberdade que, dessa feita, será absoluta: "Esse eu, com seu conteúdo *a priori* e histórico, é a *essência* do homem. E a angústia, como manifestação da liberdade frente a si, significa que o homem sempre se acha separado de sua essência por um nada" (SARTRE, 1997, p. 79). O homem é o ser que *leva* o nada ao ser, uma vez que o *tem* na estrutura interna de sua consciência como aquilo que o separa de si mesmo e impede que ele coincida consigo – ele é livre.

A liberdade ontológica, porém, não é tudo; se esse é o modo *de ser* do homem, o fato é que essa liberdade apenas ocorre no mundo. Não custa lembrar, a consciência é intencional e caso não se dirija a algum objeto (e apenas encontram-se objetos no mundo) ela seria *nada*; e do mesmo modo que não há consciência senão no mundo, não pode haver mundo senão para a consciência. Não é outra coisa o que mostra a análise das condutas de má-fé empreendida por Sartre ainda na primeira parte de *O ser e o nada*: trata-se de *fazer da facticidade transcendência e da transcendência facticidade* ou, em outros termos, negar a liberdade. "O ato primeiro de má-fé é para fugir do que não se pode fugir, fugir do que se é. [...] A má-fé procura fugir do *em-si* refugiando-se na desagregação íntima de meu ser" (SARTRE, 1997, p. 118). Trata-se do conhecido exemplo do garçom, que *finge ser garçom*, mas que jamais poderá sê-lo, *inteiro e por dentro*, do mesmo modo que um cinzeiro é um cinzeiro, que um livro é um livro. Ainda que a má-fé seja compreensível, que busque mascarar uma verdade inaceitável em vista de uma mentira agradável, que seja natural que os homens criem *parapeitos contra a angústia* – afinal, como diria Nietzsche, *uma explicação qualquer é melhor que nenhuma* –, o fato é que a má-fé mostra na lida cotidiana que o homem é livre, e isso se deve a seu modo de ser, incapaz de coincidir consigo.

O homem é livre num mundo contingente e, porque o homem tem em seu ser o nada que o separa de si mesmo e faz com que ele segregue o nada no Ser, é preciso concluir que o homem *faz seu mundo*. Melhor, o homem não faz apenas *seu* mundo, mas *o mundo*, e o faz livremente:

> Quando dizemos que o homem escolhe a si, queremos dizer que cada um de nós escolhe a si próprio; mas com isso queremos também dizer que, ao escolher-se a si

> *próprio, ele escolhe todos os homens. Com efeito não há dos nossos atos um sequer que, ao criar o homem que desejamos ser, não crie ao mesmo tempo uma imagem do homem como julgamos que deve ser.* (SARTRE, 1973, p. 13)

Assim pode Sartre afirmar, contra a *moda existencialista*, que o existencialismo além de ser um humanismo, é uma *doutrina extremamente austera*, afinal, se o homem é absolutamente livre, deverá, em contrapartida, ser absolutamente responsável por sua existência e, no limite, pelo *mundo como um todo*. As desculpas e justificativas, sejam psíquicas, psicofísicas, psicológicas, sociais, econômicas ou históricas, não fazem frente a essa filosofia; o homem é o que ele fizer, e o que ele faz é fruto de seu projeto; e esse, por sua vez, ainda que levado a termo num mundo contingente, foi gerado no plano de sua absoluta liberdade.

Mas se o homem é absolutamente livre, *todos os homens são absolutamente livres*; isso leva à mais delicada questão no tocante à ontologia fenomenológica: e as relações interpessoais? Claro, afinal se todos são absolutamente livres, como pode haver sociedade? E, mais, se a relação entre os homens se dá pelo olhar, no sentido de que aquele que me olha pretende *objetivar-me*, no sentido de *roubar-me minha liberdade*, fazendo de mim *um objeto entre outros* (e vice-versa), o fundamento das relações sociais apenas poderá ser o conflito. "Assim, a aparição, entre os objetos de *meu* universo, de um elemento de desintegração desse universo, é o que eu denomino a aparição de *um homem* no meu universo" (SARTRE, 1997, p. 319). O outro é fator de desintegração, é limite e perigo para meu ser livre e, ainda assim, é indispensável para que eu reconheça uma parcela de meu ser: *meu corpo visto por outro* (uma vez que o sou e o conheço de dentro). Mais do que isso, ao partilhar com os outros o mundo posso estar certo de que estou em vigília, por exemplo; e ainda, conforme veremos posteriormente, essa relação conflituosa com os demais homens é única fonte do que se chama sociedade e único *motor* plausível do que se nomeia *história*.

Malgrado o que afirmam alguns comentadores da filosofia de Sartre, que não haveria a partir de *O ser e o nada* a possibilidade de descrever a sociedade e a história, razão pela qual ele teria *se convertido ao marxismo* e abandonado sua filosofia da liberdade, o fato é que Sartre leva sua filosofia da liberdade para o seio do marxismo. Também é verdade que, em *Huis Clos* encontra-se, na voz de Garcin:

> *A estátua de bronze está aí, eu o contemplo e compreendo que eu estou no inferno [...]. Todos esses olhares que me devoram... [ele se vira de repente] [...]. Então, é isso o inferno. Eu não poderia acreditar.... Vocês se lembram: o enxofre,*

fornalhas, grelhas.... Ah! Que piada. Não precisa de nada disso: o inferno são os Outros. (SARTRE, 2005, p. 125)

Mas qual é efetivamente o problema de se descrever a fonte das relações sociais a partir do conflito? Não parece que isso explicaria boa parte das diferenças sociais e, claro, de toda a barbárie que é a história humana, em especial no século XX?[50]

Seja como for, Sartre mantém os princípios da liberdade absoluta conforme havia estabelecido em *O ser e o nada*; o livro sobre o poeta Jean Genet mostra o equívoco de pensar que, porque a liberdade indica que as relações humanas são pautadas pelo conflito, não é possível dela descrever a sociedade e, consequentemente, falar da história.[51] A análise da trajetória do poeta mostra que a *situação* de cada homem no mundo não se deve à uma escolha; pudera, afinal Sartre já havia mostrado em *O ser e o nada* que liberdade de modo algum pode ser confundida com vontade. Vejamos melhor: o senso comum confunde liberdade com fazer o que se quer e considera que se é livre quando aquilo que se buscou é alcançado; ora, Sartre mostra que o fundamento ontológico do homem é ser *para-si*, e assim existir em constante e ininterrupta *negação* do *em-si*, de onde decorre que o homem é o ser que *segrega o nada no ser*, fazendo com que o ser venha ao mundo – essa é *a liberdade ontológica* propriamente dita.

Mas qual pode ser o móbil desse *movimento negativo em relação ao ser-em-si* que caracteriza o modo de ser *para-si*? "É a impossível síntese do *para-si* e do *em-si*: um ser que seria seu próprio fundamento, não enquanto nada, mas enquanto ser, e manteria a translucidez necessária da consciência ao mesmo tempo que a coincidência consigo mesmo do *ser-em-si*" (SARTRE, 1997, p. 140). Nesse sentido ocorre que *ninguém* pode realizar-se, mas tão somente projetar-se rumo a um fim; e não é por acaso que todos os projetos levados a termo são apenas o solo a partir do qual novos projetos deverão ser edificados. O homem existe como o burro que caminha rumo à espiga de milho presa por uma vara a seu lombo: é o próprio caminhar do

---

[50] Em 1948 Sartre publica *As mãos sujas, Situações II* e *A engrenagem* e se lança à efetiva intervenção política, no *Rassemblement Démocratique Révolutionnaire* (RDR). No ano seguinte são publicados *Com a morte na alma* e *Situações III*, e iniciam-se as polêmicas com os comunistas, em especial Lukács. Em 1950, com Merleau-Ponty, critica duramente os campos de concentração soviéticos, embora continue a defender o Comunismo e o PCF.

[51] Em 1952 Sartre publica *Saint-Genet, ator e mártir* e a primeira parte de *Os comunistas e a paz*; engaja-se na luta contra a *Guerra Fria* e em defesa de Henri Martin e da paz entre os blocos: a política passa a ser a *ordem do dia*: em 1955 defende *a paz* em Helsinki, onde reencontra Lukács, e Merleau-Ponty publica *As aventuras da dialética*, e decreta a ruptura entre ele e Sartre; em 1956, após intervenção soviética na Hungria, afasta-se irremediavelmente do Partido Comunista; em 1957 declara-se *companheiro de caminhada* dos comunistas, defende publicamente a libertação da Argélia, denuncia a violência e a tortura; torna-se ferrenho crítico do Gaullismo.

burro que lhe impede comer o milho, do mesmo modo que o projetar-se e executar projetos jamais levará à consecução do projeto ontológico de *ser-em-si-para-si*.

Alguns veem nisso algo *pessimista*, que poderia levar ao quietismo; ora, as palavras de Sartre (1997, p. 141) são de fato muito duras:

> *A realidade humana é sofredora em seu ser, porque surge no ser como perpetuamente impregnada por uma totalidade que ela é sem poder sê-la, já que, precisamente, não poderia alcançar o Em-si sem perder-se como Para-si. A realidade humana, por natureza, é consciência infeliz, sem qualquer possibilidade de superar o estado de infelicidade.*

Porém todas as alternativas à liberdade e à consequente responsabilidade que dela decorre são, conforme já foi visto, *atos de má-fé*: são tentativas de livrar-se da angústia transferindo para algo transcendente ou para o Ser a responsabilidade pela escolha. Mas *Saint Genet – ator e mártir* mostra que o menino Genet, mesmo sendo despossuído num meio de possuidores, mesmo sendo órfão adotado por uma família de agricultores, ele *escolhe, se faz* e é, por isso, *responsável pelo que ele é*.

Considerando-se esses dados iniciais parece absurdo querer responsabilizar uma criança por aquilo que *ela é*; mas Sartre, em detalhes, mostra que Jean Genet *se fez ladrão* e que isso advém unicamente de sua escolha de ser. Sartre, inclusive, precisa o momento em que Genet se faz *Jean Genet*: "Uma voz declara publicamente: 'você é ladrão'. Ele está com dez anos" (SARTRE, 2002, p. 29). Genet *é ladrão* porque *quis ser ladrão* e *se fez ladrão*: ele queria roubar, o que ele fazia era um roubo. Ele *é* ladrão. É do presente que o passado arranca seu sentido e esse presente de acusação – você é ladrão! – doa sentido ao passado e a tudo aquilo que até então o menino havia feito. O olhar do outro (*outros*, no caso), conforme em *O ser e o nada*, objetiva essa conduta e traz para Genet um ser que ele já era no silêncio de sua subjetividade; a descoberta de um de seus furtos trouxe o ladrão para a luz, trouxe ao mundo o que Genet verdadeiramente *era*. E pouco importaria se ele nunca mais roubasse, se ele se tornasse *trabalhador na agricultura* (visto que não era proprietário), se ele se tornasse operário na cidade ou fosse para outro país em busca de melhores condições: todas essas (e quaisquer outras que se imagine) são *suas possibilidades* e Genet *é o que ele fizer*.

Assim, caem por terra os preceitos deterministas que tendem a ver na situação (condição histórica, social, econômica, física etc.) o determinante das escolhas e da ação humana como um todo; em sociedade, determinado historicamente, *o homem é livre para fazer o que quiser com aquilo que fizeram dele*. Note-se que Sartre não abre mão da liberdade e é munido desse instrumental que ele se encaminhará rumo ao marxismo: a *Crítica da razão dialética* tem por objetivo garantir um espaço no qual a liberdade individual esteja assegurada, ou seja, colocar num único plano o homem absolutamente livre e a história, ou, a liberdade e o marxismo. Nesse sentido é preciso recusar o materialismo ortodoxo, pois, "Assim, o materialista [...] se lança num mundo de objetos habitado por homens objetos" (SARTRE, 1947-1976, sit. III, p. 141). Isso implica, de antemão, que a aproximação do marxismo é feita pela via da liberdade, ou, pressupõe assegurar um espaço no qual *a liberdade* humana atue.[52]

Como poderá Sartre falar de sociedade e de história e, ao mesmo tempo, manter os princípios de sua ontologia? Numa resposta direta, Sartre mostra que assim como na ontologia o *mundo* tem sua origem a partir do movimento negativo que é a consciência na sua relação com o ser – na liberdade, portanto –, também a história tem aí, na liberdade, sua única fonte. Mas isso não se passa tão facilmente: é preciso partir de uma situação *fática*, onde homens *reais* constroem sua existência. É assim que o filósofo analisa na parte *D* do primeiro livro da *Crítica da razão dialética* o que nomeia de *estrutura serial*; malgrado o inusitado do termo, trata-se do homem na sua lida cotidiana *em sociedade*. Trata-se do modo comum a todos os homens de existir *executando um papel social*: o "garçom", o "policial", o "juiz"; mas não importa que papel seja exercido, em todos os casos "trata-se de uma multiplicidade discreta de indivíduos atuantes", uma "síntese passiva" e "na medida em que sua inércia penetra em *cada práxis individual* como sua determinação fundamental pela unidade passiva, ou seja, pela interpenetração *prévia* e *dada* de todos enquanto Outros" (SARTRE, 2002, p. 361).

A estrutura serial, ao contrário do que possa parecer, não limita a liberdade. O homem permanece absolutamente livre, porém sua liberdade é inócua: na estrutura serial o homem existe *serialmente*, ou seja, faz parte de uma coletividade como um membro *desnecessário* e pode, a qualquer momento, ser substituído. Esse modo de *fazer parte da coletividade* é que faz com que cada homem se perceba como *impotente*, na medida em que sozinho nada pode mudar, nada pode fazer; e é justamente essa constatação a fonte das posturas deterministas, das decisões prévias do tipo *é assim mesmo, o que se pode fazer?* Claro, aparentemente nada pode ser feito e o homem tira dessa impotência a fonte das limitações que ele encontra para sua liberdade. Some-se a isso a noção de *situação*, qual seja, que apenas se é livre *no mundo* e percebe-se que não é mesmo fácil manter a

---

[52] Em 1960 Sartre publica *A crítica da razão dialética*, sua segunda grande obra. Viaja a Cuba e se encontra com Fidel Castro e Che Guevara e, em seguida, vem ao Brasil. Os franceses clamam por seu fuzilamento (por assinar o *Manifesto dos 121*); ao voltar a Paris, é interrogado pela polícia. Em 1961 morre Merleu-Ponty, e Sartre lhe rende uma homenagem calorosa; o repúdio dos franceses a Sartre se torna visível num atentado a seu apartamento; no ano seguinte Sartre discursa sobre o *fascismo francês* e sofre um segundo atentado à bomba.

liberdade desenvolvida na ontologia; *não é fácil*, mas nem por isso impossível. Não é outra coisa que se encontra no *Livro II* da *Crítica da razão dialética*: em *Do grupo à história* Sartre mostra que os pseudolimites que encontramos relativos à liberdade têm sua fonte *na liberdade mesma*.

No grupo social, organizado pela institucionalização dos *papéis* exercidos pelos homens, a liberdade aparece como *necessidade* e a necessidade como *liberdade*. E essa inversão de lado vai muito além desse aparente trocadilho: socialmente, diz-se que alguém é livre quando faz coincidir suas conquistas com aquilo que desejou, ou seja, a liberdade é *necessária*; de outro lado, o fracasso dos projetos aparece como limite ou ausência de liberdade, do que decorre a necessidade como liberdade. Entretanto o fracasso dos projetos ou o fato daquilo que é esperado não coincidir com aquilo que foi desejado ou projetado nada mais é que fruto da dinâmica mesma da liberdade vivida em sociedade.

Sartre descreve *idealmente* a fonte e origem da sociedade organizada, na qual cada homem encontra-se *de modo aparente* determinado e incapaz de promover qualquer tipo de mudança; e é essa descrição que será, ora em diante, apresentada de maneira esquemática. De início Sartre descreve o homem absolutamente livre, porém sozinho; tudo o que ele é ou faz depende exclusivamente de si mesmo, mas ele pode agir e projetar-se sem nenhum constrangimento. Nesse ínterim algo, como a *escassez* ou um *perigo* de aniquilação iminente, faz com que esse homem abra mão de sua liberdade desde que outros homens também o façam, no intuito de enfrentarem juntos algum perigo. Assim, "são as livres relações práticas dos indivíduos que engendram o grupo" (SARTRE, 2002, p. 484), inicialmente em busca de um objetivo comum, que é de cada um e é de todos: superar o perigo. Nessa condição minha liberdade é ao mesmo tempo a *ubiquidade* e a *singularidade* de cada um; uma vez desfeita a ameaça, o grupo não é desfeito. Passa-se do *grupo em fusão* ao *grupo organizado*, outra agremiação humana que acaba sendo constituída a partir da liberdade individual, porém *à sua custa*.

Cada homem era, sozinho, absolutamente livre, porém apenas contando com suas forças; ante uma ameaça ele se junta com outras liberdades em vista de um objetivo comum. Passada a ameaça ocorre o que Sartre nomeia *invenção da permanência prática*, pela qual é exigido de cada homem um *juramento* de que ele jamais abandonará o grupo. As razões para isso não são relevantes, pois seja para antecipar um possível perigo futuro, seja para manter as vantagens da agremiação, jura-se jamais deixar o grupo, e jura-se acabar com aquele (ou aqueles) que queiram deixá-lo: é o *Terror*, situação absurda na qual o homem permanece livre, mas se por acaso decidir abandonar o grupo juramentado, será eliminado. E o que vai se voltar contra ele não é a ação alheia, mas *sua liberdade mesma*, haja vista que ele faz parte do grupo. Esse é, em resumo, o caminho pelo qual se passa de uma liberdade efetiva, antes da sociedade constituída, à liberdade sem efeito em sociedade: percebe-se que nessa descrição ideal foi pela liberdade que a liberdade encontrou seus *limites sociais*.

É assim que cada homem, *livre*, em sociedade não se sente livre, mas tão somente como *um papel a encenar*: cada um exercerá uma função social, ocupará uma condição que *lhe é dada*, mas ao mesmo tempo *escolhida livremente* (quando *cedeu* sua liberdade para a formação do grupo em fusão). É assim que a função de cada indivíduo se transmuta num mecanismo coercitivo que visa manter a unidade, fazendo-se uma estrutura cada vez mais complexa, levando à institucionalização tanto da função quanto da organização do poder. Essa passagem para o último estágio do grupo cria a *instituição* como substituta do indivíduo comum, e institucionaliza-se, assim, a *fraternidade-terror* e a *soberania*, permitindo que as funções e esquemas organizacionais se cristalizem. Essa é a primeira forma de sociedade, superando de vez qualquer possibilidade de retorno à liberdade originária (anterior ao grupo).

O processo de transformação do grupo chega, enfim, ao seu mais alto grau com a institucionalização; é verdade que não se trata de um salto, ou de um processo particular, mas a instituição resulta da *práxis* do grupo que, a essa altura, não se confunde mais com a *práxis* individual. Porém, o mais alto estágio de desenvolvimento do grupo, que tem por objetivo banir o risco da serialidade, cria *uma nova serialidade*: ela surge no âmago da unidade porque a organização se torna uma instituição e adquire um caráter ontológico que, longe de alcançar o objetivo proposto (unidade ontológica do grupo), institucionaliza o indivíduo. A reciprocidade, antes mediada por qualquer terceiro, sendo cada indivíduo um terceiro, é agora mediada por órgãos institucionalizados, coibindo a espontaneidade da organização.

Em suma, a instituição vem suplantar a organização do grupo, e sua maneira de resguardar-se da serialidade *re-nascente* é o estabelecimento de leis; pela lei a instituição concede poderes e, graças ao poder, garante sua manutenção. Feito isso, a *práxis* individual torna-se impotente ante a *práxis* petrificada que é o grupo instituído; do mesmo modo, todas as relações humanas passam a ser regulamentadas pela prática *isolada* da instituição. Uma vez que todos estão na mesma condição de impotência serial, cria-se a figura do soberano, ou seja, daquele que será o organismo incumbido de gerir o poder e mediar, em última instância, as relações entre os indivíduos. O poder vai, desse modo, repousar na inércia da instituição e produz a impotência individual – assim, o homem, absolutamente livre, sempre irá perceber-se como limitado socialmente.

Essas são apenas algumas indicações que introduzem a temática da *Crítica da razão dialética* e pretende evidenciar que a liberdade permanece em sociedade; notadamente ao mostrar que a liberdade é a fonte da sociedade e que não é correto falar de *dois Sartres*, um partidário da liberdade e outro marxista. Na verdade, o que se encontra é a liberdade da ontologia fenomenológica levada ao plano da determinação social e histórica, como sua única fonte e origem, o que permite reafirmar a unidade da obra de Sartre e mostrar que ao contrário da *interpretação mais fácil*, é o homem quem *livremente* faz a história; a dificuldade em perceber isso não é razão para ceder ao determinismo, mas incentivo para levar a cabo uma *crítica da razão dialética* e mostrar a inteligibilidade da história. A chave para fazê-lo não é outra que a liberdade. Assim, pode-se dizer que Sartre propõe uma *utopia*: o reino da liberdade, pois "Logo que existir, *para todos*, uma margem de liberdade *real* para além da produção da vida, o marxismo desaparecerá; seu lugar será ocupado por uma filosofia da liberdade" (SARTRE, 2002, p. 39).

Para concluir esse breve panorama das obras de Sartre é preciso falar de *O idiota da família*, livro sobre Flaubert publicado em 1971.[53] Seguindo a mesma linha de trabalho, tendo mostrado a liberdade ontológica em *O ser e o nada* e a inteligibilidade da História a partir da liberdade na *Crítica da razão dialética*, Sartre retoma um projeto de 1952: levar a cabo a analítica existencial de um homem *histórico* (e não de um personagem, como tantos que podem ser encontrados em seus romances), que de antemão não incorra no possível solipsismo da ontologia e que vá além da descrição ideal da história intentada na *crítica*. Mas a própria vida de Sartre é testemunha dessa liberdade: em 1968, mesmo com a saúde debilitada, ele apoia a revolta dos estudantes franceses enquanto, no plano intelectual, coloca em xeque tanto o comunismo quanto o capitalismo. Em 1971 participa, com o *Socorro vermelho*, da desastrada ocupação da Basílica do Sagrado Coração; sua saúde se torna cada vez pior.[54]

Sua morte ocorre em 1980, e é assim descrita por aquela que foi sua companheira de toda a vida:

---

[53] Em 1963 Sartre publica *As palavras* e participa da *União dos escritores*. No ano seguinte publica *Situações IV, V e VI* e, ao saber que seu nome é cogitado para receber o Nobel de Literatura, escreve à Academia informando que recusará o prêmio. Em 1965 publica *Situações VII*; em 1966 participa do *Tribunal Russell*, que *julga* os crimes de guerra dos EUA no Vietnam. Em 1970 assume a direção do jornal de esquerda *A causa do povo*, e tem todos os exemplares da primeira edição apreendidos; trabalha para a fundação do *Socorro Vermelho*, movimento de luta contra a repressão. Em 1971 publica parte de *O idiota da família*.

[54] Em 1973 Sartre colabora com o jornal *Libertação* e conclui *On a Raison de se Révolter*, rompe com a Unesco porque era contrária à criação do estado de Israel. Em 1975 participa das filmagens de *Sartre par Lui-même* e de um projeto sobre *os últimos 70 anos de história* para a televisão; recebe uma carta com ameaças de morte. Em 1977 Sartre *dita* artigos e concede entrevistas; não pode mais trabalhar, está praticamente cego, com dificuldades auditivas, e apresenta problemas físicos de toda ordem; falece em 1980.

> *À nossa frente havia um carro de buquês suntuosos e de coroas mortuárias. Uma espécie de micro-ônibus transportava amigos idosos incapazes de uma longa caminhada. Uma imensa multidão acompanhava: 50.000 pessoas mais ou menos, jovens sobretudo.* (BEAUVOIR, 1982, pp. 166-167)

Numa palavra, Sartre mostrou que a manutenção de qualquer situação é devida à escolha que os homens livremente fazem; assim, é responsabilidade de cada um e de todos a manutenção da situação intolerável pela qual passa nosso tempo, ou por sua superação. Ao longo de sua vida o filósofo teve uma missão, talvez mais uma obsessão: entender o mundo a partir do homem *livre* e *completo* – e é por isso que, vale reafirmar, sem qualquer dúvida, seja o Sartre filósofo, seja o Sartre romancista, seja o Sartre dramaturgo, *todos* eles merecem atenção nesse novo século.

Questões para estudo e discussão:

- A filosofia de Sartre é da liberdade humana, irrestrita e absoluta, pela qual "O homem não é primeiro para ser livre depois: não há diferença entre o ser do homem e o seu ser-livre"; mas o ser humano é verdadeiramente, livre? Considerando a sociedade atual, discorra sobre as relações que se podem fazer entre liberdade e determinação ou entre liberdade e má-fé.

- Segundo Sartre, ser livre é, na mesma medida, ser responsável: "Quando dizemos que o homem escolhe a si, queremos dizer que cada um de nós escolhe a si próprio; mas com isso queremos também dizer que, ao escolher-se a si próprio, ele escolhe todos os homens"; mas o ser humano, livre, é mesmo responsável por seu mundo? Considerando nosso tempo discorra sobre as escolhas livres que as pessoas fazem e sua relação com o resultado dessas escolhas, no sentido de mostrar a interdependência entre liberdade e responsabilidade.

- Ainda, se todos os homens são livres é de se supor que seus interesses estarão em choque, donde decorre "que o inferno são os Outros"; mas as mazelas humanas têm mesmo sua fonte no outro? Discorra sobre a possibilidade (e as dificuldades) para a agremiação humana, para a constituição da sociedade e, enfim, da história, a partir de uma filosofia baseada na absoluta e irrestrita liberdade humana.

Capítulo IV – Henri Bergson

(Tarcísio Jorge Santos Pinto[55] – USP e
Luka de Carvalho Gusmão[56] – UFJF)

A vida e obra de Henri Louis Bergson

Em 18 de outubro de 1859, nasceu na França Henri Louis Bergson, um pensador contemporâneo que contribuiu significativamente para a filosofia e a ciência de nossa época. O jovem Bergson, logo em seus estudos iniciais, destacou-se como aluno brilhante nas Letras, nas Ciências e na Matemática, conforme esclarece Vieillard-Baron (2007). Posteriormente a esses estudos, no ano de 1878, ingressou na Escola Normal Superior no setor de Letras, mostrando, ao mesmo tempo, grande interesse pela Filosofia. Em 1881 foi designado professor no Liceu de Angers e dois anos depois em Clermont-Ferrand. Nesse período, de acordo com Pessanha (1979), Bergson publicou *Extraits de Lucrèce*, trabalho no qual abordou tanto o tratamento que devemos dar ao estudo da História da Filosofia quanto uma crítica ao determinismo (COELHO, 2003).

Imbuído do desejo de se dedicar à filosofia das ciências e procurando afastar-se do pensamento de Kant, Bergson empreendeu o estudo da doutrina de Herbert Spencer.[57] O filósofo francês acreditou ter encontrado no pensamento spenceriano uma nova perspectiva filosófica que, em última análise, estaria ancorada na experiência da natureza e nos dados da ciência. Para ele a aproximação da filosofia com a biologia tornaria a realidade mais manifesta do que se fundamentada na matemática e na física. Considerando, todavia, que certos princípios do

---
55 Professor adjunto da UFJF; doutor em Filosofia pela USP.
56 Bacharel em Pedagogia – FACED/UFJF, estudando as contribuições do pensamento bergsoniano para a filosofia da educação contemporânea.
57 Filósofo inglês nascido em Derby em 1820 e morto em Brighton em 1903, responsável por uma vasta produção na qual as ciências da vida passaram a ser referências básicas e onde a ideia de evolução ocupou papel central.

pensamento de Spencer estavam ainda incipientes, Bergson (1979(a)) propôs-se completá-los e consolidá-los. Ao chegar à ideia de tempo que lhe era subjacente viu que suas consequências na compreensão da evolução correspondiam à noção de tempo da ciência mecânica e não ao tempo real e concreto da vida, que ele intui como "a duração". Em razão disso passou de um estudo inicial para uma postura crítica e emancipatória em relação à filosofia de Spencer. Bergson (1979(b)); 1979(a)) acreditava que teríamos a experiência direta da duração em nossa própria consciência e que, através do seu estudo, poderíamos, em última análise, por meio da psicologia, iniciar o estudo da metafísica, campo no qual a partir de então procurou se dedicar.

No ano de 1888, defendeu suas duas teses de doutorado, sendo que a primeira continha um estudo sobre a concepção de lugar em Aristóteles (*Quid Aristoteles de Loco Senserit*) e a segunda, chamada *Essai sur les Données Immédiates de la Conscience*, o desenvolvimento da noção de duração em relação à vida psicológica. Nos horizontes de *Essai*, Bergson estabeleceu uma crítica às concepções filosóficas e científicas que partem de uma noção errônea da interioridade humana e concluiu, consequentemente, que as teorias que tendem a explicá-la em função do espaço acabam por descaracterizá-la ao representá-la em termos mecânicos e deterministas. Para ele a liberdade da consciência humana apareceria como um "fato indubitável".

Mesmo trabalhando intensamente como professor, Bergson não interrompeu sua produção filosófica após o término de suas primeiras obras e empreendeu o exame da experiência relativa à consciência humana em sua relação com a realidade material na qual está inserida. Passou a investigar a liberdade do espírito em sua relação concreta com o mundo, e no ano de 1897 publicou *Matière et Mémoire – Essai sur La Relation Du Corps et de l'Esprit*, onde concluiu que a duração estaria também associada ao universo material.

No ano de 1900, assumiu uma cátedra de Filosofia no Colégio de França, ao mesmo tempo em que foi eleito membro da Acadêmica das Ciências Morais e Políticas (VIEILLARD-BARON, 2007). Nesse período suas obras atingiram um grande reconhecimento, fazendo com que suas aulas estivessem sempre repletas de estudantes interessados no estudo de sua filosofia. Dando continuidade à sua produção intelectual, o filósofo francês publicou *Le Rire – Essai sur La Signification du Comique* composto por três artigos que havia divulgado anteriormente.

Pessanha (1979) informa que nos primeiros anos do século XX Bergson conheceu o psicólogo e filósofo norte-americano Willian James, com quem desenvolveu, apesar de certas diferenças filosóficas, uma sólida amizade, que ficou expressa nas cartas com as quais se correspondiam.[58] Nesse período, mais precisamente no ano de 1907, Bergson publicou a obra de maior destaque em seu pensamento e que, de acordo com Morato Pinto, Borba e Kohan (2007), revelou-se o trabalho de filosofia mais estudado na primeira metade do século XX: *L'Évolution Créatice*. O evolucionismo concebido até a segunda metade do século XIX tinha um viés materialista, ao qual Bergson responde com uma concepção espiritualista (PESSANHA, 1979). É nessa obra que ele pôde unir, finalmente, teoria do conhecimento e teoria da vida, evidenciando como a evolução da vida se processa em íntima relação com a evolução das formas de conhecimento na natureza. A edição dessa última obra fez aumentar seu prestígio, levando-o a uma intensa produção intelectual através da participação em congressos e da publicação de trabalhos em diversas revistas, especialmente a *Revue de Métaphysique et de Morale, Revue Philosophique, Vocabulaire Philosophique*, entre outras publicações francesas e estrangeiras.

Nos anos seguintes, Bergson fez algumas viagens com o objetivo de proferir cursos e conferências, entre eles um sobre espiritualidade e liberdade, ministrado em 1912 nos EUA. Contudo, no ano de 1914, em função de problemas de saúde, afastou-se temporariamente de sua cátedra no Colégio de França, da qual viria a se retirar definitivamente em 1921. Mesmo abalado em suas forças, diz Pessanha (1979), Bergson não se colocou à margem dos acontecimentos políticos de sua época, atuando em missões diplomáticas na Espanha e nos EUA. Ele estava convencido, de acordo com informações de Vieillard-Baron (2007), de que o filósofo deveria trabalhar pela edificação da paz. O ano de 1914 assinalou, além dos acontecimentos acima descritos, o ingresso de Bergson na Academia Francesa, uma instituição criada no ano de 1635, formada por quarenta indivíduos de grande destaque no cenário intelectual do país que vão se alternando ao longo do tempo. Ao fim de 1919, o filósofo francês passou a colaborar na Sociedade das Nações – entidade que deu origem à Unesco – presidindo a Comissão de Cooperação Intelectual.

Também no ano de 1919, Bergson publicou *L'Énergie Spirituelle*, obra composta por escritos cujos temas perpassaram a consciência e a vida, a relação entre corpo e alma, o sonho, a relação entre cérebro e pensamento. Logo em seguida, em 1922, apresentou-nos *Durée et Simultaneité* onde, segundo Pessanha (1979) e Vieillard-Baron (2007), revelou as reflexões que realizou acerca das teorias de Albert Einstein sobre a relatividade e os tempos múltiplos. Apesar do agravamento das dificuldades de saúde que enfrentava, o pensador francês continuou seu trabalho. Em 1932, publicou *Les Deux Sources de la*

---

58 BERGSON, Henri. *Cartas, conferências e outros escritos*. São Paulo: Abril Cultural, 1979 (Coleção Os Pensadores).

CAPÍTULO IV ■ HENRI BERGSON

Morale et de la Religion, obra na qual desdobrou sua concepção de duração em relação ao desenvolvimento moral e religioso,

> *defendendo que, com base em uma intuição especial, a "intuição mística" (L'intuition Mystique) da duração da vida e da realidade de Deus, algumas grandes personalidades são capazes de realizar uma renovação ética e religiosa que deve nos servir de ideal.* (SANTOS PINTO, p. 13)

Dois anos mais tarde Bergson publicou *La Pensée et Le Mouvant*, coletânea de conferências e textos que, de certa forma, sintetizavam sua filosofia. Esses dois últimos livros confirmaram a admiração em torno de seu pensamento, mas, efetivamente, seu prestígio já havia sido consolidado desde 1928, ano em que ganhou o prêmio Nobel de Literatura.

Bergson morreu no ano de 1941. Pessanha (1979) afirma que o pensador francês, embora de origem judia, manifestou aproximação crescente ao cristianismo no fim de sua vida, mas não se converteu, pois não queria abandonar seu povo no período da perseguição nazista. Embora tenha enfrentado sérias dificuldades na realização de seu trabalho, o filósofo francês não deixou de acreditar na vitória do espírito sobre a matéria, do impulso vital sobre a inércia, do trabalho sobre a preguiça (VIEILLARD-BARON, 2007).

A crítica à metafísica tradicional pela metafísica fundamentada na experiência intuitiva da duração

Ao longo do capítulo quatro de *L'Évolution Créatrice*, Bergson (1991, pp. 725 e ss.) realiza um *sobrevoo* pela história da filosofia refletindo criticamente sobre os aspectos fundamentais dos principais sistemas e sobre o método filosófico tradicional. Aí ele escreve que os sistemas filosóficos se equivocam por promoverem um conhecimento fundamentado em um método que acaba reproduzindo a tendência natural à faculdade da inteligência de não representar fielmente a realidade da vida, que é duração, e a partir dessa sua análise crítica contrapõe sua própria concepção de filosofia e de método.[59] Bergson assinala que desde Platão desenvolve-se uma linha de pensamento que perdura ao longo da história da filosofia – passando por filósofos como Aristóteles, Galileu, Descartes, Espinosa, Leibniz, Newton, Kant, entre outros, chegando até Spencer – e que

---

[59] Bento Prado Júnior (1989, pp. 29-33) defende que essa forma de Bergson pensar a história da filosofia remete a determinados aspectos da forma segundo a qual Aristóteles e Kant a refletem.

valoriza apenas o conhecimento do "estável", do "imutável", do "imóvel". Tais filósofos fazem isso porque, por princípio, consideram como *menor* tudo o que tenha a ver com o movimento real, uma vez que é esse movimento que não permite à razão apreender totalmente e de forma eterna os objetos.[60] Bergson observa que quando se leva em conta o movimento real sempre algo acaba escapando da apreensão exata, alguma mudança sempre acontece e a renovação sempre é *trazida à cena*. Ao mesmo tempo a realidade do movimento é vista como incontestável tanto pela ciência quanto pela filosofia e ambas, desde a Antiguidade, acabam estudando-o de forma pormenorizada. No entanto, salienta Bergson, fazem-no buscando encontrar, no movimento e no devir, o estável que julgam poder vislumbrar por trás das aparências. Tal procedimento, segundo ele, perdura inclusive na filosofia moderna, onde há a influência de uma ciência experimental que tem justamente por fundamento o estudo do movimento. E isso acontece porque esse movimento considerado pela ciência moderna mecanicista não corresponde àquele que realmente forma a substância das coisas na natureza; corresponde sim a sistemas fechados recortados junto a ela, no qual vigora uma noção artificial de tempo, cunhada a partir das matemáticas, que se compõe de momentos instantâneos que não duram – noção de tempo que, como vimos, Bergson já afirma desde o *Essai* (BERGSON, 1991, pp. 1 e ss.) não ser mais do que a noção de espaço considerada por um outro viés.

De acordo com Bergson, apesar de não se construir a partir da duração ou tempo real, a ciência consegue mostrar na prática que suas teorias são válidas, muito eficazes e úteis para o homem. Isso acontece basicamente porque a ciência atua sobre sistemas materiais recortados junto ao devir concreto e a matéria presta-se a ser tomada de maneira isolada pela inteligência, que se constitui em associação íntima a ela, introjetando suas características e construindo uma forma de conhecer a ela adequada. Na verdade, segundo Bergson, tanto a ciência quanto a filosofia quando se dedicaram ao estudo do movimento na natureza sempre buscaram encontrar por trás dele leis universais e eternas; desvalorizaram sempre o durável, o movente, o mutável. Contudo, conforme defende, é sobre esses princípios que se constitui a natureza. E nada há de menor nisso. Pelo contrário, são esses princípios constituintes que fazem da natureza o lugar da pluralidade, da liberdade e da criação. Mas, ciência e filosofia persistiram em dar pouca importância ao movimento real. Fizeram isso para atender às características da forma de conhecer da inteligência. No entanto, ressalta Bergson, essas características foram

---

60 É nesse sentido que Franklin Leopoldo e Silva (1994, p. 36) ressalta: "o 'erro' de Spencer não é acidental, é constitutivo do movimento de especulação que se guia pelo paradigma da verdade matemática, ou seja, constitutivo da metafísica que consubstancia na Ideia o devir real. O erro de Spencer ilustra apenas um movimento que tem sua origem na instauração platônica da metafísica."

formadas para o conhecimento prático da matéria e adequadas às necessidades de ação. Isso para ciência não traz maiores problemas, uma vez que ela visa, antes de mais nada, conhecer para instrumentalizar a ação eficaz do homem. Mas no que diz respeito à filosofia, que se propõe a ser um saber puramente especulativo da verdade das coisas e que não tem de antemão nenhum compromisso prático imediato, a persistência, neste método calcado na inteligência, a leva a afastar-se da realidade como ela é realmente enquanto movimento de duração. Para Bergson (1991, pp. 753-755), portanto, o erro da filosofia consistiu desde Platão em reproduzir no campo da especulação o que ele denomina de *mecanismo cinematográfico do pensamento*. Tal denominação é cunhada justamente para representar a forma natural da inteligência humana conhecer decompondo o movimento concreto e durável que ocorre na natureza em momentos isolados que não duram, para recompor depois esse movimento, que deixa agora de ser o natural, por meio da união dos momentos instantâneos. A partir dessa forma de representação o homem estrutura, pois, segundo Bergson, sua inteligência e seus sentidos e com base nisso organiza a linguagem, a ciência e até a filosofia, juntamente com o método filosófico.[61]

Encontra-se, assim, na crítica que Bergson promove ao movimento especulativo que se inicia com "a instauração platônica da metafísica" e que busca dar o fundamento teórico necessário à tendência da inteligência de "paralisar o devir", o cerne do seu posicionamento crítico diante da tradição filosófica e diante da concepção de método perpetuada por esta tradição. A partir deste posicionamento fundamental se desdobra a análise crítica que Bergson promove de alguns aspectos específicos do método filosófico e da metafísica tradicionais, contrapondo sua própria concepção de método e de metafísica. Em *Introdução à metafísica* (BERGSON, 1984, pp. 14 e ss.) ele defende justamente que o filosofar tradicional perpetuou o método de análise que consiste em isolar, junto à realidade movente e durável, "estados" e "coisas" representados por intermédio de conceitos "pré-fabricados" que recompõem

---

[61] Sobre essas questões é importante nos referirmos ao que escreve Franklin Leopoldo e Silva na continuação do texto que citamos um pouco acima. Leopoldo e Silva (1994, pp. 36-37) nota que para Bergson "a instauração platônica da metafísica e principalmente o desenvolvimento aristotélico da *Filosofia das formas* respondem a uma necessidade das *condições de representação* que esquematizam e simbolizam o real desde a estrutura dos sentidos até a 'estrutura do entendimento'. A inteligência tem como função paralisar o devir, e a estrutura da linguagem é, neste sentido, o seu produto mais acabado (simbolização). A simbolização da ciência, necessária e válida, tem atrás de si a simbolização metafísica, que não deveria e não poderia ser simbólica. Mas isso se explica na medida em que o intelecto é o *órgão* da explicação científica e da especulação metafísica. Encontramos aí o fundamento *naturalista* da obsessão da unidade de método e da unidade do saber" – Franklin Leopoldo refere-se então à *La Pensée et le Mouvant*, p. 103, na edição de 1969 da P.U.F. Ainda acerca da análise de Bergson sobre a influência do método platônico na constituição do "método filosófico em geral", ver também LEOPOLDO e SILVA, 1994, pp. 58-59.

o devir de forma simbólica e, por assim dizer, externa. Através deste método os seres não são representados realmente como são, uma vez que não se consegue penetrar na duração real que os compõe e não se atinge, assim, o que neles há de realmente essencial e absoluto. Na verdade, conforme assinala Bergson, o procedimento analítico os representa a partir dos aspectos que são considerados simbolicamente como comuns entre eles, de modo que a análise não é senão uma "tradução" que multiplica os pontos de vista exteriores sobre os seres, representando-os de forma sempre imperfeita. Ele nota que este é o procedimento utilizado habitualmente, com finalidade prática, por nós em nossa vida social e pela ciência, e que a filosofia (metafísica) perpetua erroneamente. Faz-se necessário, então, segundo Bergson, a construção de uma outra metafísica que, apoiada no método da intuição, torna-se capaz de "dispensar os símbolos" e inserir-se na verdadeira duração das coisas, "coincidindo" e "simpatizando" com aquilo que cada uma traz de único. Para tanto é necessário ir contra a tendência simbólica natural da nossa inteligência que a ciência e a filosofia tradicional reproduzem.[62]

A filosofia bergsoniana critica a tendência filosófica que a partir da experiência de objetos particulares procura chegar, através da razão (inteligência), a um conceito universal que passa a representar esses objetos de forma geral. Também critica a tendência de pensamento que *a priori,* pela razão, define previamente alguns conceitos a partir dos quais a realidade múltipla é explicada (BERGSON, 1984, pp. 17-22). Conforme ressalta Bergson, a metafísica deve justamente constituir-se pelo esforço de afastar o pensamento dos universalismos abstratos e simbólicos para o inserir, através da intuição, *no imediato* da realidade movente e concreta da duração viva das coisas. Só aí cada ser é experimentado e pensado em si mesmo, preservando o que há de próprio e singular em cada um. O método filosófico deve, portanto, promover para cada objeto de conhecimento uma experiência individualizada, intuitiva, que se coloca no próprio objeto e não busca analisá-lo em função de algo já dado. Por isso Bergson (1984, pp. 113-114) defende como necessária a renovação incessante da

---

[62] Bergson escreve que "é, pois, natural, legítimo, que procedamos por justaposições e dosagem de conceitos na vida corrente: nenhuma dificuldade filosófica nascerá daí, pois, por convenção tácita, nós nos absteremos de filosofar. Mas transportar esse *modus operandi* para a filosofia, ir, também aqui, dos conceitos à coisa, utilizar, para o conhecimento desinteressado de um objeto que pretendemos dessa vez atingir em si mesmo, uma maneira de conhecer que se inspira num interesse determinado e que consiste, por definição, em um ponto de vista acerca do objeto, tomado exteriormente, é dar as costas ao objetivo visado, é condenar a filosofia a um eterno conflito entre as escolas, é instalar a contradição no próprio coração do objeto e do método. Ou não há filosofia possível e todo o conhecimento das coisas é um conhecimento prático orientado pelas vantagens que podemos tirar delas, ou filosofar consiste em se colocar no próprio objeto por um esforço de intuição" (BERGSON, 1984, pp. 24-25; ver também p. 28).

experiência, à qual se associam intuições também renovadas: só assim a metafísica pode realmente fundamentar conhecimentos verdadeiros. Sobre a vinculação necessária entre metafísica e experiência, ele escreve:

> *Como seria mais instrutiva uma metafísica verdadeiramente intuitiva que seguisse todas as ondulações do real! Ela não mais abarcaria de uma só vez a totalidade das coisas, mas de cada uma ela daria uma explicação que se adaptaria exatamente, exclusivamente a ela. Não começaria por definir ou descrever a unidade sistemática do mundo: quem sabe se o mundo é efetivamente uno?* Somente a experiência poderá dizê-lo *(grifo nosso), e a unidade, se ela existe, aparecerá ao termo da pesquisa como resultado; impossível colocá-lo no início como um princípio.*

Ao mesmo tempo ele crítica veementemente a tradição filosófica que no processo de conhecimento sempre admite algo dado pela razão como princípio, antes de qualquer experiência.

> *Quem quer que se tenha afastado das palavras para ir em direção às coisas, para reencontrar suas articulações naturais, para aprofundar experimentalmente (grifo nosso) um problema, bem sabe que o espírito marcha, então, de surpresa em surpresa [...] Entre a realidade concreta e a que teríamos reconstituído* a priori, *que distância!* [63] (BERGSON, 1984, p. 147)

A noção de experiência é realmente fundamental no pensamento bergsoniano. Segundo Bergson, ela é condição primeira do conhecimento das coisas e isto se aplica tanto ao conhecimento científico da realidade quanto ao filosófico. Bergson defende inclusive que ciência e filosofia podem e devem se comunicar na experiência, apesar de ambas se distinguirem pelo objeto de estudo e pelo método – a primeira investigando a realidade material guiada pelo método da inteligência, a segunda buscando conhecer a realidade espiritual guiada pela intuição. Uma e outra, no seu entender, têm que se libertar do excesso de intelectualismo da tradição, que recompõe os objetos com ideias elementares *a priori*, para experimentarem diretamente as coisas. Bergson acredita ainda que por intermédio do modo como se vinculam à experiência

---

[63] Madeleine Barthélemy-Madante (1967, p. 97) acentua essas características do pensamento de Bergson de valorização da experiência e de crítica ao método filosófico tradicional, observando que "a obra bergsoniana não se desenvolve à maneira de um sistema que estende seus tentáculos hipotético-dedutivos, mas seguindo o método do biologista que observa, experimenta, coloca hipóteses diretivas, sempre pronto a precisar o confuso, a enriquecer o contorno de seu universo".

podemos inclusive distinguir ciência e filosofia. Em sua conferência *A intuição filosófica* (BERGSON, 1984, p. 65) ele assim observa:

> *Não haveria lugar para duas maneiras de conhecer, filosofia e ciência, se a experiência não se apresentasse a nós sob dois aspectos diferentes, de um lado sob a forma de fatos que se justapõem a fatos, que quase se repetem, que se medem uns pelos outros, que se desenvolvem, enfim, no sentido da multiplicidade distinta e da espacialidade; de outro lado, sob a forma de uma penetração recíproca que é pura duração, refratária à lei e à medida. Nos dois casos a experiência significa consciência; mas, no primeiro, a consciência dirige-se para fora e se exterioriza em relação a si mesma na exata medida em que percebe coisas exteriores umas às outras; no segundo ela entra em si mesma, domina-se e aprofunda-se.*

Enfatizemos que, de acordo com Bergson, no primeiro aspecto destacado a experiência vincula-se à ciência e no segundo aspecto à filosofia. Conforme Bergson (1984, p. 55 e ss.) defende, se o objeto maior da filosofia deve ser então justamente o de aproximar-se da realidade da vida através da experiência, para tanto é realmente na intuição que ela deve se fundamentar. Segundo ele, inclusive, a intuição sempre foi o ponto de partida da filosofia e da ciência e era na intuição, efetivada a partir da experiência, que ciência e filosofia se comunicavam. Todavia, depois que intuíam algo do vital na realidade movente, tanto os grandes filósofos quanto os grandes cientistas buscavam, por intermédio da inteligência, primeiro traduzir as intuições em conceitos universais e depois, a partir desses conceitos, criar todo um sistema de relações abstratas e simbólicas, semelhantes às relações geométricas, que acabava distanciando-se da realidade concreta da vida.[64] Segundo Bergson, a utilização da inteligência é imprescindível para a elaboração de qualquer conhecimento, inclusive o filosófico, mas nesse caso deve estar *a serviço* da intuição para auxiliá-la na representação daquilo que é por ela vislumbrado. Como já destacamos, é a intuição que conduz a um alargamento do conhecimento inteligente e que permite ao pensador elaborar efetivamente uma filosofia próxima da vida. Certamente o

---

64 Em *Introdução à metafísica*, Bergson (1984, pp. 32-34, 38-39) argumenta sobre isso remetendo-se à intuição na ciência matemática (proposição VII), à transposição das intuições para conceitos na ciência e na metafísica (proposição VIII) e, finalmente, a como a intuição acontece como um ato simples e não tem nada de misterioso. Ainda, é importante o que ele escreve na segunda parte da introdução de *O pensamento e o movente* (BERGSON, 1984, pp. 114-125), relacionando também a questão à diferença entre filosofia e ciência. Por fim, é fundamental destacarmos que em *A intuição filosófica* (BERGSON, 1991, pp. 1346-1363) há uma valiosa reflexão de Bergson mostrando como os filósofos partem de intuições simples para depois buscarem traduzi-las em conceitos. Ele dá aí os exemplos das filosofias de Espinosa e de Berkeley.

conhecimento intuitivo não tem o mesmo tipo de exatidão que o produzido pela inteligência, observa Bergson. Do mesmo modo, apesar de filosofia e ciência poderem ser igualmente "precisas", ambas não têm o mesmo tipo de precisão. No entanto, segundo ele, é necessário compreender que ciência e filosofia são dois conhecimentos igualmente importantes, apesar de terem natureza diversa e objetos distintos, assim como intuição e inteligência representam duas atitudes distintas do espírito igualmente fundamentais. E tanto no primeiro quanto no segundo caso, há uma necessária complementação (BERGSON, 1991, pp. 645-646).[65]

As principais características do método bergsoniano da intuição associado à metafísica da duração

A renovação da metafísica para Bergson pede, assim, a renovação do método filosófico. Torna-se necessário a constituição de um método que possibilite a compreensão da realidade concreta, da experiência do ser que dura, do devir e do espírito. É nesse sentido que Franklin Leopoldo e Silva (1994, p. 38) escreve que "a reinstauração bergsoniana da questão do método inclui o questionamento dos próprios atributos tradicionais do ser e do sentido fundamental a que nos referimos quando dizemos que uma coisa 'é' ". E é por esse motivo que há em Bergson uma "prerrogativa ontológica inclusa na reinstauração do método filosófico". Esse método deve agora se apoiar fundamentalmente na intuição tal qual ele a compreende. É a intuição, como vimos, que *ultrapassa* a inteligência para ter uma "visão direta do real", apesar de precisar do auxílio desta para se fazer comunicar.[66] É ela que, segundo Bergson, possibilita conhecer os seres em

---

[65] Acerca dessa questão é interessante nos referirmos ainda a outro texto de Bergson onde ele escreve o seguinte: "Cremos que elas (metafísica e ciência) são, ou podem tornar-se, igualmente precisas e certas. Uma e outra se referem à própria realidade. Mas cada uma retém a metade do real, de modo que poderíamos ver nelas, à escolha, duas subdivisões da ciência ou dois departamentos de metafísica, se elas não marcassem duas direções divergentes da atividade do pensamento. [...] Deixemos-lhes, ao contrário, objetos diferentes, à ciência a matéria e à metafísica o espírito: como espírito e matéria se tocam, metafísica e ciência vão poder, ao longo da face comum, pôr-se mutuamente à prova, esperando que o contato se torne fecundação. Os resultados obtidos poderão se encontrar, da mesma forma que a matéria encontra o espírito" (BERGSON,1984, pp. 124-125).

[66] "A intuição, aliás, somente será comunicada através da inteligência. Ela é mais que a ideia, ela deverá, todavia, para lograr, transmitir-se, cavalgar algumas ideias." (BERGSON, 1984, p. 122, referido por LEOPOLDO e SILVA, 1994, p. 95). É relevante lembrarmos que o que Bergson denomina aqui de "ideia" nada mais é senão o termo que a tradição filosófica reproduziu desde Platão para representar o que é o produto do pensamento racional. Neste sentido, para Bergson tal termo representa também, em geral, o produto da atividade da inteligência humana e é, portanto, sinônimo de "conceito" e fundamento da linguagem e do mundo social. Assim, o que Bergson deseja deixar claro na citação referida é

sua realidade absoluta, a partir de suas "articulações naturais", e não apenas traduzi-los em função de conceitos artificiais e preexistentes. Através da intuição, o filósofo tem condições de tecer para cada coisa um conceito a ela apropriado – "talhado na exata medida do objeto" –, conceito esse que, conforme assinala Bergson, não poderíamos nem mais considerar como conceito na acepção tradicional da palavra. É isso o que permite à filosofia construir-se sob o selo da "precisão", que "não poderia ser obtida com nenhum outro método", uma vez que de outra forma estaria fadada à "imprecisão" da filosofia generalista que abarca num único conceito uma generalidade de objetos distintos (BERGSON, 1984, p. 112 e ss).[67] Enfim, é a intuição que coloca a consciência do homem em contato com a espiritualidade que percorre toda a realidade e que se manifesta "*na* duração". Esse, aliás, é o significado principal da intuição, do qual os outros significados são devedores (BERGSON, 1984, p. 115).

De acordo com o que nota Bergson, a intuição não efetiva todo o seu potencial por meio de um ato único. Pelo contrário, ela tem de ser renovada para que se consiga penetrar nos diferentes "graus" do ser, que se tornam manifestos a partir de suas "articulações naturais" na duração. Cabe, assim, ao filósofo, seguir essas "articulações" por meio de intuições renovadas na experiência que o colocam em contato com durações diversas da sua e que refletem preponderantemente ou a materialidade, ou a espiritualidade. O método intuitivo dirige-se então "para baixo" – em direção a durações cada vez "mais distendidas", cujo limite é "o puro homogêneo, a pura *repetição* pela qual definimos a materialidade" –, e "para o

---

que na medida em que quiser comunicar sua intuição, o homem necessitará de apoiar-se na linguagem produzida pela inteligência, embora precisará criar a partir dela – como Bergson também procurará mostrar – uma significação não mais meramente instrumental.

67 A importância da noção de "precisão" na concepção de método em Bergson é ressaltada por Bento Prado Júnior (1989, pp. 27-28) na seguinte passagem: "a reflexão bergsoniana sobre o método é governada pelo ideal da precisão. [...] E desde o início (a teoria do método) revela sua dupla face: de um lado conduz à raiz dos equívocos da filosofia tradicional, revelando-nos que, se a metafísica jamais alcançou o estatuto de universalidade corrente nas ciências, foi por carência de precisão. De outro, dá acesso à via real do Saber, instaurando um programa positivo para a solução de problemas concretos: ela projeta o ideal de uma explicação que componha corpo único com o explicado [...]". Conforme o que também observa Alexis Philonenko, este ideal de "precisão" na verdade sempre pautou a filosofia bergsoniana, tornando-se característico de todas as suas obras. Um dos sinais disto está justamente no fato de Bergson sempre buscar respaldá-las nos dados científicos de sua época, além de preocupar-se de só entregar ao público obras definitivas, resultado de um estudo e revisão meticulosos. Por este motivo, no seu testamento, chega a proibir a publicação de qualquer texto – estudos, anotações de aulas etc. – que não tenha esse caráter. Philonenko escreve que alguns acabavam "vendo na sua obra uma psicologia que se alargava progressivamente para encontrar seu fim num espiritualismo impreciso e por assim dizer vago. Este julgamento, defende ele, não deve ser recebido e ao mesmo tempo deve ser inteiramente revisado; o que ditou a evolução de Bergson na sua reflexão foi, como veremos, uma lógica rigorosa de significações. Naturalmente eu abster-me-ei de falar em todo momento de lógica de significações. Sentiremos isso suficientemente só através de um estudo analítico dos grandes textos." (PHILONENKO, 1994, p. 10 e ss.).

alto" – em direção a durações cada vez mais "contraídas", mais "concentradas", cujo limite seria "a eternidade viva e consequentemente movente", "a concretização de toda duração, como a materialidade representa a distensão dela". É, então, a partir da reflexão desses desdobramentos da duração que se desenvolve a verdadeira metafísica para Bergson (1984, p. 30). Ela não é, na acepção bergsoniana, uma "construção sistemática" na qual o filósofo parte de generalidades abstratas, pensadas a partir dos conceitos da linguagem, para chegar aos fatos singulares dados na experiência, fatos que acabam sendo compreendidos como resultados de deduções ideais que no limite são como as "deduções geométricas" responsáveis por aquilo que tradicionalmente a Filosofia denomina "rigor" (LEOPOLDO e SILVA, 1994, pp. 48-49). Pelo contrário, segundo Bergson, a solução dos problemas metafísicos deve ser buscada na multiplicidade da experiência concreta, e não em nenhum princípio racional generalista, nem em nenhum fato particular isolado. É necessário, para tanto, a consideração do conjunto da experiência em sua realidade dinâmica e durável. Essa experiência muitas vezes se torna acessível por meio dos dados das ciências e nos fornece o que Bergson denomina de "linhas de fatos", as quais devem ser acompanhadas e investigadas pelo método intuitivo. É, então, no confronto do conhecimento proveniente do cruzamento de tais linhas de fatos com o conhecimento que tem acerca da duração de sua própria consciência – ou seja, na efetivação do que Bergson denomina de "experiência integral"[68] – que o filósofo tem condições de aproximar-se verdadeiramente da solução dos problemas filosóficos (LEOPOLDO e SILVA, 1994, p. 49). Bergson propõe essa metafísica contra a metafísica tradicional de índole platônica que "identifica ser e saber no plano do inteligível" e que define previamente o objeto antes de qualquer experiência efetiva.[69]

Nessa direção é importante ainda ressaltarmos que a metafísica bergsoniana na sua busca pelo aprofundamento e pela solução dos problemas filosóficos através do método da intuição, segundo o que destaca Gilles Deleuze, vai além da própria experiência em direção às condições da mesma.[70] Deleuze observa que é importante descobrirmos o sentido das verdadeiras "diferenças de natureza" de

---

[68] Acerca da concepção bergsoniana de "experiência integral", ver BERGSON, 1984, pp. 38-39.
[69] Franklin Leopoldo e Silva (1994, p. 50) nota que para Bergson "a teoria filosófica não é aquela que tem a *possibilidade de conter fatos* ou *de explicar fatos* por esquema *a priori*; ela é moldada pelos fatos interpretados à luz da reflexão efetuada *com* a experiência interna. O método filosófico não comporta a definição preliminar do seu objeto, pois o objeto visado na filosofia bergsoniana, a duração, não pode ser concebido nos limites do esquema conceitual. A teoria não *realiza* o objeto no plano do saber: ela tenta apreendê-lo sem pressupor uma identificação entre ser e saber no plano do inteligível".
[70] Bergson nos diz que é necessário "buscar a experiência em sua fonte, ou melhor, acima dessa *viravolta* decisiva, na qual, inflectindo-se no sentido de nossa utilidade, ela se torna propriamente experiência *humana*" (BERGSON, 1991, p. 321; mencionado por DELEUZE, 1999, p. 18).

que fala Bergson, e que se apresentam na abordagem intuitiva da experiência, para compreendermos o sentido dos dualismos que encontramos em sua obra: matéria – espírito (memória); corpo – alma; inteligência – intuição; espaço – tempo real (duração). Mas o dualismo ao qual chegamos deve também ser ultrapassado para que possamos alcançar finalmente a verdadeira "fonte da experiência". Segundo Deleuze, indo ao encontro da "razão suficiente" do "misto" ou da "coisa" que é recortada junto à realidade movente, atingimos então um outro momento da experiência – agora mais fundamental. E retornamos "ao ponto de onde partimos", compreendendo o sentido mais profundo daquilo de onde tudo é gerado, isto é, da duração pura que é o puro movimento da diferenciação qualitativa.[71] É assim, através desse caminho que percorre o método, que o filósofo tem condições de aproximar-se da fonte espiritual e origem de todas as coisas da Natureza, que Bergson, em *L'Évolution Créatrice*, denomina de "Consciência" ou "Supraconsciência" (BERGSON, 1991, pp. 705-706; também pp. 715 e ss.).[72]

> *Bergson propõe, portanto, que o campo da intuição não é o da representação intelectual, mas o da experiência real, do devir e da duração. Nesse campo, mesmo que não se possa alcançar a "verdade clara e distinta", o método da intuição pode levar a filosofia a alcançar um conhecimento que tem uma "probabilidade" crescente de aproximar-se da verdade. Promovendo o prolongamento das "linhas de fatos" que tendem a convergir, com o intuito de solucionar os diversos problemas filosóficos, o método bergsoniano delineia-se como um "método de interseção" que,*

---

71 Escreve Gilles Deleuze (1999, p. 20): "Desse modo, a expressão 'acima da viravolta decisiva' tem dois sentidos: primeiramente, designa o momento em que as linhas, partindo de um ponto comum confuso dado na experiência, divergem cada vez mais em conformidade com as verdadeiras diferenças de natureza; em seguida, designa outro momento, aquele em que essas linhas convergem de novo para nos dar dessa vez a imagem virtual ou a razão distinta do ponto comum. Viravolta e reviravolta. O dualismo, portanto, é apenas um momento que deve terminar na "re-formação" de um monismo. Eis porque, depois da ampliação, advém um derradeiro estreitamento, assim como há integração após a diferenciação. 'Falávamos outrora dessas linhas de fatos, cada uma, por não ir suficientemente longe, fornece tão somente a direção da verdade: todavia, prolongando-se duas dessas linhas até o ponto em que se cortam, atingir-se-á a própria verdade [...]. Estimamos que esse método de interseção seja o único que pode levar definitivamente adiante a metafísica' (Deleuze cita BERGSON, 1991, p. 1186). Portanto, há como que duas viravoltas sucessivas, e em sentido inverso, da experiência, o que constitui o que Bergson chama de *precisão* em filosofia". Ver também o que escreve Bento Prado Júnior (1989, pp. 35-36) sobre essa questão, vinculando-a à crítica da história da filosofia e da ideia do "Nada", que Bergson desenvolve no capítulo quatro de *L'Évolution Créatrice*. Prado Júnior destaca aí o caráter "regressivo" do método intuitivo bergsoniano que opera a "crítica dos princípios" depois da "crítica das consequências" e "que sempre procede por uma volta do fato à sua condição, e jamais sinteticamente, da condição ao condicionado".
72 Em *Deux Sources*, Bergson (1991, pp. 1184 e ss.) afirma serem os "grandes místicos" aqueles que realizam esse significado mais profundo da experiência, que deve servir de modelo para "levar definitivamente adiante a metafísica". Eles efetivam uma intuição especial, a "intuição mística", que os coloca em comunhão com a própria fonte de toda realidade que, segundo Bergson, é Deus. Ver ainda o que escreve Bergson acerca desse potencial de conhecimento da intuição em *La Pensée et le Mouvant* (BERGSON, 1984, p. 126).

segundo Deleuze, "forma um verdadeiro probabilismo: cada linha define uma probabilidade. Mas trata-se de um probabilismo qualitativo, sendo as linhas de fato qualitativamente distintas". Esse método intuitivo pode ainda ser visto como um "empirismo superior" que não se atém apenas à experiência imediata, mas a ultrapassa em direção às suas condições, ou um "probabilismo superior", que pode resolver concretamente os problemas, relacionando a condição ao condicionado, "de tal modo que já não exista distância alguma entre eles". (DELEUZE, 1999, p. 21)

O caminho que esse método percorre é a própria metafísica intuitiva que Bergson procura efetivar, metafísica que não almeja promover "a indiferença à própria coisa" e não quer sacrificar a realidade dada através da experiência a um conhecimento universal, abstrato e conceitual da pura razão. Para Bergson tal conhecimento racional está longe da verdade por não ser senão um conhecimento "possível". Nesse sentido ele ressalta:

que não se espere dessa metafísica (da sua própria metafísica) conclusões simples ou soluções radicais. Isso seria pedir-lhe que se ativesse ainda a uma manipulação de conceitos. Seria também deixá-la na região do puro possível. No terreno da experiência, ao contrário, com soluções incompletas e conclusões provisórias, ela atingirá uma probabilidade crescente que poderá equivaler finalmente à certeza.[73] (BERGSON, 1984, p. 124)

Inserindo-se na duração e fundamentando-se na experiência, o método intuitivo de Bergson procura abarcar a realidade concreta em toda a sua amplitude, naquilo que nela há de espiritual e material. Para tanto, de acordo com Bergson, é necessário colher o máximo de dados possíveis em relação a determinado problema a ser investigado, utilizando-se das ciências, deixando de lado o que é preconcebido e evitando as conclusões precipitadas e demasiado gerais. A metafísica que surge daí não é, então, uma obra acabada e não se esgota na aplicação de "princípios gerais" aos mais diversos objetos, mas deve ser construída continuamente por meio do esforço e da experiência renovados na investigação de cada novo problema. (BERGSON, 1984, p. 136; p. 151)

---

[73] É semelhante ao que escreve Bergson (1984, pp. 70-71) em *A consciência e a vida*, ressaltando a importância da experiência e o significado das "linhas de fatos". A propósito, seu exame dessa questão da relação entre a consciência e a vida, bem como do problema da relação entre a alma e o corpo, são exemplos esclarecedores da aplicação do seu método e de sua vinculação com a noção de probabilidade (ver BERGSON, 1984, p. 69 – *A consciência e a vida* – e BERGSON, 1984, p. 89 – *A alma e o corpo*).

A atualidade de Bergson

Podemos perceber que foi a *descoberta* da duração, e do método mais adequado para a sua apreensão, que guiou todo o desenvolvimento do pensamento de Bergson e de seu posicionamento crítico diante da tradição. Encontrando a duração e a intuição, ele constatou uma série de erros presente em algumas das principais teorias filosóficas e científicas de seu tempo. Então, a partir daí procurou empreender novas soluções para os *velhos problemas*, principalmente como forma de protestar contra um pensamento preso a conceitos abstratos e distante da verdadeira realidade da vida.[74] Em relação a isso, vemos que, através do seu método da intuição, Bergson conseguiu apresentar, entre outras, as seguintes concepções filosóficas inovadoras acerca do eu psicológico humano e da liberdade inerente a ele; sobre a realidade da matéria, do funcionamento da memória e da relação entre a matéria e o espírito; acerca da vida e de sua evolução na natureza; acerca da moralidade humana e da possibilidade de aprimoramento moral e religioso; acerca da natureza e de Deus; sobre a destinação da educação e dos meios necessários para uma de formação pedagógica mais rica e ao mesmo tempo mais próxima da vida.

Como podemos constatar, todas essas concepções bergsonianas entraram em consonância com muitas das teorias responsáveis por avançar a ciência e por delinear uma nova compreensão da realidade a partir do século XIX. Bergson se apoiou em determinados dados das principais correntes científicas de sua época e também, por certo, forneceu, através de suas conclusões, importantes contribuições para a reflexão de alguns dos temas de estudo mais caros à ciência contemporânea. Ao mesmo tempo, essas concepções inovadoras de Bergson, paralelamente às contribuições que apresentaram ao campo da ciência, auxiliaram sobremaneira no avanço do conhecimento propriamente filosófico desde sua época. São reconhecidas as influências que Bergson deixou à filosofia da consciência, à metafísica, à teoria do conhecimento, à filosofia da natureza, à ética, à filosofia da educação, à história da filosofia, entre outros ramos de estudo da filosofia aos quais suas ideias continuam contribuindo e influenciando.

---

74 Numa entrevista a Jean de la Harpe, incitado a refletir sobre sua própria filosofia, Bergson assim se exprime: "compreenda-me bem: 'a duração' foi na minha filosofia a resultante, a porta de saída por onde eu escapei das incertezas do verbalismo [...]. Meus livros foram sempre a expressão de um descontentamento, de um protesto. Eu poderia escrever muitos outros, mas eu não escreveria senão para protestar contra o que me pareceria falso. (...) Parto da 'duração' e procuro esclarecer esse problema, seja por contraste, seja por semelhança com ele" (*Bergson – Essai et Témoignages*, recolhidos por Albert Béguin e Pierre Thévenaz, em: *Les Cahiers du Rhône*, Neuchâtel, Ed. de la Baconnière, 1943, pp. 359-360; citado por PHILONENKO, ob. cit., pp. 12-13).

CAPÍTULO IV ■ HENRI BERGSON

Procurando acompanhar, ao longo da obra de Bergson, o desenvolvimento de sua concepção de intuição, vemos que, de fato, através dela, Bergson nos fornece as características de um método não só fundamental para que a ciência e a filosofia possam avançar seus conhecimentos teóricos acerca da realidade concreta, mas também para que o homem em particular possa conduzir melhor sua vida e seu convívio em sociedade. Especialmente em relação a esse último aspecto, a abordagem da teoria ética de Bergson em associação à sua concepção de "bom senso" aplicada à educação manifesta isso. Vemos, portanto, que o objetivo essencial de Bergson é o de aproximar sua filosofia da vida, conforme deixa claro em *A intuição filosófica*.[75] Sua filosofia está aberta a estudos renovados que podem contribuir muito para a discussão de problemas fundamentais do nosso tempo:[76] a riqueza e a atualidade do pensamento bergsoniano são, portanto, incontestes.

Questões para estudo e discussão:

- De que modo o contexto da Filosofia e da Ciência do século XIX e início do século XX influenciam diretamente o pensamento bergsoniano e sua proposta de renovação da tradição filosófica?

- Em que sentido Bergson defende que a realidade é temporalidade viva? Em outras palavras, o que ele concebe como "duração"?

- Por que o método da intuição para Bergson é o meio que torna possível a criação de uma nova metafísica? Quais as características desse método e dessa metafísica propostos por ele e em que medida trazem ideias importantes para pensarmos nossa realidade atual?

---

[75] A respeito dessa grande conferência de Bergson, é bastante enriquecedor o que escreve Lívio Teixeira num artigo originalmente publicado em 1960 e que, em 2003, os Cadernos Espinosanos do Departamento de Filosofia da USP novamente colocaram à nossa disposição. Nele, além de nos chamar a atenção para esse *objetivo fundamental* da filosofia bergsoniana, o autor assinala-nos o caráter inovador da forma segundo a qual Bergson procura nos conduzir no estudo da História da Filosofia.

[76] Bento Prado Júnior, num artigo publicado na Folha de São Paulo e intitulado *A filosofia seminal de Bergson*, procura defender exatamente isso. No artigo, Bento Prado apresenta uma série de argumentos procurando defender que "o pensamento do intelectual francês antecipou e pode revitalizar o atual debate filosófico". Entre outras coisas, ele afirma que "o pensamento contemporâneo, percorrendo linhas diferentes, encontrou em seu limite último algumas das ideias fundamentais de Bergson".

Capítulo V – Jacques Derrida

(Dirce Eleonora Nigro Solis – UERJ)[77]

Derrida, um filósofo difícil

> *Nunca perdi ou destruí nada. Desde os pequenos papéis, quando eu era estudante, que Bourdieu ou Balibar colocavam em minha porta [...], eu tenho tudo. As coisas mais importantes e as coisas aparentemente mais insignificantes.*[78]

Dotado de sensibilidade extrema, dono de uma sagacidade e argúcia capazes de provocar em muitos um imenso desconforto, de profunda generosidade para com aqueles a quem acolhia tanto pessoalmente, quanto intelectualmente, preocupado com os problemas ético-políticos que afligem a humanidade inteira, preocupado com as minorias, os menos privilegiados no mundo, o que ainda dizer de um pensador cujos mais de 90 trabalhos produzidos, o qualificaram como filósofo às margens?

Jacques Derrida é conhecido como pensador polêmico, e só muito recentemente deixou de ser tratado pelas alas mais conservadoras do pensamento como um *não filósofo*; com muitas resistências ainda, pois seus ricos debates com pensadores de tantas áreas, as demarcações, inversões e deslocamentos que seu pensamento provocou na forma tradicional de pensar e conduzir a filosofia e o saber em geral trouxeram e continuam trazendo mais incompreensão que aceitação. É difícil reconhecer tranquilamente alguma coisa do nível do pensamento que desestabiliza nossas certezas cristalizadas, que interfere de alguma maneira

---

[77] Professora doutora pela UERJ e professora adjunta dessa universidade.
[78] "Je n'ai jamais rien perdu ou détruit. Jusqu'aux petits papiers, quand j'étais étudiant, que Bourdieu ou Balibar venait mettre sur ma porte [...] j'ai tout. Les choses les plus importantes et les choses apparemment les plus insignifiantes". Depoimento colhido por Benoît Peeters (*Trois Ans avec Derrida. Les Carnets d'un Biographe*. Flammarion, 2010).

em nossas verdades já tão bem sedimentadas. Mesmo no campo filosófico ou científico. O que podemos considerar, entretanto, é que quanto mais nos aprofundamos no pensamento de Derrida, mais ele tem se revelado complexo e pleno de dificuldades. Derrida é um pensador difícil. Sua filosofia, portanto, merece o mesmo tratamento e atenção que tantos outros clássicos do pensamento com que estamos habituados em nosso cotidiano filosófico.

Para dar conta, mesmo que de modo sucinto, da trajetória intelectual de Derrida, devemos fazer referência também à sua trajetória humana. Derrida, batizado Jackie em virtude da influência americana em sua família,[79] era judeu nascido em El Biar, na Argélia, em 15 de julho de 1930. Dois acontecimentos em seu país natal marcarão para sempre sua vida: sua exclusão da escola aos doze anos, por ser criança judia; e a decepção e o desgosto oriundos da guerra da Argélia.

Gostaria talvez de ter sido jogador de futebol, mas a leitura de obras de Jean Jacques Rousseau e de outro franco-argelino, Albert Camus, o colocam frente ao interesse pela filosofia. Em 1949 a família Derrida mudou para a França, ele tinha dezenove anos. No ano seguinte ele frequenta as classes preparatórias para a École Normale Supérieure, na qual é aceito três anos mais tarde. Na França, Derrida se aprofunda na leitura de Sartre, nas obras de Husserl e Heidegger.

Com a dissertação *O problema da gênese na filosofia de Husserl*, Derrida termina seus estudos superiores. Recebe uma bolsa em 1956 para a Universidade de Harvard, já aceito na *agrégation*,[80] e inicia a tradução de *A origem da geometria* de Husserl. A introdução preparada por Derrida para a obra de Husserl ganhou tanta importância quanto a tradução propriamente dita, e ali o autor já dá os primeiros passos em direção ao que seria mais tarde conhecido como desconstrução.

Em 1960 obtém o cargo de professor-assistente na Sorbonne onde ensinaria filosofia e lógica. Seus primeiros trabalhos serão publicados nas revistas *Critique* e *Tel Quel*. Pela Introdução à obra de Husserl, que acaba virando escrito à parte, *Introduction à la Origine de la Géometrie* (*Introdução à origem da geometria*), Derrida recebe o prêmio Jean-Cavaillés. Em 1964 recebe o convite de Jean Hyppolite e de Althusser para lecionar na École Normale Supérieure, onde permaneceu até 1984. A partir daí até perto de sua morte em 2004, Derrida foi diretor de estudos da École des Hautes Études em Sciences Sociales de Paris.

Sua trajetória internacional se inicia e ganha força quando em 1966 Derrida participa na Universidade de John Hopkins nos Estados Unidos de um simpósio internacional sobre *As linguagens da crítica e as ciências do homem,*

---

[79] Jackie, conta Derrida, era um nome da moda. Havia um ator infantil chamado Jackie Koogan, mas um nome de menino e apelido de menina certamente não ficaria muito bem num escritor de livros e assim ele se tornou Jacques (entrevista publicada na Folha de São Paulo em 3 de dezembro de 1995).
[80] *Agrégation* é exame que permite ao diplomado ser admitido como funcionário permanente no ensino público.

onde apresenta o texto *Estrutura, signo e jogo no discurso das ciências humanas*. A partir de então sempre era convidado como professor pelas universidades americanas que difundiram de forma aprofundada seu pensamento, entre elas, além da John Hopkins, Yale, Irvine na Califórnia, Cornell, New York University, a Cardozo Law School, a New School for Social Research. Além de Doutor Honoris Causa da New School, Derrida também foi honrado com esse título na Universidade de Berlin, San Sebastian, Cambridge, Columbia, Louvain, Williams College, na Universidade de Coimbra e na Universidade da Silésia. Em 2002 foi nomeado para a cátedra Gadamer da Universidade de Heidelberg, por designação expressa do próprio Gadamer. Desde 1985 foi nomeado membro estrangeiro honorário da American Academy of Arts and Sciences; da Modern Language Association of America, presidente honorário do Parlamento International dos Escritores, e foi o primeiro presidente eleito do Collège International de Philosophie de Paris. Em auxílio aos dissidentes intelectuais da antiga Tchecoslováquia fundou em 1981 a associação Jan Hus. É conhecido o episódio em que Derrida será preso em Praga, num incidente que terá para a sua libertação a interveniência direta de François Mitterrand. Não poderia também deixar de mencionar a importante participação de Derrida no Groupe de Recherches pour l'Enseignement de la Philosophie (GREPH) – Grupo de Pesquisas sobre o Ensino de Filosofia, grupo do qual ele foi presidente. A partir de 1978, Derrida se envolve cada vez mais em ações políticas internacionais, destaque para sua defesa da questão democrática na África do Sul, contra o apartheid (o que ele chamou de *l'admiration* [admiração] de Nelson Mandela).

Veio três vezes ao Brasil: em 1995 num evento promovido pela USP e PUC-São Paulo; em junho de 2001, para os Estados Gerais da Psicanálise com René Major, no Rio de Janeiro; e em agosto de 2004, no Colóquio Internacional Pensar a Desconstrução, organizado pela Universidade Federal de Juiz de Fora e realizado no Teatro Maison de France no Rio de Janeiro, onde apresentou a conferência "O perdão, a verdade, a reconciliação, qual o gênero?". Certamente algum episódio ficou esquecido, mas essas referências já nos dão ideia da importância do autor para o mundo intelectual contemporâneo. Derrida faleceu em 8 e outubro de 2004, vítima de um câncer no pâncreas.

Seus três primeiros livros, *Gramatologia, A escritura e a diferença* e *A voz e o fenômeno* são publicados em 1967. A partir de então se acumulam publicações de sua autoria, e em 2007 Derrida já é considerado o terceiro autor mais citado mundialmente no campo das Ciências Humanas (no *The Times Higher Education Guide*). Assim, trabalharemos a seguir com alguns dos referenciais mais significativos do pensamento do autor.

CAPÍTULO V ▪ JACQUES DERRIDA

Desconstrução

Num primeiro momento foi difícil a Derrida assumir como sua concepção aquilo que foi denominado desconstrução. Muitos são, no entanto, os sintomas que desde bem cedo em seu pensamento apontam para esse entendimento. Ficará logo claro que Derrida foi o maior responsável por isso. Numa carta que ficou conhecida como "Carta a um amigo japonês",[81] Derrida aconselha o pensador japonês Toshihiko Izutsu a traduzir, como na edição francesa, o termo *Destruktion* presente em *Ser e tempo* de Heidegger por *desconstrução* e não por *destruição*, o que seria mais literal, explicando que Heidegger não estaria apontando a queda da metafísica ocidental, pois não existia ali o objetivo de "arrasar a tradição ontológica" (HEIDEGGER, 1988, p. 51), mas ao contrário, ele chamava a atenção para o fato de que a *Destruktion* deveria ser entendida no sentido de "definir e circunscrever a tradição em suas possibilidades positivas" (HEIDEGGER, 1988, p. 51), o que significava "em seus limites, como de fato se dão na colocação do questionamento e na delimitação pressignada, do campo de investigação possível"(HEIDEGGER, 1988, p. 51).

Em *Lettre à un Ami Japonais*, a referida carta, Derrida (1987(b), pp. 389-390), considerando que na época da *Gramatologia*, o estruturalismo era ainda dominante, entendia que a desconstrução parecia ir ao encontro ao mesmo:

> *[...] pois a palavra significava certa atenção às estruturas (sendo que elas mesmas não são simplesmente nem ideias, nem formas, nem sínteses, nem sistemas). Desconstruir era também um gesto estruturalista, em todo caso um gesto que assumia uma certa necessidade da problemática estruturalista. Mas era, também, um gesto antiestruturalista e sua fortuna deve-se por um lado a esse equívoco. Tratava-se de desfazer, decompor, "des-sedimentar" as estruturas (todas as espécies de estruturas, linguísticas, "logocêntricas", "fonocêntricas" o estruturalismo estando, então, sobretudo dominado pelos modelos linguísticos, da chamada linguística estrutural dita também saussuriana – socioinstitucionais, políticas culturais e sobretudo e primeiramente, filosóficas).*

Na entrevista *As If I Were Dead* (Como se eu estivesse morto), Derrida (*apud* BENNINGTON (1990), pp. 212-217), insiste em dizer que a palavra

---

[81] Esta carta, que apareceu primeiramente em japonês, surge depois em francês no Le Promeneur, XLII, octobre, 1985. Foi publicada posteriormente em Psyché. Inventions de l'Autre. Paris: Galilée, 1987, pp. 387-392.

desconstrução não é nova e nem agradável aos ouvidos ou à articulação da fala. Trata-se de uma velha palavra francesa, apontada inclusive pelo dicionário *Littré* como em desuso. Segundo o *Littré* "déconstruction" e "déconstruire" possuem certo valor de arcaísmo em dois sentidos: por um lado, uma conotação gramatical, linguística e retórica, e por outro, um alcance maquínico. Desconstruir refere-se tanto a desfazer os termos de uma frase, quanto a desmontar determinada máquina a fim de transportá-la para outro lugar. Indica, então, a impossibilidade de voltar atrás ou reconstruir de maneira idêntica à anterior, tanto no caso de palavras ou de máquinas. Para a desconstrução haveria um deslocamento sem possibilidade de retorno de modo idêntico ao ponto ou forma inicial. Isso valerá para textos de todas as espécies (filosóficos, literários, artísticos etc.), para a tradução e a metáfora. Derrida (1987(b), pp. 390-391) insiste em dizer ainda que aquilo que "vem sendo chamado desconstrução" não é nem análise, nem crítica, nem método:

> *[...] Apesar das aparências, a desconstrução não é nem uma análise, nem uma crítica e a tradução deveria levar isso em conta. Não é uma análise, em particular, porque a desmontagem de uma estrutura não é uma regressão em direção a um elemento simples, em direção a uma origem indecomponível [...]. Não é tampouco uma crítica, num sentido geral ou num sentido kantiano [...]. Eu diria o mesmo para o método. A desconstrução não é um método e não pode ser transformada em método. Sobretudo se acentuamos nessa palavra a significação procedimental ou técnica. É verdade que em certos meios (universitários ou culturais, penso em particular nos Estados Unidos), a "metáfora" técnica e metodológica que parece necessariamente ligada à palavra "desconstrução" pode seduzir ou transviar. De onde o debate que se desenvolveu nesses mesmos meios: pode a desconstrução se tornar uma metodologia de leitura e da interpretação? Pode ela se deixar reapropriar e dominar assim pelas instituições acadêmicas?*

Desconstrução, também, não seria um modo de ler ou uma bula de leitura. Com relação ao texto filosófico, mas podendo ser estendido a outros textos, como o literário, por exemplo, Derrida estabelece a princípio dois momentos da tarefa desconstrutora. O primeiro consiste, Derrida explica em *Positions* (1972(c)), *Posições* (2001), numa leitura interna dos textos ditos metafísicos com a finalidade de marcar a série de oposições binárias neles presentes, verificando seus limites e como essas mesmas oposições continuam atuando de forma paradoxal. Delimita-se, então, o campo a desconstruir, pela *inversão* (*renversement*) das teses e postulados filosóficos. A fase de inversão desmantela os termos metafísicos e em seguida uma nova etapa se inscreve como "exterior" ao texto analisado. Derrida nomeará *deslocamento* (*déplacement*) a esse novo momento (DERRIDA, 1972(c), p. 56).

Inverter os termos de uma proposição e deixar emergir um novo conceito (ou "quase-conceito") que ultrapassa as fronteiras tradicionais. Inverter os termos e deslocar, uma etapa já de algum modo compreendida na outra, tal é a tarefa desconstrutora.

Derrida compreende a desconstrução como um acontecimento. A questão do *acontecimento,* reaparece, a partir de 1968, no pensamento francês, entendida como "acontecimento do pensamento" e não simplesmente como "acontecimento em ação" (evento), ou atividade. Deve-se sobretudo a Foucault essa conotação e a referência aos "acontecimentos do pensamento". Derrida, como Foucault, se insere no *pensamento do* acontecimento como tantos outros pensadores contemporâneos, entre eles Heidegger, por um lado, Nietzsche, Blanchot e Deleuze, por outro. Esse último fez do *acontecimento* uma das marcas de sua filosofia como explicitado em *Lógica do sentido* (DELEUZE, 1969). E o próprio Derrida reconhece em "Terei de errar só" (1996(c), pp. 224-227) que Deleuze é o pensador do acontecimento. O acontecimento traz o insólito do tempo, que ultrapassa a alternância entre temporal/intemporal, histórico/eterno, visando tanto a um tempo mais profundo, quanto ao seu desvelar-se na superfície. Traz o imprevisível, o intempestivo. Para Derrida, trata-se de saber, então, como a desconstrução acontece. O tempo do acontecimento não é homogêneo ou linear, cumulativo ou circular, e é tanto para Deleuze como para Derrida, coextensivo ao conceito de diferença. O jogo das diferenças está proposto, além dos dois primeiros, em Foucault e Blanchot e de certa forma em Heidegger, em detrimento principalmente dos movimentos opositivos entre identidade e suas sombras, ou do domínio da representação. Derrida denomina o acontecimento como "a emergência de uma multiplicidade dispare" (*disparate multiplicity*) (DERRIDA, 1985). Indica também que a palavra "evento" (*événement*) busca suas raízes em invento (*invention*). Daí a associação com o novo e a inovação.

Para Derrida, o acontecimento será também aquilo que *há de vir* ou que *advém*. O *porvir* (*à venir*), é para Derrida a marca da desconstrução. O que pode acontecer ou efetivamente acontece traz consigo, segundo Derrida, a *marca da indecidibilidade*, da ambivalência, traduzindo-se tanto na fala quanto na escritura, tanto na natureza quanto na cultura em *aporias*.[82] É traduzindo a

---

[82] Aporia para Derrida não tem o mesmo sentido que a aporia clássica – caminho inexpugnável, dificuldade, sem saída. Aporia para os gregos designa também a contradição entre dois juízos (antinomia). Os diálogos platônicos, tidos como aporéticos, têm a marca da inconclusão. Em Aristóteles aporia é a "igualdade de conclusões contraditórias" (Tópicos, 6.145.16-20). De toda a forma, aporia no sentido clássico é sempre um impasse a que se chega, sem possibilidade de resolução. Para a desconstrução, aporia indica que o sentido da

acontecimentalidade como *aporia* que Derrida demarca, a partir de uma inspiração mais propriamente nietzschiana, o campo próprio à desconstrução. Mais especificamente, será o campo da desconstrução como retórica. A desconstrução como retórica visa dar conta da condição de (im)possibilidade aporética. E sempre concernindo ao jogo de diferenças, à *différance*.

Para Derrida, o significado e o alcance da desconstrução como acontecimento possui implicações ético-políticas. Contudo, é importante lembrar que a desconstrução não é "uma tomada de posição com relação às estruturas político-institucionais que constituem e regulam nossa prática, nossas competências e nossas *performances*" (DERRIDA, 1990(a), p. 424). Mas é precisamente por não dizer respeito apenas "aos conteúdos do sentido", continua Derrida, que a desconstrução deve estar relacionada a uma problemática político-institucional. Para tanto, Derrida proporá uma postura ético-política de "responsabilidade" não mais presa aos "códigos tradicionais herdados do político e do ético" (DERRIDA, 1990(a), p. 424). Tal postura privilegiará também um aspecto bastante relevante para a discussão da desconstrução em qualquer domínio da cultura: o cuidado com o outro, a abertura para o outro singular. O interesse pela alteridade também marcará a desconstrução como questionadora da lógica da identidade e da metafísica tradicional.

Crítica ao logocentrismo

O alvo principal das críticas de Derrida, porém, tem endereço certo: a metafísica ocidental como foi sendo trabalhada desde Platão e Aristóteles até o pensamento contemporâneo. A tradição metafísica, importante parte da filosofia, senão a própria filosofia para muitos, havia construído conceitos e argumentos de validade universal, fundamentos inabaláveis para as verdades, hierarquizados, com a predominância de uns sobre os outros. Assim, verdade vale mais que erro, o bem é superior ao mal, o belo ao feio, a essência à aparência. Entretanto, para Derrida as construções arbitrárias da metafísica nada mais seriam que conjunto de pré-juízos e preconceitos tidos como verdades inabaláveis. Derrida mostrará que existe um princípio de indecidibilidade (*indecidabilité*), de indeterminação, que não sustenta nem a noção de fundamento de todas as verdades, nem sua completude e nem tampouco quaisquer verdades tidas como absolutas. A desconstrução visa ao desmantelamento das certezas muito

---

questão atinge necessariamente o caráter da indecidibilidade. Assim, *différance*, rastro, hímen, *pharmakon* são indecidíveis que dependem do impasse aporético. Mas diferentemente do caso clássico, aporia para Derrida, não é ponto de chegada inconclusivo, mas sempre ponto de partida para novos deslocamentos.

seguras e bem fundamentadas da metafísica ocidental que sempre se apoiou no predomínio do *logos* – da razão, da palavra. Com a desconstrução, o cerne da metafísica seria atingido, o logocentrismo, predomínio do *logos*, abalado. Isso não significa, entretanto, que o *logos* foi destruído pela desconstrução nem que é essa sua intenção. Ao contrário, o que ela faz é mostrar o exagero da fixação do pensamento no *logos* e o consequente deslocamento para alguma outra realidade ou fator ainda não conhecidos.

O logocentrismo marca e sustenta a cultura do ocidente de acordo com o percurso do *logos* e da lógica binária: trata-se de uma hierarquização de pares conceituais binários, conceitos dispostos em categorias opositivas como: essência/aparência; substância/acidentes; alma/corpo; mente/corpo; inteligível/sensível; verdade/erro; natureza/cultura; presença/ausência, onde o primeiro termo do par possui uma "natural" predominância ou superioridade com relação ao outro.

Essa predominância, entretanto, ultrapassará o quadro filosófico e a "binariedade" assumirá um valor propriamente político. Melhor dizendo, o primeiro termo do par é o termo colocado como aquele que exerce poder sobre o segundo, sobre o subordinado. O logocentrismo, então, afirma a verdade de um poder central, de um centro privilegiado. Cabe ao *logos* a afirmação da verdade, a explicitação do significado do ser como fundamento do pensamento e do mundo. Denotando o exercício do poder no mundo ocidental, eis ainda o predomínio da voz ou da *phoné*, o fonocentrismo; o predomínio do falo, o falocentrismo, ou para fazer como Derrida, o predomínio do fonologocentrismo, ou do falogocentrismo ou ainda do falo-fono-logocentrismo.

Associada a todos esses centrismos e principalmente ao que se refere à metafísica, surge outra noção problemática que Derrida utilizará (para em momentos posteriores abandoná-la), mas que proporciona uma visão mais aproximada do que a metafísica é ou pode alcançar. Trata-se da complexa noção de presença, aquilo que existe e com que nos deparamos imediatamente.

A história da cultura ocidental englobaria as formas de manifestação da presença, o imperativo da presença, o que levou Derrida a falar em *metafísica da presença*. A hegemonia de uma dessas formas caracterizaria os períodos históricos. Assim, determinam o valor de presença, quatro modalidades metafísicas, como dito por Derrida (1973(a), p. 23), em *Gramatologia*:

> [...] *presença da coisa ao olhar como eidos, presença como substância/essência/existência* (ousia), *presença temporal como ponta* (stigmé) *do agora ou do instante* (nyn), *presença a si do cogito, consciência, subjetividade, copresença do outro e de si, intersubjetividade como fenômeno intencional do ego etc.*

Presença das ideias, dos estados mentais, do mundo material, presença a si na *phoné*, na palavra, a presença vem ainda associada à forma matricial do ser e é conjugada a partir da lógica da identidade tão cara à tradição metafísica; todos os conceitos que indicam fundamento, princípio, centro (*eidos, arké, telos, energeía, ousia, aletheia*) são testemunhos da presencialidade. Em especial os termos *arké* (origem) e *telos* (fim) indicam o centrismo da filosofia ocidental, motivo pelo qual Derrida rechaçará a busca de uma origem ou finalidade pela desconstrução. O acontecimento desconstrução é exatamente o contrário de uma "nostalgia da origem" ou "da inocência arcaica e natural" preconizadas pela afirmação da centralidade pela filosofia como tantas vezes apontado na *Gramatologia*.

Nem Heidegger escapa à metafísica da presença: o problema do esquecimento do sentido do ser pela filosofia e sua tradição, como Heidegger o discute, poderia ser tomado como sintoma de que este último não se libertou inteiramente da época por ele mesmo criticada. Lemos a esse respeito na *Gramatologia*:

> *[...] Na medida em que um tal logocentrismo não está completamente ausente do pensamento heideggeriano, talvez ele ainda o retenha nessa época da ontoteologia, nessa filosofia da presença, ou seja, na filosofia. Isso significaria talvez que não se sai da época cujo fechamento se pode desenhar.* (DERRIDA, 1973(a), pp. 23-24)

Ferdinand Saussure (1967) também é para Derrida um representante do fonologocentrismo, apesar de nosso autor nele reconhecer não só o pai da linguística moderna, mas aquele que descobriu que "na língua não há mais que diferenças". O problema, entretanto, é que a diferença em Saussure remete, como na metafísica da presença, sempre a uma identidade, uma das razões pelas quais para a desconstrução, Saussure ainda é um representante do pensamento logocêntrico.

 Com Saussure a revolução linguística moderna está dada, na medida em que ele deixa claro que num sistema linguístico o significado nada significa por si só, mas é fruto de uma função relacional. Um signo possui sentido, na medida em que na relação ele difere de um outro signo. O significado, por sua vez, não se produz no significante em si, mas é resultado da diferença entre os elementos que compõem o significante. Pensando a língua como um sistema de signos, Saussure privilegiará a fala *(phoné)* à escrita, a fala sobreposta à escrita e essa última lhe servindo apenas de instrumento auxiliar. Essa subordinação da escrita à fala é um problema presente em toda a metafísica ocidental. Assim, a desconstrução apontará o momento em que se dá a inversão desse logocentrismo (quando a escrita se sobrepõe à fala) e o deslocamento para a questão da escritura.

CAPÍTULO V ■ JACQUES DERRIDA

Operadores da desconstrução ou quase-conceitos

Escritura

Para marcar que a desconstrução não opera com os pares binários da metafísica ocidental que são conceitos, e portanto, estão dentro do plano logocêntrico, Derrida adotará a nomenclatura "quase- conceitos" para termos como escritura (*écriture*), *différance* (com a), rastro (*trace*), hímen, *pharmakon*, *khôra*, espectro, com o intuito de garantir que são noções ambivalentes, que pertencem ao campo aporético, não submetidas ao processo de hierarquização, e que possibilitam a abertura necessária ao contexto descontrucionista. Assim, escritura não é o mesmo que escrita como ato de escrever, e longe de ser simplesmente uma representação da fala, ela denota o sentido daquilo que está escrito. Tem função documental e retira o privilégio do significado sobre o significante, e o privilégio do significante fônico (escrita fonética) sobre o gráfico. Uma espécie de golpe crucial no conjunto de argumentos e ideias filosóficos desde Platão e Aristóteles até Saussure, inclusive, guardadas as devidas diferenças. Em Saussure o conceito de signo também conservou as oposições binárias como significante/significado, sensível/inteligível, expressão/conteúdo, mas o intento de Derrida é mostrar que não existe signo que seja anterior à escritura; daí a *arquiescritura*, escritura primeira como antecessora da linguagem e do ato da escrita. E mais ainda, *arquiescritura* para marcar que não pode ser aprendida pela presença e nem tampouco simplesmente como representação da linguagem falada. A anterioridade não é temporal, portanto.

Além da impossibilidade de uma escritura apenas fonética, para a desconstrução "não há fora do texto" (*Il n'y a pas de hors texte*), como marcado no texto da *Gramatologia*. Trata-se , sem dúvida, de textualidade, pois para Derrida, não há nenhuma ideia que não seja de fato textual. Isso não significa, porém, interpretar que só existam textos e nada mais, ou melhor, que não há nenhuma realidade exterior a eles. Há que entender ainda o que Derrida (1973(a), p. 87) chama de "texto". Textos são "cadeias", sistemas de rastros (*traces*), emergindo e sendo constituídos por diferenças. Essas cadeias são também "escritura" e construídas na relação temporal e espacial:

> [...] este rastro é a abertura da primeira exterioridade em geral, a enigmática relação do vivo com o seu outro e de um dentro com um fora, o espaçamento. O fora, exterioridade "espacial" e "objetiva" de que acreditamos saber o que é como a coisa mais familiar do mundo, como a própria familiaridade, não

apareceria sem o grama, sem a différance *como temporalização, nem a não presença do outro inscrita no sentido presente, sem relação com a morte como estrutura concreta do presente vivo.*

Em *Limited Inc.* Derrida assume com certa ironia que "só existem contextos sem centro ou significado absoluto" (DERRIDA, 1988(b), p. 32), o que faz Geoffrey Bennington afirmar que: "Todo elemento do contexto é ele mesmo um texto com seu contexto que por sua vez etc." (BENNINGTON; DERRIDA, 1990, p. 69). Todo texto, portanto, é ele mesmo parte de um contexto. Dizer que só existem contextos significa que para distinguir texto e contexto é preciso já considerar o texto em si mesmo, e para ler um texto fora do contexto já seria preciso estar em seu contexto. Não é o caso de negar "o fora", mas colocá-lo no mesmo plano hierárquico que "o dentro". Trata-se, portanto, da desconstrução do binômio texto/contexto. O fora é dentro, dirá Derrida em *Gramatologia*, rasurando o é: o "fora É dentro" (DERRIDA, 1973(a), p. 53). É nesse sentido que deve ser entendido o "não há fora do texto", ou não há "de *hors-texte*".

Différance e rastro (*trace*)

Derrida escolhe o neologismo *différance*, grafado com *a*, quando a palavra se escreve com e, *différence*, para firmar seu posicionamento contrário à cultura logocêntrica. Não há nenhuma diferença de som entre o a e o e na palavra grafada, o a é lido diferente de *e*, mas o som da palavra é o mesmo. Derrida quer denotar com isto a ausência de centralidade ou a impossibilidade de uma origem absoluta no que tange à questão da significação. Ao campo de substituições infinitas, dentro de um conjunto finito, Derrida dá o nome de jogo. *Différance* significa, então, o jogo de diferenças, onde só existem diferenças, e com isto opõe-se à identidade logocêntrica. A *différance*, então, proporciona como jogo a possibilidade de desconstrução da crença em um significado transcendental, uma vez que as substituições infinitas deslocam o pensamento a respeito de elementos como centro, origem e presença pertencentes ao significado transcendental como a origem absoluta do sentido.

Numa conferência proferida em 1959 em Cerisy-la-Salle, com o título *Gênese e estrutura, e a fenomenologia*, o termo *différance* aparece pela primeira vez; em *A escritura e a diferença* em 1967. A conferência *La Différance* que discute a questão da diferença, datada de janeiro de 1968, publicada no Boletim da Sociedade Francesa de Filosofia no mesmo ano e em *Théorie d'Ensemble* (FOUCAULT et al,1968), reaparece mais tarde em 1972 em *Margens da filosofia*.

A *différance* é subjacente a toda diferença que identifica cada um dos dois termos, como a oposição saussuriana entre significante e significado. As diferenças são como que produzidas (enquanto diferem) pela *différance*. Dirá J. Luc Marion (1977, p. 273):

> A différance *(se) difere em diferenças. Essas só aparecem como efeitos se a causa puder ser entendida como causa anterior. Entretanto, cada diferença mobiliza, em seu substantivo, o jogo que aí joga (verbalmente) a* différance: *o afastamento que diferindo, assim, distingue a diferença* (différence) *da* différance, *não pode remeter à nenhuma causa, nenhum sentido, nenhuma essência: toda anterioridade substantivada seria privada de antemão da verbalidade impessoal (isto difere) da qual é o caso, exclusivamente.*

Como quase-conceito, *différance* possui uma ambivalência própria das noções caras à desconstrução. "Diferir" (*différer*) de *differre* em latim, possui o sentido de atrasar, retardar, adiar, prolongar, esperar, todos eles referentes ao tempo. Um outro sentido para *différer* está no grego *diapherein*, em que não se evidencia o sentido do tempo, significando ser outro, dessemelhante, distinto, opor-se, discordar.

Diferir no primeiro sentido é correlato de temporização (*temporisation*), envolve, portanto, a ideia de tempo, uma mediação temporal. Temporização é um desvio econômico. No segundo sentido, diferir é espaçamento (*espacement*), que significa distinção e intervalo.[83] Na temporização temos a ideia de momento presente com elementos que avançam ou recuam para remeter a um outro elemento futuro ou passado. Espaçamento sugere que o presente não basta para que a significação seja dada; diferir em outros para que surja a significação.

Já o termo rastro (*trace*) será para Derrida a marca de um elemento, quer passado quer futuro que inviabiliza a identificação, a definição, a "presentificação" de um signo. O *rastro* é distinto, mas não está em oposição à presença. Apenas ele não se adequa à lógica da identidade clássica que busca uma origem simples: desde então, para arrancar o conceito de rastro ao esquema clássico que o faria derivar de uma presença ou de um não – rastro originário, e que dele faria uma

---

[83] Espaçamento (*espacement*) é um termo que aparece no Prefácio de *Un Coup de Dés* de Mallarmé para marcar o intervalo que permite os diferentes (com t, *différent* — indica o outro, o desigual — e com d *différend* — indica a divergência, o discordar: "*um regard aux premiers mots du poème pour que des suivants, disposés comme ils sont, l'amènent aux derniers, le tout sans nouveauté qu'un espacement de la lecture*" — Prefácio de *Coup de dés* — Mallarmé) [Grifos nossos].

marca empírica, é mais do que necessário falar de rastro originário ou de arquirrastro. E, no entanto, sabemos que esse conceito destrói seu nome, e que, se tudo começa pelo rastro não há sobretudo rastro originário (DERRIDA, 1973(a), p. 75). O rastro existe (ou preexiste) na ausência de um outro aqui-agora, de um outro presente ou de uma outra origem do mundo que se manifesta como tal: o rastro, no qual se imprime a relação com o outro, articula sua possibilidade sobre todo o campo do ente, que a metafísica determinou como ente-presente a partir do movimento escondido do rastro. É preciso pensar o rastro antes do ente. Mas o movimento do rastro é necessariamente ocultado, produz-se uma ocultação de si. Quando o outro anuncia-se como tal, apresenta-se na dissimulação de si [...] (DERRIDA, 1973(a), p. 57).

O campo do ente é estruturado pelo rastro, segundo várias possibilidades, mas o rastro não é um ente, não é nada, dirá Derrida, excedendo a questão *o que é*, mas possibilitando-a eventualmente (DERRIDA, 1973(a) 57, p. 92). O "pensamento do rastro", a desconstrução, desestruturará o fonologismo da teoria de Saussure. O jogo das diferenças estabelecido a partir do valor diferencial do signo em Saussure estará na base do sistema linguístico. O rastro será a impressão "imotivada", quando cada elemento do sistema é marcado por todos os outros que ele não é. O rastro puro seria a *différance*.

Derrida ético-político

O pensamento de Derrida ultrapassa em muito a vertente da desconstrução da tradição filosófica e seus conceitos e a vertente da desconstrução pelo viés linguístico. Desde a *Gramatologia* já está implícita em seu pensamento uma preocupação com questões que permeiam a ética e a política. Derrida insistirá que os termos ética e política devem ser utilizados com certo cuidado pela desconstrução, ou melhor, ele evita assumir esses termos, pois representam a hierarquização da metafísica e da tradição filosófica ocidental enquanto a tarefa desconstrutora abala os alicerces dessa tradição com o consequente deslocamento das ideias e dos problemas para algo ainda porvir. É assim que surgem no pensamento de Derrida noções como democracia porvir (*à venir*), o tema da hospitalidade, do dom, da alteridade, da morte, do perdão e inclusive preocupações com o animal, o feminino e outros. Seria, entretanto, impossível contemplar aqui todas as questões que em seu pensamento caminham nesse sentido. Somente um livro completo a respeito poderia fazê-lo.

Derrida entende a "ética", mesmo evitando tal palavra, como abertura radical, incondicional ao outro e é importante perceber que uma ética não se limitaria ao homem (veremos mais adiante, por exemplo, a perspectiva do pensamento derridiano sobre os animais); a ética tem que dizer a experiência da alteridade e Derrida não nega a inspiração levinasiana de seu pensamento nesse sentido.

O mesmo se dá com os termos "política" e "cidadania", também representativos da "binariedade" conceitual clássica. No entanto, não há como negar que a partir de certo momento, os textos de Derrida são claramente de enfoque político ou ético-político trazendo à baila os temas como direito internacional, mundialização (globalização), colonialismo, pena de morte, racismo e outros, persistindo coerentemente os caracteres da desconstrução em suas abordagens. Textos como *Espectros de Marx*, *Políticas da amizade*, *Da hospitalidade*, *fé e saber*, todos tratam de questões ético-políticas.

É conveniente lembrar também que o Derrida militante, em defesa de causas bastante conhecidas como a luta pelos dissidentes tchecos e a fundação da associação Jan-Hus de ajuda a eles (o que lhe causou a prisão em Praga em 1981), a luta contra o *apartheid*, o trabalho junto ao Parlamento Internacional dos Escritores para marcar o apoio aos escritores perseguidos, a questão das cidades-refúgios e outras, sempre se fez presente. Mas de seus escritos ético-políticos só poderemos nos debruçar levemente sobre alguns poucos neste capítulo. Vejamos, então, alguns de seus entendimentos a respeito.

Democracia porvir

Uma ideia importante de sua filosofia é a noção de democracia porvir (*démocratie à venir*). Desde os seus primeiros trabalhos a democracia porvir é objeto do interesse de Derrida, mas não deixa de ser uma noção problemática. Ela é compreendida como movimento para o que vem, um advir, mas não indica um futuro presente ou próximo, e sim, como diz o texto derridiano, ela:

> [...] não somente ficará perfectível indefinidamente, ou seja sempre insuficiente e futura, mas pertencendo ao tempo da promessa, ela ficará sempre, em cada um de seus tempos futuros, porvir: mesmo quando há democracia, ela nunca existe, nunca está presente, fica o tema de um conceito não apresentável. (DERRIDA, 1994, pp. 339-340)

Com essa noção, Derrida quer chamar a atenção para a desconstrução dos discursos universalizantes que na realidade escondem interesses setorizados ou mesquinhos. São discursos, em geral, camuflados por falas solidárias ou fraternas, mas que em verdade são excludentes dos *diferentes*, isto é, daqueles que pertencem às diferentes religiões, às múltiplas nações ou às inúmeras etnias consideradas não dominantes. A proposta derridiana de uma *democracia porvir* situaria o viés democrático numa categoria para além de todos os interesses mesquinhos, para além de toda aparente fraternização.

Derrida observa que as atuais estruturas democráticas são, na realidade, profundamente antidemocráticas, mesmo que haja consenso a respeito do fato de as democracias ocidentais serem consideradas o que de melhor foi construído até o presente. Elas estão corrompidas em múltiplos aspectos econômico-políticos, sociais e morais bastante conhecidos mundialmente. Assim sendo, *democracia plena* não existe para Derrida, e a desconstrução acontece nas democracias existentes, fracamente democráticas. Não se trata, no entanto, de destruir as instituições democráticas que possuímos, mas de uma abertura das mesmas a uma *democracia porvir*. Esse é o sentido da promessa, abrir a democracia para a sua própria promessa, possibilitar a abertura para a invenção, para o inesperado, para o estranho, para o *outro*. A *democracia porvir* exige a responsável afirmação do outro, o respeito pelo outro e pela diferença. No cumprimento dessas exigências fundamentais seria possível, então, repensar as instituições, as tradições, a ideia de justiça, comunidade e de política (CAPUTO, 1997, p. 44). Para tanto, seria necessário, segundo Derrida, outro sentido de *democracia,* ou melhor, a *democracia porvir* não mais estaria ligada ao conceito clássico de Estado-Nação, nem ao de cosmopolitismo ou cidadania mundial, mas estaria mais próxima da ideia de uma democracia inclusiva, que considerasse todos os indivíduos, mesmo aqueles abstraídos dos direitos de cidadania, como os imigrantes indesejáveis, os clandestinos, os exilados de todos os lugares.

Derrida defende uma solidariedade mundial, "que não seja simplesmente uma solidariedade entre os cidadãos, mas que poderia ser também entre os seres vivos, não constituindo justamente, em primeiro lugar, uma política dos cidadãos". Por isso, diz ele, "me sinto pouco à vontade com a palavra política, utilizo-a com a condição de poder precisar tudo o que acabo de referir" (DERRIDA, 2001(b)).

Em *Políticas da amizade*, Derrida (1994) afirma que "Uma democracia porvir deveria sugerir uma igualdade que não fosse incompatível com certa assimetria, com a heterogeneidade ou singularidade absolutas, deveria exigi-las a partir de um lugar que é invisível..." (1994, p. 372).

CAPÍTULO V ■ JACQUES DERRIDA

Hospitalidade

O termo hospitalidade tem origem na palavra latina *hospes*, formado de *hostis* (estranho) e que significa também, o hostil, o inimigo, *hostilis*. Em seu escrito *De L'Hospitalité* (1997(b)),[84] Derrida, seguindo Benveniste, assume a característica aporética da hospitalidade, pois o estranho ou estrangeiro (*hostis*), ora é acolhido como hóspede (*hôte*), ora como inimigo (*hostilis*). Isso possibilitou a Derrida denotar a presença da aporia, criar o termo *hostilpitalidade*. Ao mesmo tempo em que hospeda, o hospedeiro se torna refém; ao mesmo tempo aquele que aceita a hospedagem, passando para a condição de hóspede, também se torna refém.

A hospitalidade combina, pois, *hostis + pets* (*potis, potes, potentia*), configurando, então, uma questão de poder. O hospedeiro seria, assim, aquele que exerce o poder, é o dono da casa, digamos, recebendo o estranho ou o estrangeiro. O hóspede é aquele que é recebido e que em tese deveria se submeter ao poder do hospedeiro, ou melhor, às regras da casa.

Para Derrida, haveria, no caso da hospitalidade, uma aporia que reside justamente no fato de haver um domínio irreconciliável expresso como *A* Lei singular, universal e ao mesmo tempo *as* leis, particulares, condicionadas. Derrida aponta que *A* Lei e *as* leis não constituem um par simétrico, mas obedecem a uma hierarquia de certo modo *estranha*: A Lei incondicional da hospitalidade está acima das leis e nesse sentido ela é "ilegal, transgressiva, fora da lei, como uma lei anômica, *nomo a-nomos,* lei acima das leis e lei fora da lei" (DERRIDA, 2003, p. 73).

Como tudo o que diz respeito à desconstrução, a possibilidade da hospitalidade é sustentada por sua *im-possibilidade.* Dizer que a hospitalidade é impossível é diferente de uma contradição lógica, uma das regras do pensamento binário metafísico ocidental e diferente também de dizer que nunca poderá acontecer. É essa impossibilidade, com *excesso*, esse agir em excesso, que interessa sobremaneira a Derrida a respeito do tema da hospitalidade. É esse *ir além* na hospitalidade, algo que não está presente e, portanto, não existe, mas que está sempre *porvir*, que instiga Derrida.

Em seu livro *Adieu à Emmanuel Lévinas* (1997(c)), *Adeus à Emmanuel Lévinas* (2004), Derrida, no intuito de trazer a questão da incondicionalidade da hospitalidade, insiste, como Levinas, na precedência da hospitalidade à propriedade. E essa precedência é muito mais ética que conceitual para o

---

[84] A questão da hospitalidade será tratada por Derrida principalmente no texto *Anne Dufourmantelle convida Jacques Derrida a falar da Hospitalidade*, texto de 1997, traduzido em 2003 para o português por Antonio Romane e revisão técnica de Paulo Otone.

pensamento da desconstrução. E essa é uma inspiração de cunho levinasiano no pensamento de Derrida. A hospitalidade incondicional, portanto, é um ideal de convivência e não existe como tal; não existe hospitalidade pura. Nesse sentido está sempre *porvir*. Inventamos regras, leis, critérios a todo o instante; o hospedeiro e o hóspede agem, valoram, atuam sempre mediante condições e, assim sendo, a hospitalidade instaura uma violência, na medida em que regras a limitam. A hospitalidade incondicional só é compreendida, então, através do viés desconstrutor. Ela estaria, assim, entre os indecidíveis de Derrida: o princípio da indecidibilidade (*indecidabilité*) diz respeito aos elementos ou termos que ultrapassam as oposições binárias metafísicas e cujas múltiplas significações impossibilitam imediatamente qualquer decisão. O resultado é então expresso por "nem um nem outro", contrariando os princípios lógicos de contradição e terceiro excluído presentes na tradição lógico-metafísica ocidental.

Derrida se referirá no texto sobre hospitalidade a dois aspectos da questão: no que diz respeito ao estatuto da hospitalidade como aceitação do outro, acolhimento do estranho ou do estrangeiro com relação à casa, à morada e com relação à cidade ou ao Estado. Temos a *pronazia;* e com relação ao hóspede indesejável, ao intruso que em última análise ameaça, cria-se a xenofobia (*ksénos*, o estranho, o estrangeiro), a recusa de aceitação do outro que se converte em aversão. O hospedeiro/hóspede torna-se uma antinomia insolúvel envolvendo assim múltiplas tensões.

As questões que derivam daí, de questões de simples acolhimento, revertem-se em questões políticas ou ético-políticas bastante sérias e preocupantes. O estrangeiro vem de fora, não pertence, portanto, ao lugar que ele vai, mesmo que temporariamente, agora ocupar. Em virtude de uma empatia particular ou familiar posso aceitá-lo, mas a relação com ele envolve logo a justiça, o devir-direito, o contrato. No contexto contemporâneo, não pertencer ao lugar significa que, antes de tudo, o estrangeiro só é recebido diante de condições cada vez mais restritas. Se ele constitui ameaça econômica, política ou social aos habitantes por direito do lugar, os inúmeros exemplos que nos chegam diariamente, justificam sua exclusão como intruso, indesejável. É o caso dos clandestinos, refugiados e dos sem-teto ou sem-abrigo de todos os lugares.

Derrida analisará essa situação em seu texto *Cosmopolites de Tous les Pays, Encore un Effort* (DERRIDA, 1997(d)). Embora possamos questionar do ponto de vista da filosofia política a viabilidade de ainda se poder falar em cosmopolitismo nos dias atuais, esse texto de Derrida é dirigido ao primeiro congresso sobre as cidades-refúgios, ocorrido no Conselho da Europa em Strasbourg – março de 1996 –, por iniciativa do Parlamento Internacional dos Escritores.

Além do não pertencimento ao lugar, Derrida aponta a questão da língua: para ser respeitado, espera-se que o hóspede se adeque à fala do lugar, entendendo-se aí não apenas a língua, mas os costumes, as tradições, as regras de um modo geral. Há ainda a questão do nome: hospitalidade incondicional não quer saber o nome, o endereço, a profissão. No entanto, para que seja exercido um certo direito à hospitalidade, o que se pergunta imediatamente é: "Qual é o teu nome?". Ao dizer o seu nome, ao se identificar, o hóspede se torna responsável diante da lei e diante daquele que o hospeda; ele se torna uma pessoa de direito e como tal deverá ser respeitada. O direito à hospitalidade supõe que se saiba sobre o lugar de origem, a casa, mas também a linhagem, a família, o grupo étnico ao qual pertence. Supõe que seja dito o nome próprio, para que o hóspede seja aceito.

Tais são, portanto, em síntese os aspectos relevantes apontados por Derrida para a questão da hospitalidade.

O dom, a morte e o luto

Essas temáticas também fazem parte, entre outras, das preocupações ético-políticas de Derrida e merecem discussões aprofundadas. No entanto, só podemos aqui apontá-las.

Em dois textos *Donner Le Temps* (1991) e *Donner la Mort* que apareceu em *L'Éthique du Don* (1992) e mais tarde sozinho (1999), e em alguns outros artigos, Derrida tratará da temática do dom. Se o dom é possível, entende Derrida, ele é aquilo que não podemos nem devemos saber, pois ele é incompatível com qualquer apropriação narcísica. No limite não se deve saber que se doa, nem o que se doa, pois, o dom é o que deve "interromper o círculo econômico do mesmo" (DERRIDA, 1999(a), p. 35). Um dom será algo "que não está presente" (DERRIDA, 1999(a), p. 35), ele tem relação com o segredo, é o dom "de alguma coisa que permanece inacessível, não presentável, pois, e consequentemente, secreto. O acontecimento desse dom ligaria a essência sem essência do dom ao segredo." "Pois um dom destinado ao reconhecimento estaria anulado imediatamente [...] o segredo é a última palavra do dom que é a última palavra do segredo" (DERRIDA, 1999(a), p. 35). Em *Donner le Temps*, Derrida discutirá as relações entre o dom, o sacrifício e a esmola: "o sacrifício só propõe sua oferenda sob a forma de uma destruição contra a qual ele faz a troca, espera ou escamba num benefício, a saber, uma mais-valia ou ao menos uma amortização, proteção e segurança". Já a esmola "é regulada pela ritualidade institucionalizada, ela não é mais um puro dom-gratuito ou gracioso, puramente geral. Ela se torna prescrita, programada, institucionalizada, obrigada, ou seja, relacionada." (DERRIDA, 1991, pp. 174-175).

Derrida resgata o poema em prosa *La Fausse Monnaie* (A falsa moeda) de Baudelaire em que dois amigos se deparam com um mendigo que lhes pede esmola. Um deles imediatamente tira do bolso uma moeda de médio valor e despojadamente a entrega ao mendigo. Interpelado pelo outro amigo, admirado de tanta generosidade, o primeiro, responde: "Não se espante! A moeda era falsa!" O poema é uma crítica à moral burguesa e explora a dissimetria do dom, de sua incondicionalidade. Trata-se, como Derrida explora em *Donner le Temps*, da noção de reconhecimento como um cálculo, como uma dívida, uma economia possibilitada pelo *dom*. Reconhecer é sempre a etapa imediatamente posterior ao *dom* e que não pode ser confundida com ele. Para além de qualquer cálculo, o *dom* para ser *dom* deve romper essa circularidade econômica que faz com que toda doação esteja condicionada à retribuição ou ao reconhecimento. Entretanto, o *dom*, assim como a hospitalidade, para ser *dom* em si mesmo, deve ser incondicional. Assim, a exigência de reconhecimento, a espera de retribuição, engendram um estado aporético que traz a "im-possibilidade" da existência do que chamamos *dom*, cuja condição é a gratuidade.

Considerando esse último aspecto, Derrida estabelecerá um diálogo entre *Aumône – Esmola* – de Mallarmé, poeta em sintonia com a questão da aporia, e o poema referido acima de Baudelaire. O *dom*, tomado como figura do impossível, *é o im-possível*, dirá Derrida (1991, p. 19). Lembremos, pois, Mallarmé: "Toma esta bolsa, mendigo [...] Tira do metal caro algum pecado bizarro [...] Odeio uma outra esmola e quero que me esqueça. E sobretudo, irmão, não vá comprar pão" (*Aumône*, 1992).

No livro *Donner la Mort* (1999), Derrida examinará o conceito de responsabilidade como o "dar-se a morte". Trata-se de um debate essencial em torno da questão do dom. Em "Os segredos da responsabilidade europeia", primeira parte do livro, Derrida faz referência à obra do filósofo tcheco Jan Patocka (1907-1977) denominada *Ensaios heréticos sobre a filosofia da história* (1975-2007), na qual esse último autor estabelece relações entre o mistério do sagrado e a responsabilidade, entre a religião e o demoníaco. A religião "supõe a responsabilidade de um eu livre", o demoníaco é visto como indistinção entre a animalidade, o humano e o divino. Esse último pertence ao mundo do mistério, do exotérico, do segredo. A religião começa quando o segredo demoníaco ou é destruído ou é subordinado à esfera da responsabilidade. Em *Donner la Mort*, ainda, Derrida empreenderá uma releitura da obra *Temor e tremor* de Kierkegaard, em que esse autor analisa a situação de Abraão ao ter que levar o filho Isaac ao sacrifício, discussão que aparece também em *Le Monolinguisme de l'Autre* (1996(a)), *O monolinguismo do outro* (2001).

Os temas da morte e do luto estão presentes em quase todas as obras de Derrida, mas é em *Mémoires pour Paul de Man* (1988), *Espectros de Marx* (1994), *Apories-Mourir* (1996) e *Chaque fois Unique la fin du Monde* (2003) que eles aparecem de forma mais incisiva.

Já em *A escritura e a diferença* (1967(a)), no texto sobre o teatro da crueldade (O teatro da crueldade e o fechamento da representação), a morte é evocada a partir da dialética, "movimento indefinido da finitude da unidade da via e da morte, da diferença da repetição originária [...]" (1967(a), 364). Derrida insistirá na ideia de unidade "a vida a morte", com a retirada da hierarquia entre as duas, assim como ele faz com a pulsão de *vida-morte*. Característica da desconstrução. Há inclusive um seminário do final dos anos 70 com o nome La Vie la Mort. Mas é em *Espectros de Marx* que Derrida dedicará muitas anotações a respeito da morte, do trabalho de luto[85] da impossibilidade de opor estritamente o vivo ao não vivo (DERRIDA, 1993, pp. 178-179) e toda a gama de espectros, fantasmas e referentes do espírito, apresentadas na discussão da espectralidade em Marx e Max Stirner. Derrida também discutirá "a questão de a vida – a morte" (DERRIDA, 1993, p. 235), possibilitando a questão da espectralidade como sobrevida, e como "uma dimensão do sobre – viver (*sur –vivre*) ou da sobrevivência irredutível ao ser e a qualquer oposição do viver e do morrer" (1993, pp. 235-236).

Sobre o luto, em *Points de Suspension* ..., Derrida (1992, p. 331) se posicionará:

> *Eu falo do luto como tentativa sempre votada ao fracasso, um fracasso constitutivo, justamente, para incorporar, interiorizar, introjetar, subjetivar o outro em mim. Antes mesmo da morte do outro, a inscrição em mim de sua mortalidade me constitui. Eu estou enlutado, logo eu sou, eu sou – morto da morte do outro, minha relação a mim está primeiramente enlutada, de um luto, aliás, impossível [...] o luto é uma fidelidade infiel se ele consegue interiorizar o outro em mim, quer dizer, não respeitar sua exterioridade infinita.*

Em *Mémoires pour Paul de Man* (1988, pp. 71-72), o tema do luto aparece nas referências do autor argelino à narrativa e à memória. Mas tanto a memória como o luto são pensados na dimensão do porvir e da promessa, muito diferente das noções tradicionais que associam ambos à questão do tempo passado, presente ou futuro.

---

[85] Em *Espectres de Marx* (1993) a temática aparece em pp. 151, 160, 176-277, 185, 187, 203, 209-210.

Espectros de Marx

Espectros de Marx – o estado da dívida, o trabalho do luto e a nova internacional é o título da conferência pronunciada por Jacques Derrida em 22 e 23 de abril de 1993 na Universidade da Califórnia – Riverside. A conferência teve por objetivo discutir o significado e o destino de Marx e do marxismo no mundo atual. Derrida, considerando a postura da desconstrução, procurou responder a uma espécie de provocação contida no título do Simpósio, no qual ele pronuncia essa conferência – "Whither marxism"? (Para onde vai o marxismo?). Há um jogo possível de ser feito com "whither" e a palavra "wither" (murchar, extinguir-se, morrer), de mesmo som, mas de grafia diferente, o que produz um novo sentido para a expressão "Wither marxism"? Ou seja: O marxismo perece?

Um dos objetivos de Derrida com Espectros, é dar conta do "duelo político" que aparece a partir do discurso antimarxista atual. Com uma bem explorada discordância com relação ao capitalismo do livre mercado em sua sintonia com a democracia parlamentarista, Derrida recorre aos "espectros" para, entre outras, denunciar a hegemonia da perspectiva neoliberal e neocapitalista como resolução aos graves problemas mundiais em nível econômico e político-social.

Derrida faz alusão no título – *Espectros de Marx* –, não apenas ao fantasma do comunismo, mas aos fantasmas no plural: aos espectros, no plural, de que fala Marx em sua obra; e aos diversos espectros de Marx e supostamente do comunismo que reaparecem hoje em discussões acadêmicas e na prática social e política em geral.

O *espectro* é para Derrida uma noção perfeitamente em sintonia com a ambivalência e a dimensão aporética dos discursos e textos, tão caras à desconstrução. Em suma, não é inteligível nem sensível, nem morto nem vivo e como os quase-conceitos explorados pelo autor, o *espectro* é capaz de resistir às oposições conceituais hierarquizadas da filosofia.

Em "Pensar em não ver" Derrida afirma: "Ora, um espectro é algo que se vê e que não se vê ao ver, a figura espectral é uma forma que hesita de maneira inteiramente indecidível entre o visível e o invisível. O espectro é aquilo que se *pensa ver*, 'pensar' dessa vez no sentido de 'acreditar', pensamos ver." (DERRIDA, 2012, pp. 67-68).

O espectro aparece em muitas falas marxianas, mas todos sabemos, não é preocupação principal de Marx e Engels, nem no *Manifesto comunista* (no qual ele se presentifica já na primeira linha, na exortação para a transformação do mundo burgues: *Ein Gespenst geht um Europa – das Gespenst des Kommunismus –*

"Um espectro ronda[86] a Europa, o espectro do Comunismo". Em *O capital,* os espectros são utilizados não como figuras de retórica, não para falar simplesmente de ideias fantasmáticas, mas como denúncia política ou político-econômica da sociedade burguesa e da produção material capitalista (fetichismo da mercadoria, a circulação das mercadorias etc.). A fantasmagoria da ressurreição dos mortos e a história da repetição aparece no *18 Brumário de Luis Bonaparte.* Na *Ideologia alemã,* Marx e Engels ao evocarem os fantasmas, os espectros, o fazem na crítica aos ideólogos alemães (Feuerbach, Bruno Bauer, Max Stirner, principalmente), com o intuito de libertar dos fantasmas a análise filosófico-política.

Derrida faz da questão da espectralidade o fio condutor de seu *Espectros de Marx* e defenderá que talvez Marx não consiga se livrar tão facilmente dos fantasmas como pensa ser possível. Essa é uma postura desviante, característica da desconstrução, possibilitando que aquilo que no texto de Marx é simplesmente suplementar, ou secundário, tenha lugar de destaque na discussão.

No sentido tradicional, no entanto, um espectro assombra, obsidia, atrai e afasta ao mesmo tempo, aterroriza. Então, a tradicional ontologia dá lugar à *hontologia* (no inglês *hauntology,* no afrancesamento, *hontologie*), desencadeando um jogo com a expressão inglesa proveniente de *to haunt,* verbo que designa assombrar, aparecer, visitar, este visitar inesperado que assusta, aterroriza e que tem o seu correspondente francês no verbo *hânter* (obsidiar).

E para mostrar que todos somos herdeiros de Marx, Derrida apontará pelo menos três grupos de espectros, mas que podem ser desdobrados em outros tantos e que refratam a partir da obra de Marx e dos desdobramentos daí advindos: Primeiramente o espectro do comunismo e dos marxismos; em segundo lugar, os espectros de Marx, propriamente ditos, tratados a partir de uma leitura minuciosa e profunda de Derrida, não apenas do *Manifesto,* mas das outras obras às quais já nos referimos anteriormente (*O capital, 18 Brumário, ideologia alemã*); em terceiro, ressaltamos a denúncia feita por Derrida a respeito da espectralidade neoliberal e a produção de fantasmas em nível econômico, político, social e midiático mundial.

A questão dos animais

Essa questão será tratada na obra *L'Animal que Donc je Suis (À Suivre)* (1999), *O animal que logo sou (a seguir)* (2002), conferência de abertura apresentada no 3º Colóquio de Cerisy em 1997.[87] Esse texto traz a ambiguidade

---

[86] Algumas traduções utilizarão o verbo aterrorizar no lugar de rondar.
[87] Mas em colóquios anteriores Derrida já vinha se referindo à questão dos animais (em *Os fins do homem, sobre antropologia filosófica* em 1981, em *A passagem das fronteiras* em 1994). Nesse Colóquio de Cerisy, cujo

em seu título e trata de temas bastante complexos como a nudez, a nominação, a denegação, entre outros. Questões fundamentais permeiam a exposição, entre elas, os limites da assujeição do animal ao homem; o que caracteriza o homem e em que medida ele tem direitos absolutos sobre o animal; os homens como os viventes que se deram a palavra. Derrida (2002, p. 15) inicia o texto com a seguinte questão: "Há muito tempo pode-se dizer que o animal nos olha?". Em seguida nos coloca a suposta cena em que ele se encontra nu diante de seu gato, descrevendo a possível perturbação que seria estar nu diante de um animal que não se mexe, não olha, apenas parece que observa. Na página seguinte, fala dessa experiência e da possível vergonha que isso pode causar e da vergonha de ter vergonha, pois como diria Heidegger, "o animal é pobre de mundo", ele observa, mas não nos espia. O homem sabe que está nu, daí o seu pudor ou vergonha diante da nudez. Já o animal é indiferente a isso, porque ele é nu, não se dá conta de sua nudez. A partir daí, Derrida analisa a visão da poesia e literatura sobre os animais que são sempre antropomorfizados (Baudelaire, Rilke, Lewis Carol e outros), e a visão de pensadores como Descartes, Kant, Bentham, Lacan etc. São tangenciadas questões como violência, crueldade contra os animais, genocídio (de genos) – que alguns da plateia protestam ao reduzirem o genos à gente –, sofrimento (*Can they suffer*, perguntará Bentham?).

Duas "hipóteses com vistas a teses", Derrida (2002, p. 49) proporá nesta discussão: Primeira: nos dois últimos séculos houve uma reviravolta em relação ao tratamento dispensado aos animais. Derrida analisa a mudança de tratamento da questão do animal pela filosofia a partir do pensamento de Descartes e a insuficiência da resposta da filosofia sempre subordinando o animal ao homem. Aliás, Derrida (2002, p. 51) apresenta isso desde o texto bíblico, mas os sinais da reviravolta histórica vão muito além "dos sacrifícios bíblicos, ou da antiguidade, das hecatombes, da caça, da pesca, da domesticação, do adestramento ou da exploração da energia animal". O assujeitamento dos animais nos últimos dois séculos é para Derrida uma luta desigual, uma guerra contra a compaixão. Derrida (2002, p. 57) propõe que se pense essa guerra:

> *Pensar essa guerra na qual estamos não é apenas um dever, uma responsabilidade, uma obrigação, é também uma necessidade, um imperativo do qual bem ou mal, direta ou indiretamente, ninguém poderia subtrair-se. Doravante mais do que nunca. E digo "pensar" essa guerra, porque creio que se trata do que*

---

título é *O animal autobiográfico*, um outro texto que está nas atas "E digo, o animal respondeu?". O tema aparece também na discussão com Elizabeth Roudinesco em *De quoi Demain? De que amanhã?* –, no texto *Violência contra os animais*.

> *chamamos "pensar". O animal nos olha, e estamos nus diante dele. E pensar começa talvez aí.*

A segunda hipótese é o que Derrida (2002, p. 57) chamou de "limitrofia": "o que se avizinha dos limites, mas também o que alimenta, se alimenta, se mantém, se cria e se educa, se cultiva nas margens do limite". Qual o limite entre o humano e o animal? Derrida irá defender que qualquer busca do limite acabará necessariamente numa aporia. Não existe o Homem, ou o Animal, no singular. Derrida (2002, p. 65) coloca em dúvida que se possa afirmar o conceito homogêneo de animal a todos os viventes não humanos. Mais adiante, na página 77, ele considera que a designação "animal" está na base de "todas as decisões interpretativas (com todas as suas consequências metafísicas, éticas, jurídicas, políticas etc.)". Para garantir a desconstrução dessa tradição, Derrida (2002, pp. 77) continua ao apresentar duas vias possíveis: guardar entre aspas a palavra "animal" toda vez que nos referíssemos a ele; e a utilização de uma palavra "singular, ao mesmo tempo próxima e radicalmente estrangeira, uma palavra quimérica em contravenção com a lei da língua francesa, animot.". Mais um neologismo inventado por Derrida (2002, pp. 77-78), este *Ecce animot* indicaria "nem uma espécie, nem um gênero, nem um indivíduo", mas estaria se referindo a uma "irredutível multiplicidade vivente de mortais, e mais que um duplo clone ou uma *mot – valise* (palavra entrecruzada), uma espécie de híbrido monstruoso, uma quimera esperando ser morta por seu Belerofonte". O animal é, pois, o absolutamente outro. Mas não poderia ser considerado um primeiro espelho do homem? São essas algumas das questões mais relevantes desenvolvidas pelo pensador Jacques Derrida.

Questões para estudo e discussão:

- Podemos compreender a desconstrução derridiana como possibilidade de pensar novos rumos para a filosofia?

- Qual a relevância da crítica de Derrida ao falogocentrismo e à chamada metafísica da presença?

- Qual a importância da discussão a respeito de uma democracia porvir e das questões ético-políticas suscitadas pela abordagem derridiana principalmente no tocante ao problema da hospitalidade, do acolhimento e da amizade no mundo contemporâneo?

Capítulo VI – Max Scheler

(Fábio Murat de Pillar – UFRJ)[88]

Apontamentos sobre sua vida e doutrina

Cabe-nos, neste capítulo, apresentar um panorama da vida e do pensamento do filósofo e fenomenólogo alemão Max Scheler. Por se tratar de um "panorama", sem desconsiderar o "caráter" de sua doutrina e o tipo espiritual, nossa apresentação, no entanto, deverá contemplar, entre os temas mais ligados à parte axiomática e de fundamentação da sua doutrina (o núcleo sistemático do seu pensamento), aspectos da sua teoria dos valores. Mas contemplá-la, tanto em relação ao que, em Scheler, esse núcleo tem da índole própria do impulso e da especificidade da comunicação da filosofia, desde a sua origem, com o mundo (o "pensar"), quanto em relação ao "método", isto é, ao caminho pelo qual ele a empreendeu de modo tão próprio. E, no caso, esse caminho é a fenomenologia.

De origem bávara, Max Ferdinand Scheler nasce em Munich em 22 de outubro de 1874. Pela linha paterna, é possível que seus ancestrais remontem ao século XVI, entre pastores protestantes e juristas de alto cargo. Do lado materno, descende de família judaica, também antiga, o que, aliás, explica – embora tenha se convertido ao catolicismo aos quinze anos – que suas obras tenham sofrido perseguição sob as leis raciais hitleristas após sua morte em 1928. Ao terminar os estudos secundários no *Ludwig-Gymnasium* em Munich, Scheler faz cursos de filosofia, ciências físicas e naturais, entrando em contato, a partir de então, com mestres proeminentes como Wilhelm Dilthey, Georg Simmel e Carl Stumpf. Depois, em Jena, há contato com o kantiano Otto Liebmann, e, principalmente, com Rudolf Eucken, que será o orientador da sua tese de habilitação e

---

[88] Doutor em Filosofia pela UFRJ e professor do Instituto Federal do Rio de Janeiro, em Volta Redonda.

CAPÍTULO VI ■ MAX SCHELER

o marcará, nessa fase inicial, mais profundamente em sua tendência espiritualista e na direção metafísico-religiosa da sua filosofia. Em 1901, depois da redação das suas teses para o licenciamento no ensino superior (1897-1899), durante uma reunião dos colaboradores do *Kantstudien* (estudos kantianos) em Halle, Scheler conhece pessoalmente Edmund Husserl, fundador da fenomenologia, e é vivamente influenciado pelo conceito da intuição categorial e pelo antipsicologismo da sua obra inicial mais importante, *Investigações lógicas* (*Logische Untersuhungen*), publicada em 1901. A capacidade de imprimir aos conceitos da fenomenologia de Husserl um sentido muito próprio, fez de Scheler a figura condutora de um grupo de destacados estudantes, conhecido como Círculo de Göttingen (*Göttinger Kreis*), o qual havia se reunido em torno à figura de Husserl, que o formou com ajuda do professor Reinach. Entre esses estudantes, destacam-se Edith Stein, Alexandre Koyré, Hering, Hans Lipps, Hedwig Martius. Pela profundidade das questões que trouxe ao âmbito das investigações desse Círculo e pelo refinamento do encaminhamento que lhes deu, Nicolai Hartmann afirmou que Scheler "elevou os estudos fenomenológicos",[89] e aqueles que o conheceram nessa época não podiam desconsiderar a impressão da sua genialidade.[90] Nada surpreendente, se lembrarmos que desse período datam trabalhos fundamentais como *Teoria do sentimento de simpatia e do amor e do ódio* (*Theorie der Sympathiegefühle und von Liebe und Hass*, 1913) e o *Tratado acerca do ressentimento e do juízo de valor* (*Über Ressentiment und moralisches Werturteil*, 1912), mais tarde, ampliado no ensaio *O ressentimento na construção das morais* (*Das Ressentiment im Aufbau der Moralen*, 1915), tão emblemático da sua visão filosófica do mundo e coberto da influência de Nietzsche.

Testemunhos dos que conheceram Scheler mais de perto concordam em caracterizá-lo como personalidade controvertida, apaixonada, móvel, em alguns aspectos contraditória, dividida e inquieta, mesmo vulcânica, para quem a filosofia não era simplesmente um campo de pesquisas, ao qual se pudesse empenhar o tempo por certo período. Não, Scheler era filósofo na alma. Ele só sabia viver filosoficamente, quer dizer, na sua atitude básica em face do mundo, o mundo surgia *sub specie aeternitatis*, leia-se "pelo aspecto da eternidade", e nisso se pode ver esse par de contrários que consiste, por um lado, no fremir espiritual a que nos referimos e, por outro, na "serenidade do evidente",[91] como se exprime Ortega y Gasset. O reconhecimento da tensão da sua vida espiritual é de tal modo unânime, que inclusive Ortega menciona o fato de que mesmo

---

[89] MADER, W. *Max Scheler: in Selbstzeugnissen und Bilddokumenten*, 49.
[90] *Idem*, p. 46.
[91] ORTEGA Y GASSET, J. *Max Scheler: un Embriagado de Esencias* (1874-1928), p. 511.

Scheler não podia dar conta da avalanche de ideias que despenhava do seu espírito,[92] e que muitas vezes, por isso, não lhe deixava espaço para elaborá-las suficientemente, o que explica certo caráter assistemático da sua obra.[93] Maurice Dupuy nos diz que:

> *Todos os seus ouvintes sentiam a sedução e a espécie de fascinação que sua palavra exercia. O perpétuo despertar do seu pensamento, o jorro contínuo das ideias, e ao mesmo tempo o contato vivencial com fenômenos diretamente inacessíveis a outros mais frequentemente desvelados, tinham sobre o espírito um maravilhoso poder de estímulo e renovação.*[94]

Mas isso se devia justamente a que a pessoa de Scheler estava absorvida pela veneração ao mundo, a qual o tornava extremamente receptivo às nuances e às gradações mais finas e remotas de valor e de sentido dos fenômenos, de onde elevava-se uma riqueza que o atropela. Para ele, tais nuances e gradações eram verdadeiramente revelações da profunda riqueza do mundo, como aponta em sua descrição da "veneração" no artigo *Da reabilitação da virtude* (*Zur Reabilitierung der Tugend*), no conjunto de ensaios intitulado *Da inversão dos valores* (*Vom Umsturz der Werte*). A veneração, diz Scheler,

> *não é nenhum componente de sentimento de uma coisa percebida determinada, menos ainda uma simples distância que o sentimento erige entre nós e as coisas (em sua "filigrana", como disse belamente Nietzsche): ela é, ao contrário, um se postar (Haltung), no qual se percebe ainda algo além, que o sem-veneração não vê e para o qual precisamente é cego: o mistério das coisas e a profundidade valiosa da sua existência.*[95]

Essa pulsação original do espírito de Scheler, a raiz da sua atitude em face do mundo, fecunda sua posição como filósofo, em relação às teses da filosofia moderna, que, especialmente a partir de Descartes, põem o mundo e as coisas como projeções da subjetividade, como funções da consciência, e que, de uma maneira ou de outra, são alcançadas invariavelmente por uma redução[96]. Ora, para Scheler, o universo não tem que estar já constituído de tal

---

92 *Idem*, p. 510.
93 *Ibid*.
94 DUPUY, M. *La Philosophie de Max Scheler*, p. 730.
95 SCHELER, M. *Zur Reabilitierung der Tugend*, p. 26.
96 Exemplo claro do positivismo, do qual nos interessa listar cinco características: (1ª) a ciência positiva deve subsidiar a base racional da ação humana sobre a natureza, (2ª) a ciência positiva deve poder fundamentar uma ciência dos fatos sociais, (3ª) a felicidade da sociedade (positiva) depende do conhecimento das leis sob

modo que o entendimento humano possa se acomodar a ele fácil e inteiramente. Assim, é antes uma filosofia do ser, e não da consciência, o que Scheler professa: a contemplação da verdade provém do "devotamento" às coisas. Esse devotamento não é apenas a fonte da verdade, mas a fonte da alegria jubilosa que sempre acompanha a contemplação. Contra a pressa, a inquietude febril e o ativismo frenético do homem moderno, contra o ritmo excessivo do seu trabalho, opõem-se em diversas obras suas, como motivo constante, o recolhimento, o silêncio, a serenidade e a fruição da vida sob a sua forma superior. Contra a "hostilidade ao mundo", característica da filosofia moderna, Scheler opôs o "abandono ingênuo, espiritual, orientado amorosamente ao mundo objetivo no intuir e no pensar, na consciência contínua".[97] Porque, para ele, "o espírito humano, como vindo de Deus, originando-se da fonte da verdade, seria também capaz de apreender compreensivamente o ser das coisas mesmas".[98] Não é no *cogitare* nem no *dubitare* que, em Kant e Descartes, respectivamente, encontra-se o fundamento da vida intelectual, e sim no *thaumátzein* [θαυμάξειν], no espanto admirado de que "algo em geral esteja sendo, em vez de não ser", o que Heidegger, mais tarde, desenvolve como questão fundamental da metafísica.[99]

Após essas notas sobre a índole da orientação espiritual de Scheler, passaremos a uma exposição concisa do conteúdo das suas doutrinas mais gerais sobre os valores. Os campos teóricos aos quais o nome de Scheler alcançou maior notoriedade – e que são momentos substanciais na estruturação da composição unitária da sua filosofia – são a axiologia[100] (a teoria dos valores) e a fenomenologia,

---

a forma das quais os fatos empíricos da observação se coligam e possam comportar "ordem" para o cálculo antecipado da sua utilização (conhecer para prever, a fim de prover), (4ª) toda proposição não redutível à representação de um fato observável (ou abstraído da observação) e às leis que o quantificam não pode ter sentido real e inteligível, (5ª) todo conhecimento (produto da pesquisa científica consensualmente admitido pela instituição "ciência") está sujeito às relações causais entre o organismo e o meio ambiente e está antecipadamente destinado a efetivar os fins humanos (variáveis de acordo com a variação do estado evolutivo da sociedade) e sociais em cada etapa da evolução coletiva da humanidade.

97 SCHELER, M. *Die christliche Liebesidee und die gegenwärtige Welt*, p. 389.
98 *Ibid.*
99 "Por que há simplesmente o ente e não antes o nada? Eis a questão. Certamente não se trata de uma questão qualquer. Essa é evidentemente a primeira de todas. A primeira, sem dúvida, não das questões na ordem da sequência cronológica. [...]. Muitos nunca a encontram, não no sentido de a lerem e ouvirem formulada, mas no sentido de investigarem a questão, isto é, de a levantarem, de a colocarem, de se porem no estado da questão. [...] A questão é a mais profunda: de que fundo provém o ente...? Em que fundo descansa o ente? A questão não investiga isso ou aquilo no ente, o que ele é a cada vez, aqui ou ali, como é constituído, pelo que pode ser modificado, para que serve etc. Ela procura o fundo do ente como ente. Como quer que seja, procura-se decidir a questão no fundo, o qual dá fundamento para o ente ser, como tal, o ente que é. Essa questão do "por que" não procura causas de igual espécie e do mesmo plano que o ente. Não se move em nenhuma face ou superfície. Afunda-se nas regiões profundas e vai até os últimos limites dos fundos" (HEIDEGGER, M. *Introdução à metafísica*, pp. 33-34).
100 Axiologia é palavra composta de duas outras de origem grega, a saber, "*axía*" [ἀξία] e "*lógos*" [λόγος]. A primeira significa "valor", "preço", a segunda, resumindo bastante o arco da sua semântica, "palavra",

dentro daquela sendo sua obra mais importante, e uma das mais representativas de todos os tempos, *O formalismo em ética e a ética material dos valores* (*Der Formalismus in der Ethik und die materiale Wertethik*). O suposto mais geral da teoria scheleriana dos valores é o do primado da emoção – que Scheler formula a fim de restaurar a natureza originária da vida do espírito. Por esse "primado", entende-se que toda a nossa vida consciente e perceptiva é determinada em uma esfera mais profunda, no espaço do qual todo o nosso comportamento, tudo o que se incorpora consciente ou inconscientemente ao nosso padrão pessoal de posicionamento diante das situações e da conceptibilidade em relação ao mundo, aos outros e a si mesmo, germina de uma relação "afetiva" com as coisas.[101] De uma relação afetiva que engendra sentimentos e que os recebem, retro-orientados, em si mesma. Um estudioso da filosofia scheleriana, Wolfhart Henckmann, considera que "ninguém, com exceção talvez de Heidegger, afirmou tão radicalmente como Scheler a prioridade do sentir frente a toda a atividade da vontade e do entendimento".[102] Diz Scheler:

> *Nossa atitude originária em face do mundo em geral, não somente em face do mundo exterior, mas igualmente em face do mundo interno, não somente em face de outro, mas igualmente em face de nosso próprio eu, não é jamais precisamente uma atitude "representativa", uma atitude de "percepção", mas ao mesmo tempo e, segundo o que se acaba de dizer, primitivamente, uma atitude emocional, que implica apreensão de valores.*[103]

---

discurso, discussão, estudo etc. Axiologia seria então "ciência ou estudo do valor" (BAILLY, A. *Dictionnaire Grec-Français*, p. 194).

101 "Eu me encontro em um imenso mundo de objetos sensíveis e espirituais, que põe meu coração e minhas paixões numa incessante movimentação. Eu sei que, tanto os objetos que me vêm ao conhecimento por percepção e por pensamento, como tudo o que eu quero, escolho, faço, trato, realizo, é dependente do jogo dessa movimentação do meu coração. A partir daí, segue para mim que todo modo de justeza ou de falsidade, de distúrbio da minha vida e do meu impulso será determinado por isso, se há objetivamente justa ordem dessas regras do meu amor e ódio, da minha inclinação e aversão, do meu variado interesse pelas coisas deste mundo, e se for possível para mim cunhar esse *ordo amoris* (*ordem, legalidade do amor*) para minhas emoções" (SCHELER, M. *Ordo Amoris*, p. 347). "Quem tem o *ordo amoris* de um homem, tem o homem. Ele tem para ele, como sujeito moral, isso que a fórmula do cristal é para o cristal. Ele vê, através do homem, tão longe quanto se pode ver através de um homem. Ele vê diante de si as linhas fundamentais que ecoam simples da sua alma, que deixa que o núcleo mais profundo do homem se chame essência (ser) espiritual, como conhecer e querer. Ele possui, em um esquema espiritual, a fonte que alimenta secretamente tudo o que provém desse homem; inclusive ainda mais: o determinante originário disso que, perdurando, o seu rosto exprime – no espaço, o seu mundo-circundante; no tempo, o seu destino, quer dizer, o conceito mais alto do possível tornar-se, que pode passar a ele e apenas a ele" (*idem*, p. 348).
102 HENCKMANN, W. *Über Vernunft und Gefühl*, p. 16.
103 SCHELER, M. *Der Formalismus*, p. 206.

O emocional "e" o racional, ambos "pertencem" à *humanitas*, e, em Scheler, um não pertence "mais" que o outro. No ser do homem, porém, de ambos, o emocional tem preeminência: "O homem é um *ens amans* antes de ele ser um *ens cogitans* e um *ens volens*".[104] Como corretamente disse Matthieu Chang a respeito desse primado em Scheler, "o nódulo essencial das coisas se encontra bem ali para onde o coração se inclina".[105] Ou seja, o homem se encontra determinado pelos sentimentos, afetos (intencionais ou não), antes que pela sua vontade e que pela razão. "Encontrar-se determinado" quer apenas dizer (1º) que em virtude de os sentimentos e afetos conterem "referência vivida ao eu (ou à pessoa)",[106] "referência" que os separa por enorme distância de conteúdos de consciência como as representações e sensações, o emocional é o que primeiro "desperta" o eu para seus estados, e o fator que, dessa maneira, primeiro está presente, já antes da disposição para um "voltar-se", a um conteúdo qualquer (seja para si mesmo!) e ao modo pelo qual esse "voltar-se" acontece, (2º) que o emocional, sendo fator predeterminante, é algo completamente "espontâneo" (os sentimentos e os afetos "vêm" e retornam ao eu). Mas se o "primado da emoção", aos olhos de Scheler, tem toda a relevância para a filosofia, é sem dúvida porque não é o eco de nenhum sentimentalismo. A emoção é aqui dimensão da relação entre o homem e o mundo, a qual o pensador quis determinar resgatando a natureza originária da vida do espírito, já mencionada (motivo da filosofia do seu mestre R. Eucken), na qual o mundo está aberto mais originalmente que na relação entre este e a consciência perceptiva e judicativa, dimensão que obedece, para o pensador, uma ordem autônoma, irredutível às leis puras da lógica do entendimento, assim como às leis da vida da alma empírica.

A formulação desse "primado" contém a intuição de uma ligação do espírito humano, sob a forma de determinadas funções e atos (esfera subjetiva), com determinados objetos (esfera objetiva), que o problema do "acesso" ao ser e à significação, bem como ao conteúdo metafísico do mundo (à sua estrutura essencial) pressupõe mais originariamente que a ligação intencional entre os atos perceptivos e significativos (conscientes) com seus objetos correlatos. Trata-se de devolver à filosofia a significação da parte que se deve a essa dimensão no homem, dado que aquele sentido e esse conteúdo estão com essa dimensão numa relação mais estreita e nativa que com os atos racionais ou o comportamento voluntário de caráter representativo, perceptivo ou de observação. A significação de algo não pode nunca ser dada

---

104 SCHELER, M. *Ordo Amoris*, p. 356. Ou seja, "o homem é um ente que ama, antes de ele ser um ente que pensa e que quer".
105 CHANG, M. *Valeur, Personne et Amour chez Max Scheler*, p. 51.
106 SCHELER. M. *Der Formalismus*, p. 334.

adequadamente em um ato de apreensão, se a coisa à qual essa significação é relativa não está comigo em uma relação emocional positiva de "interesse" (relação que é abertura e afirmação do próprio e singular de uma coisa), ou se não está em um contexto em que, de algum modo, esteja ligada positivamente com o que esteja em uma relação tal. Analogamente a Sócrates e a Platão, cada um a seu modo – seguramente também a Santo Agostinho e a Pascal –, para os quais o conhecimento separado de uma condição moral é essencialmente impossível, Scheler vê na "emoção" a dimensão na qual o *ser-pessoal* se vê, primeiramente, em presença do mundo e dos fenômenos do seu mundo interno. Fenômenos que são descritíveis, por exemplo, pelo método psicológico da introspecção, que o psicólogo trata de desenvolver de acordo com determinados critérios de uma metodologia científica de trabalho, e que são articulados com um esquema de comprovação experimental que parte de abstração da sua textura valiosa.

Tendo já Hermann Lotze "introduzido na consciência filosófica contemporânea os conceitos de 'valor' e de 'valer' ",[107] é da intuição pascaliana das "*raisons du coeur*" (razões do coração) que Scheler parte para encaminhar sua interpretação da noção de "valor". A relação de "interesse", que é preciso que uma coisa esteja comigo para que sua significação chegue satisfatoriamente a minha consciência, funda-se no contato perceptivo com determinados objetos alógicos (indiferentes do ponto de vista da lógica e da percepção sensível). Esse contato perceptivo acontece em um afeto ou em um "sentir", que, entretanto, é outra coisa que um mero estado. Scheler o chama *Fühlen*, palavra alemã, traduzida na acepção comum com mais frequência por "sentir", mas que, em correspondência ao sentido da terminologia scheleriana, traduz-se por "percepção-afetiva" ou "intuição-emocional". Aqueles objetos, captados nessa e através dessa percepção-afetiva, são os valores que de modo algum são ato tomado de empréstimo à nossa vida perceptiva consciente e visual – os valores "nos veem" ou são vivenciados.

Os valores são "qualidades materiais" (*materiale Qualitäten*), embora *não reais* e *não temporais*. Eles são potencialmente objetiváveis e claramente apreensíveis por percepção-afetiva.[108] "Materiais" quer dizer duas coisas: 1º) a cada qualidade valiosa (ou axiológica) corresponde um substrato, que a identifica como tal ou tal qualidade particular (a "justiça" não é a "valentia", a "sapiência" não é a "santidade", a "nobreza vital" não é a "beleza estética", a "bondade" não é a "elegância", a "altivez" não é o "charme", e nenhuma dessas qualidades por sua vez é o "cortês", o "galhardo" e o "sagrado" etc.); 2º) acessíveis por intuição, isto é, os valores são conteúdo de ato. Aqui é importante notar que o fenômeno em que consiste o

---

107 HESSEN, J. *Filosofia dos valores*, p. 26.
108 SCHELER, M. *Der Formalismus*, p. 39.

valor deve se resguardar, a bem da compreensão da doutrina scheleriana, tanto da interpretação do objetivismo radical, quanto da interpretação psicologista. Aquela põe os valores como qualidades (ou propriedades) reais das coisas, esta, como qualquer produto do automatismo dos processos psíquicos. De fato, é preciso que antes os valores afetem coisas reais para que elas sejam caracterizadas como "belas", "amáveis", "dignas" etc. O ser dos valores é independente do ser das coisas e das estruturas-reais em que eles se manifestam. O âmbito no qual é mais difícil apreender essa independência é aquele da modalidade-axiológica mais subordinada, a saber, o sentir sensível, especialmente a modalidade do agradável-ao-gosto. A qualidade material do valor é, nesse caso, em um grau muito íntimo, ligada ao seu "suporte" (o fruto, por exemplo) e parece mesmo não poder se separar dele, provocando a impressão de que o agradável-ao-gosto é, na verdade, um efeito real, uma propriedade objetiva da maneira como a estrutura dos processos fisiológicos está constituída, pertencendo esse efeito, por exemplo, às glândulas gustativas, olfativas etc. Entretanto, embora cada fruto (cereja, maçã etc.) tenha maneira de ser agradável-ao-gosto, o que é de se notar é que uma só e mesma qualidade pura do "bom gosto", que já não é uma qualidade particular relativa a um fruto particular, mas que se especifica na degustação, é captada ao contato com esses frutos. A qualidade do agradável-ao-gosto, dessa forma, transcende os suportes reais – nesse caso, os frutos – em que lhes é possível ser dadas. O que não significa que a qualidade material axiológica do agradável-ao-gosto "exista" fora de especificação possível em contato com o objeto real. Assim também a cor vermelho não poderia "existir" fora do espectro das diversas nuances em que nós a encontramos de fato. Se a nota mais formal daquilo que se chama "essência" é justamente a transcendência em relação a todas as manifestações empíricas, então o "valor" também deve ser considerado uma essência, da qual, porém, somente é possível uma experiência através do modo particular no qual essa essência se encontra materializada no objeto que lhe serve de suporte. Essa "transcendência" ou independência das manifestações empíricas e reais é ela mesma que permite que o valor de uma *res* (coisa) seja apreendido antes da percepção e do processo compreensivo dos fatores reais que essa *res* contém e que motivam precisamente aquela apreensão, não a título de superestrutura da coisa, mas a título de princípio-de-unidade que a impregna por dentro e que orienta, na qualidade de princípio, a síntese de todas as outras qualidades que pertencem a essa coisa como um bem (assinale-se que um "bem" em geral não é valor, mas somente uma coisa-de-valor, isto é, uma coisa só é um bem em virtude dos valores):

> *É visível que nem a experiência do valor, nem seu nível de adequação e de evidência [...] dependem de modo algum da experiência dos suportes desse valor. Ocorre mesmo que se possa hesitar sobre a significação do objeto, sobre "isto" que ele é sob*

> tal ponto de vista (pode-se perguntar, por exemplo, se um homem é mais "filósofo" ou "poeta") sem hesitar minimamente sobre seu valor [...]. Isso é tão verdadeiro para as coisas quanto para as estruturas-reais. Para distinguir o valor de vários vinhos, não é de modo algum requerido de início que se conheça, por exemplo, a composição química, a origem de tais ou tais vinhos, seu modo de prensagem etc. Para que os valores sejam dados como tais, não é de modo algum requerido que tenha havido apreensão das estruturas-reais [...]. Tudo se passa como se a nuance-axiológica de um objeto [...] constituísse o mais original do que nos vem dele e como se o valor de toda a totalidade, qualquer que ela possa ser, à qual ela pertence a título de membro ou de parte, constituísse por assim dizer o médium, sem o qual ele não poderia desenvolver completamente seu conteúdo-representativo ou sua significação (apreensível-por-conceitos). Seu valor o precede de alguma forma; ele é o primeiro "mensageiro" de sua natureza própria.[109]

Sendo os valores essas qualidades, eles são, com isso, fenômenos últimos, irredutíveis; fenômenos-de-base, e por isso não definíveis, se por definição entendemos a assimilação do conceito de algo a um conceito mais abrangente. Ao contrário da posição de Kant, para quem se deve suprimir toda a matéria (objeto) da representação do que determina uma ação moral, não sendo senão pela *forma* da ação que recebe a identificação "moral", para Scheler uma ética verdadeira é necessariamente uma ética material, isto é, fundada em conteúdos, justamente nas qualidades que são os valores. A perspectiva de Kant é que uma ação não fundada somente na "forma" da sua máxima tem que retirar sua possibilidade de uma instância da realidade humana por essência submetida a um mecanismo natural. A natureza sensível dos seres racionais, para ele, é a existência desses seres sob leis empiricamente condicionadas. Isso significa que o motivo da nossa ação remonta sempre, dessa maneira, a como repercute sobre a nossa estrutura natural a incidência de uma coisa exterior. Falta aqui a "autonomia", isto é, a ação permanece sempre referida ao próprio sujeito que age, na medida em que o modo pelo qual o efeito dessa repercussão atua sobre sua estrutura orgânica, prazerosa ou dolorosamente, é o que determina sua ação (egoísmo). A noção do valor entraria, na mente de Kant, na equação valor = prazer. Aqui, é claro, não há autonomia, já que é uma "matéria", e não a própria vontade, o que determina a ação. *Autonomia* significa, então, na teoria kantiana *independência* da causalidade do mundo sensível. Entretanto, os valores não são "sensíveis" no mesmo sentido em que uma coisa-da-natureza é sensível, e não apenas os valores como objetos, mas também sua ordem, devem se justificar por uma experiência *a priori* e não indutiva. Scheler admite que Kant tem razão, uma vez que pensadores anteri-

---

[109] *Idem*, p. 40.

ores a ele procuravam uma regra para a nossa conduta num "bem", seja uma disposição ou um sentimento, seja uma entidade real ou possível, para que, na relação com eles, fosse possível apreciar o valor moral das pessoas mediante a relação que mantivessem com esse bem. Kant critica esse ponto de vista. Ele o acusa de não ter alcançado ainda o nível da moralidade, e isso mesmo se se afirmasse que um desses bens fosse Deus, porque não há, fora da vontade mesma, nenhum padrão de medida com o qual se possa apreciar, do exterior, o interior do ser racional, na medida em que esse age segundo máximas das suas ações. A passagem abaixo ilustra o modo pelo qual Scheler entende o sentido da autenticidade de uma ética material:

> *Os bens são, por essência, coisas-de-valor. Cada vez, diz Kant, que nós fazemos depender a bondade ou a maldade moral de uma pessoa, de um ato voluntário, de uma conduta etc., de sua relação a um mundo, posto como efetivo, de bens (ou de males) subsistentes, por aí mesmo nós fazemos depender a bondade ou a maldade do querer, da presença concreta singular deste mundo-de-bens e ao mesmo tempo do conhecimento empírico que podemos ter dele. Nesta hipótese, qualquer que seja o nome pelo qual esses bens possam ser chamados, por exemplo prosperidade de uma comunidade existente, Estado, Igreja, cultura, acesso de tal ou tal nação ou da humanidade inteira a um certo nível de civilização etc., o valor moral da vontade dependeria sempre da medida na qual ela contribui para "manter" ou para "favorecer" esses mundo-de-bens, segundo, por exemplo, ela acelere ou retarde a "tendência-evolutiva" (Entwicklungstendenz) que lhe é imanente. A alteração desse mundo-de-bens modificaria o sentido e a significação do bom e do mau. E visto que a história nos mostra esse mundo-de-bens como submetido a uma alteração e a um movimento contínuos, o valor moral do querer e do ser humano participaria também do destino deste mundo. O aniquilamento deste mundo destruiria até a ideia mesma de valor moral [...] É óbvio que ela [a ética] não teria, portanto, jamais senão um valor empírico e indutivo e que a ética seria totalmente relativizada [...] Se o valor moral de nossa vontade dependesse desse mundo-de-bens, ele sofreria necessariamente o contragolpe destas destruições. Ela dependeria, por consequência, dos acidentes ligados ao determinismo efetivo das coisas e dos eventos. Kant bem o viu, nisso se encontraria um evidente* nonsense.[110]

Mas Scheler nega razão a Kant por este ter concluído, desse ponto de vista seu, que toda ética material, fundada em conteúdos, é necessariamente uma ética heterônoma, uma ética que aliena o sujeito da consciência individual da moralidade:

---

110 *Idem*, p. 32.

> [Kant] pensa ter demonstrado muito mais do que ele efetivamente demonstrou; ele crê ter estabelecido que uma ética que repousa sobre um método correto deve recusar considerar, como pressupostos dos conceitos de bom e de mau, e para constituir esses conceitos, não somente os bens e os fins, mas também todo valor de natureza material.

> [...] Kant imagina simplesmente que ele tem o direito de fazer abstração dos valores que se exprimem nesses bens. Ele não teria esse direito senão se os conceitos-axiológicos (Wertbegriffe), em lugar de achar a plenitude do seu conteúdo em fenômenos autônomos, fossem abstraídos dos bens; ou se se devesse de início deduzi-los das ações afetivamente exercidas pelos bens-de-caráter-coisal sobre nossos estados de prazer e de desprazer.[111]

> [...] O erro de Kant é, portanto, querer negar inteiramente a natureza-axiológica do "bom" e do "mau" para substituí-los pelas noções de "conforme-à-lei" e de "não-conforme-lei", e de recusar todo tipo de relação entre o bom e o mau, por um lado, todos os outros valores, por outro lado. Seguramente, se os valores não fossem mais nada que as consequências de ações exercidas pelas coisas sobre os nossos estados-afetivos de ordem sensorial, "bom" e "mau" não seriam tampouco valores; e seria ainda mais impossível fazer depender o direito de chamar alguma coisa "bom" ou "mau" a partir da relação desta coisa com os outros valores. Acrescentamos que, nessa perspectiva, não poderia existir para seres-racionais, para Deus, nenhum tipo de "valor", visto que dependeriam precisamente da existência de um ser dotado de sensibilidade sensorial. Bom e mau seriam simples valores técnicos que representam o valor do sensorialmente agradável [...].[112]

Outro aspecto da teoria scheleriana dos valores é o da sua ordem, isto é, da hierarquia dos valores. As qualidades materiais, como há pouco os valores foram determinados, além de não serem jamais uma propriedade real, também terem consistência objetal autônoma, são identificadas pelos índices do positivo e negativo e estão dispostas, em virtude da essência de cada uma, em uma ordem de superioridade. Assim, as modalidades de valor se distribuem, essencialmente, na seguinte ordem hierárquica crescente: 1) valores sensíveis, 2) valores vitais, 3) valores espirituais, e 4) valores religiosos. De acordo com o esquema abaixo,[113] que traz para os valores materiais essenciais as funções, estados, reações e valores consecutivos (derivados) correspondentes, temos:

---

[111] Idem, p. 34.
[112] Idem, p. 46.
[113] Nós nos baseamos na organização feita pelo professor Juan Llanbías de Azevedo (*Max Scheler: Exposicion Sistematica y Evolutiva de su Filosofia*, p. 93).

CAPÍTULO VI ▪ MAX SCHELER

Valores materiais essenciais	Funções	Estados	Reações	Valores consecutivos
1) Série axiológica do agradável e do desagradável	Sentir sensível (gozar – padecer)	Prazer – dor		Útil – prejudicial (luxo)
2) Valores da sensibilidade vital (nobre – comum/valores de expansão)	Sentimento vital	Ascensão – declínio, saúde – enfermidade, juventude–velhice (morte), força (plenitude vital) – debilidade	Contentamento – azedume	Bem-estar, prosperidade e valores de conservação
3) Valores espirituais (belo, justo, conhecimento puro da verdade [filosofia])	Sentir espiritual (preferir/ subordinar, amar e odiar espirituais)	Alegria – tristeza	Assentir – recusar/aprovar – desaprovar, respeitar – desprezar/ impulso à retribuição.	Valores culturais, coleções artísticas, direito positivo e ciências.
4) Santo (sagrado)/ profano	Ato de amor especial a pessoas	Bem-aventurança – desespero	Fé – descrença, veneração e adoração	Coisas de culto e sacramentos, formas confessionais etc.

Nós optamos, para aclarar o sentido dessa hierarquia, pelo destaque do caso da relação entre os valores da série do agradável e do desagradável, por um lado, e por outro os valores vitais ou da sensibilidade vital.[114]

Em sua crítica, de resto aguda e poderosa, à civilização moderna, Scheler ressalta que, a despeito do valor do que é agradável ter preferência sobre o valor do que é desagradável, tanto um como o outro se regulam segundo as coisas que afetam sejam ou não apropriadas para elevar os valores vitais: "uma coisa agradável que, ao mesmo tempo, é obstáculo para a vida, é valor negativo para a vida".[115] O valor do agradável está, em virtude da sua essência mesma, submetido ao plano da manifestação dos valores vitais e se limitam e se regulam independentemente do grau do seu influxo sobre um ser vivente. Mas exatamente por isso, a relação entre o valor do que é agradável e o de um ser "vivente" é tal que, tomados dois seres viventes desiguais em valor vital, o que é agradável para aquele em quem se percebe

---

[114] No contexto do pensamento scheleriano, "vida" é palavra que deve ser entendida no sentido em que, guardadas as diferenças não essenciais, a *Lebensphilosophie* (filosofia da vida) a chama "*élan* vital", isto é, a vasta e profunda *enteléquia* (*Driesch*), de que depende a existência e o desenvolvimento da estruturação psíquica e fisiológica, primeiro agente na formação do patrimônio genético das gerações; que "liga os indivíduos aos indivíduos, as espécies às espécies, e faz da série inteira dos vivos uma imensa onda a perpassar a matéria". Longe de ser o produto de um arranjo casual de elementos inorgânicos regidos por leis físico-químicas e, portanto, passível de explicação nos moldes das da mecânica física, a vida é, na verdade, um fenômeno fundamental de ordem metafísica (J. v. Uexküll)
[115] SCHELER, M. *Das Ressentiment im Aufbau der Moralen*, p. 127.

uma presença mais intensa de valor vital puro é "preferível" ao que é agradável para aquele de menor intensidade desse valor afeta. Ora, não é fato que a experiência da vida nos mostra, com vasta frequência, indivíduos, cuja vida decai, estimarem como agradáveis coisas e ações que colaboram com facilidade para a continuidade e até para a aceleração dessa decadência? Não diríamos que, nesse caso, acha-se sem dúvida uma perversão da preferência? Portanto, a "justiça", em termos de um critério geral meramente formal, não poderia jamais ser a base da distribuição dos bens agradáveis entre os indivíduos de uma organização social dada, sem depreciar e restringir ao mesmo tempo os valores vitais e os homens que, pela sua ascendência nesse nível axiológico, possuem, fundados na ordem objetiva dos valores, um direito variável a obter esses bens agradáveis ou para obter os bens e as condições que possam se converter em "meio" para o agradável.

O mesmo se verifica para o valor do que é "útil". Também o útil depende do valor vital. Em primeiro lugar, tudo o que é "útil" está para o que é agradável como o meio está para o fim, isto é, o valor do agradável subordina o valor da utilidade: o agradável é o valor fundamental; o útil, o valor consecutivo ou derivado. A utilidade está, por sua vez, subordinada aos valores vitais, na medida em que ninguém diria que o que não pode ser dominado é "útil". É claro que só o que é vivo pode dominar. Posto isto, vê-se com clareza que quando o agrado que se espera desfrutar perde o elo que ele precisa ter com meios governáveis pela vontade (isto é, quando esses méis se desconectam da relação com maior ou menor capacidade de dominá-los para o desfrute), em demanda de um fim vitalmente valioso, a atividade à qual essa expectativa se torna má e exprime uma vida decadente. Diz Scheler: "[...] a vida 'deve' produzir coisas úteis e desfrutar coisas agradáveis somente enquanto ocupa lugar superior na série dos valores vitais e pode dominar livremente as coisas úteis".[116] O valor definitivo das coisas úteis se regula, pois, de acordo com a capacidade de desfrute dos seus possuidores.

> *Se o trabalho que custa a produção dessas coisas diminui a capacidade de desfrute, então não compensa. Pode-se e deve-se subordinar o desfrute do agradável a outros valores superiores: aos valores vitais, aos valores espirituais da cultura e à "santidade". Subordiná-lo ao útil é um absurdo; significa subordinar o fim ao meio.*[117]

No ideal do mundo moderno – mundo projetado segundo a imagem da máquina sem vida –, em consequência do progressivo deslocamento que o desfrute

---
116 *Idem*, p. 128.
117 *Idem*, pp. 128-129.

do agradável sofre sob o jugo de um intemperante fanatismo de trabalho utilitário, esse desfrute termina subordinado ao útil. Aos olhos de Scheler, o motivo velado dessa inversão é o ressentimento contra a superior capacidade de desfrute, contra a arte superior para desfrutar; "é o ódio e a inveja contra a vida mais rica, que engendra sempre uma capacidade de desfrute mais rica".[118] Esse ressentimento (do homem moderno) converte o valor do agradável, do ponto de vista do valor da utilidade, em um "mal". O homem moderno estabelece um mecanismo complicadíssimo para a produção de coisas agradáveis, submetendo-se a um trabalho incessante, sem levar em consideração o desfrute final dessas coisas. Ora, como os grupos mais ricos de vida, que pela sua natural vontade de desfrute não podem concorrer com os que, exatamente pela sua baixa capacidade, entregam-se a um labor produtivo incessante, carecem cada vez mais dos meios que têm que se somar à sua capacidade para chegarem efetivamente a um desfrute real, e a civilização moderna tende a não deixar que ninguém desfrute: nem os de escassa, nem os de vitalidade plena. Os primeiros porque possuem os meios, mas não a capacidade, os segundos porque possuem a capacidade, mas não os meios.

Questões para estudo e discussão:

- Em que medida e sob qual ponto de vista o ideal do contato cognitivo da consciência com a realidade objetiva (sejam quais forem seus âmbitos: Direito, Economia, Filosofia, Ciências Naturais, Ética, Psicologia etc.), está (se é que está) submetido a fatores alógicos e não racionais do ser do homem, como conceberam Scheler e Pascal, com suas *raisons du coeur* (razões do coração)?

- Como entender que os valores, aos quais Max Scheler atribui um sentido essencialmente diferente daquele que possui tudo o que tem "ser" ou existência real, sejam definidos como "fenômenos", isto é, como "objetos" correlatos de atos de percepção?

- De que modo é proposta por Max Scheler a relação original entre os "objetos" que nomeia "valores" e o ser-moral do homem ou a moralidade das suas ações?

---

[118] *Idem*, p. 129.

Capítulo VII – Gilles Deleuze

(Sergio Resende – UFRJ)[119]

Introdução à filosofia de Gilles Deleuze

A unidade do real parece ser a intuição original que lança o espírito do homem na empreitada rumo ao conhecimento. Todo homem de conhecimento, no sentido profundo da expressão, reconhece por trás da multiplicidade dos fenômenos temporais a presença de uma unidade que se insinua através de suas faculdades e que pode ser vislumbrada por um processo metódico ou ascético de iluminação. Ainda que divirjam quanto à natureza dessa unidade, quanto à lógica de sua manifestação e quanto aos processos que atualizam sua presença, Parmênides, Heráclito, Platão, Santo Agostinho, Spinoza, Schelling, Nietzsche – para citar apenas alguns nomes da filosofia ocidental – todos tocaram em algum ponto a unidade transcendente do real e, sob condições mais ou menos inefáveis, se esforçaram para assimilá-la mentalmente e dotá-la de sentido. Assim, acreditamos que um sistema filosófico deve ser observado a partir do ponto em que, nas entrelinhas de seu corpo doutrinal e teórico, vemos se insinuar uma verdade mais ou menos sem forma, que, apesar disso, funciona como motivo do pensamento do filósofo correspondente e como ponto de convergência de todo seu esforço e sensibilidade. De maneira muito geral e de acordo com o atual estágio do nosso trabalho, tentaremos neste capítulo introduzir o *princípio originário* como aparece na filosofia de Gilles Deleuze, assim como apresentar uma breve introdução à sua vida e obra.

---

[119] Mestre e doutorando pela UFRJ e professor do Instituto Federal do Rio de Janeiro, em Pinheiral/RJ.

CAPÍTULO VII ■ GILLES DELEUZE

Vida e obra

Seus contemporâneos afins se remeteram a ele em termos simbolistas, quase místicos: Michel Tournier, "É bem verdade que Gilles Deleuze dava o tom e entretinha nosso ardor. Para quem não conheceu essa fúria de aprofundar, esse demônio do sistema, essa febre mental, esse delírio de absoluto, penso que faltará sempre alguma coisa do lado da compreensão". Alain Badiou:

> *Sim, Deleuze terá sido nosso grande físico, ele terá contemplado para nós o fogo das estrelas, sondando o caos, tomado medida da vida inorgânica, imergido nossas magras trajetórias dentro da imensidade do virtual. Ele terá sido aquele que não suporta a ideia de que "o grande Pã está morto".*

Para Michel Foucault: "Um dia, talvez, o século seja deleuziano". Em muitos sentidos, para o bem ou para o mal, a presença de Gilles Deleuze parece ter produzido efeito apaixonante entre os homens de sua época.

Nascido em Paris, no dia 18 de janeiro de 1925, e morto por suicídio em 1995, Gilles Deleuze foi aluno de importantes pensadores da filosofia francesa contemporânea como Ferdinand Alquié, Georges Canguilhem, Jean Hippolyte e Maurice de Gandillac, além de participar dos debates que fomentavam a filosofia francesa no período pós-guerra, dialogando com Pierre Klossowski, Michel Foucault, Félix Guattari, Pierre Clastres e outros. Lecionou na faculdade de Lyon e na Universidade de Paris VIII. Segundo relatos, suas aulas eram famosas, cheias e ocasião de frequentes manifestações políticas por parte dos alunos. Deleuze dedicou parte de sua obra ao comentário filosófico de alguns pensadores modernos, entre eles Spinoza, Hume, Kant, Nietzsche e Bergson, bem como de artistas cuja vida e obra eram por ele utilizadas como elementos de interseção para sua produção filosófica. Assim foi com Proust, Sacher-Masoch, Lewis Carrol, Antonin Artaud, Francis Bacon, Kafka e outros. Seu pensamento filosófico emerge de forma mais específica em livros como *Diferença e repetição*, *Lógica do sentido*, *O antiédipo*, *Mil platôs* e *O que é a filosofia?* (os três últimos escritos com Félix Guattari). Singular por suas unhas grandes, seu repúdio aos debates e colóquios e seu modo ao mesmo tempo rigoroso e anárquico de fazer filosofia, Deleuze teria descrito da seguinte forma seus sinais particulares: "viaja pouco, nunca aderiu ao Partido Comunista, nunca foi fenomenólogo nem heideggeriano, não renunciou a Marx e não repudiou Maio de 68".[120]

---

120 Alguns dados foram colhidos na obra: GUALAND, A. *Deleuze*. São Paulo: Estação Liberdade, 2003.

Diferença e univocidade do Ser

A filosofia de Gilles Deleuze tem como pressuposto a crítica nietzschiana, da qual parece inseparável. Tal crítica implica na ideia de que a tradição metafísica ocidental tem por fundamento um fator psicológico involuntário antes de uma natural vontade de conhecimento. A metafísica seria efeito de uma espécie de mal-estar existencial, próprio de um tipo humano específico, o homem fraco como reação psicológica inconsciente à fatalidade da experiência existencial. Essa experiência, sendo necessariamente a do *devir* e da impermanência, e sendo necessariamente experimentada pelo homem fraco no sentido depressivo, faz com que a consciência reaja buscando e erguendo uma imagem capaz de assegurar ao sujeito, ainda que ilusoriamente, uma segurança existencial que se daria na forma da estabilidade, da ordem, da verdade, ou seja, da *identidade*. Portanto, de acordo com o diagnóstico nietzschiano, a ideia fundadora da cultura ocidental, consolidada por Sócrates, Platão e Aristóteles, de que o pensamento tem por condição pensar aquilo que nas coisas é o *idêntico* (conceito, forma, lei, essência) seria sintoma de uma natureza (ou de uma cultura) frágil e vil que, na sua carência de virilidade, buscaria na metafísica o conforto mental que salvaria o devir de sua desordem inerente.

Conclui-se daí que o conhecimento metafísico é duvidoso e maléfico, já que, por sua origem afetivo-depressiva, teria instaurado no campo da cultura um processo de crescente depreciação da vida e da experiência real, enfim, da *diferença* – depreciação expressa historicamente no advento do Cristianismo, do Humanismo, do Iluminismo e da Ciência Moderna. Mas, ao mesmo tempo em que estabelece essa crítica, Nietzsche aponta uma direção na qual o conhecimento ainda não estaria tomado pela impotência espiritual do homem vil. Direção que nos leva aos primórdios da filosofia, quando, antes da vontade conceitual estabelecida pela filosofia socrática, os gregos teriam ensinado a altura em que se deve começar a filosofar: "Não só na desgraça, como pensam aqueles que derivam a filosofia do descontentamento. Mas antes na felicidade, na plena maturidade viril, na alegria ardente de uma idade adulta corajosa e vitoriosa".[121] Segundo Nietzsche, a filosofia trágica dos gregos pré-socráticos demonstra que é possível uma relação de conhecimento mais saudável e, por isso, mais verdadeira. É justamente nesse contexto, o de uma aristocracia do pensamento filosófico – que parte da expansão da vontade de viver, e não da justificação retroativa da vida – que a filosofia de Gilles Deleuze se constituirá.

---

121 NIETZSCHE, F. *A filosofia na idade trágica dos gregos*. Lisboa: Edições 70, 1995, p. 18.

CAPÍTULO VII ■ GILLES DELEUZE

Essa, entendida como filosofia trágica, terá como aspecto essencial a subversão da metafísica ocidental, evocando a possibilidade de se pensar o devir em si mesmo, sem remetê-lo a um princípio que teria a forma de identidade extrínseca. Ela traz à tona, então, um novo estatuto do *pensável* e do absoluto, fruto de uma decisão pela diferença em detrimento da identidade.

Em Deleuze, a *arché*, o princípio originário, aparece como elemento diferencial. Sua filosofia é conhecida pelo rótulo de *filosofia da diferença*. Entende-se por diferença a natureza absoluta que os seres possuem de escapar a qualquer estabilização formal, quer dizer, de não aparecerem sempre da *mesma* forma. Essa natureza manifesta a presença do próprio tempo no qual as coisas estão imersas e pelo qual elas passam, mudam, agem e engendram-se, impossibilitando a determinação de um referencial absoluto que não seja seu próprio *furtar-se*. Num sentido clássico essa questão remonta à sabedoria da impermanência e sua observação nos diz, num primeiro momento, que não haveria nos fenômenos algo que poderia ser designado pelos termos substanciais "ser", "coisa" ou "mesmo". Por outro lado, essa impermanência não nos impede de intuir através dela e nela mesma a presença constante de um *movimento*, que por sua própria natureza, não poderia ser diretamente designado. Esse ato de pensamento nos mostraria um princípio concebido não como uma *coisa* ou um *ser,* não como um elemento estável e formado, mas como um *desvio movente*, ou como *aquilo pelo que as coisas se furtam à identidade*. Em alguns pensadores ocidentais, como Heráclito, Spinoza, Nietzsche e Bergson, esse princípio aparece como a própria razão das coisas. Citemos o filósofo Michel Serres, para compreender melhor o que temos dito:

> *Essa ideia vai ao coração da filosofia, até mesmo da metafísica. Se dispuséssemos apenas do princípio de identidade, seríamos mudos, imóveis, passivos, e o mundo não teria existência: nada de novo sob o sol. Que exista algo antes que nada, a isso denominamos princípio de razão. De onde decorre que o mundo está presente, que nele trabalhamos e que falamos. Ora, esse princípio nunca é explicado ou retomado, senão em seus substantivos: a coisa, o ser e coisa alguma, o nada. Ora, ele diz: existir antes que. O que é quase um pleonasmo, pois existir denota estabilidade, mais um desvio da posição fixa. Existir antes que é um desvio do equilíbrio. Existir = antes. E o princípio de razão é, rigorosamente falando, um teorema de estática. Se existem coisas, e se há um mundo, eles são divergentes em relação ao zero. E se há uma razão, é essa proporção inclinada. Se há uma ciência, ela é sua avaliação. Se há um discurso, ele fala da inclinação. Se há uma prática, ela é seu instrumento. Nós não existimos, não falamos e não trabalhamos, razão, ciência e braço, senão no e pelo desvio do equilíbrio. Tudo é desvio do equilíbrio, exceto o nada. Isto é, a identidade.*[122]

---

122 SERRES, M. *O nascimento da física no texto de Lucrécio*. São Paulo: Editora Unesp, 2003, p. 38.

Esse princípio, o *devir*, se deixa extrair da impermanência das coisas por um golpe de pensamento que ao mesmo tempo em que o capta como *aquilo que se furta às coisas*, o concebe como *aquilo que engendra as coisas* e delas mantém seu fluxo. O *devir* é ao mesmo tempo princípio dissolvente das identidades, formas e coisas, e princípio luminoso e genético dos seres, pois é por ele que as identidades, formas e coisas se engendram. Na natureza parece impossível separar a impermanência de outro movimento, o *tornar-se*, que coloca a atividade e a criação no seio da própria impermanência. A rigor, as duas formas são faces mais ou menos perceptíveis de um mesmo princípio que não mostra exatamente seu rosto, ou de uma mesma natureza que tem por paixão esconder-se.[123] Desse ponto de vista ele é eterno, mas na sua capacidade de furtar-se àquilo que cria e de criar aquilo no qual não se deixa ser totalmente apreendido. Sua eternidade estabelece uma *igualdade ontológica* entre os seres, igualdade que não os fundamenta à maneira de um modelo, uma lei ou uma forma, a partir do qual os seres teriam sido criados por semelhança ou por analogia e que, por consequência, os daria uma unidade apenas categorial. *Aquilo* que se manifesta não é apreendido nos mesmos termos em que se apreende o já manifestado, quer dizer, como uma *coisa*, mas como um elemento que, não deixando de ser obscuro e relativamente inefável, está constantemente presente como uma natureza livre que ultrapassa a compreensão racional, mas que se mostra na compreensão intuitiva, como um *fogo vivo* presente a todas as coisas. Daí o aparente paradoxo e as tendências místicas e esotéricas desse tipo de pensamento: tudo difere de si, mas ao mesmo tempo uma mesma música é tocada e um mesmo licor escorre por entre os fenômenos. Essa música é a das esferas, e esse licor é como o *vinho* dos poetas, o fogo misterioso pelo qual tudo se comunica.[124] Nesse sentido, o *devir* é também o fio que percorre as relações e os seres disjuntos que nelas se manifestam. Ele é o *continuum* informal que, através de sua velocidade absoluta, mantém o movimento de geração e corrupção dos seres (*physis*) e traça a teia na qual eles se constituem e consolidam suas relações simultâneas. É esse *continuum*, como uma linha abstrata que tudo liga pelo próprio poder de sua fugacidade, que anuncia a natureza do pensamento, pois ele define *aquilo que só pode ser pensado*, aquele *aliquid* que o pensamento persegue por natureza e que só existe para e pelo pensamento. Se considerarmos os limites da linguagem para pensar esse elemento, podemos, sem problema, chamá-lo

---

[123] HERÁCLITO. *Fragmentos*. Rio de Janeiro: Tempo Brasileiro, 1980, p. 137, frg. 123.
[124] *Ibid*, p. 93, frg. 66.

de *ser*.[125] O princípio se apresentaria, então, não como identidade do ser, mas como *univocidade do ser*:

> *A univocidade do ser não quer dizer que haja um único e mesmo ser: ao contrário, os entes são múltiplos e diferentes, sempre produzidos por uma síntese disjuntiva, eles próprios disjuntos e divergentes, membra disjunta. A univocidade do ser significa que o ser é Voz, que ele se diz e se diz em um só e mesmo "sentido" de tudo de que ele se diz. Aquilo do qual ele se diz não é, absolutamente, o mesmo. Mas ele é o mesmo para tudo aquilo do qual ele se diz.*[126]

A univocidade do ser é a igualdade ontológica que força o pensamento a apreender essa *mesma música* que não se reduz aos músicos, aos instrumentos, às notas ou às palavras, mas que as atravessa como linha abstrata. Ela é a *paixão* do pensamento, isto é, aquilo que o afeta de dentro e o realiza como tal. Heráclito disse: "Pensar reúne tudo". Nessa perspectiva, se o *ser* é Voz, quer dizer, Pensamento, é justamente porque ele é *devir*, já que é a *instabilidade ontológica que fornece o impulso ou a matéria para que o pensamento pense e dote as coisas de sentido*. É no e pelo pensamento que o *devir* se mostra como *ser* e unifica tudo na unidade diferencial da *ideia*. Esse movimento de curto-circuito entre ontológico e o inteligível, entre o *ser* e o *pensar*, essa unidade ser-pensar, é a instância móvel, sempre deslocada, aquilo da coisa que o pensamento persegue, a parte do real "que é preciso chamar de inefetuável" e que, "precisamente porque é pensamento, não pode ser realizado a não ser por ele e não se realiza senão nele".[127] Assim, o *devir*, em sua continuidade, é imanente às coisas que ele produz e ao pensamento por ele posto em ação. Ele é a própria superfície em que as duas séries se comunicam, a síntese disjuntiva entre coisa e ideia que, como tal, não pode ser designada. Pois, se o *ser* é aquilo que se diz, não é na forma da designação, mas na forma do que é expresso nas entrelinhas do enunciado e que não pode ser captado senão por um *movimento de velocidade infinita do pensamento*, que, como um raio, percorre e ilumina tudo de uma só vez. Com efeito, dirá Deleuze desta unidade: é mais fácil dizer o que ela não é do que o que ela é.[128]

---

125 O pensamento de Deleuze, na medida em que quer fazer ver um princípio que transcende as formas binárias da linguagem, pode se valer de termos aparentemente opostos para expressar um mesmo sentido. É assim que ora ele nega o nome Ser em proveito do Devir, ora o assume, mas num sentido diferente daquele assumido pela tradição. O mesmo também pode ser encontrado com relação aos termos transcendência e consciência.
126 Deleuze em *Lógica do sentido*, apud BADIOU, A. *Deleuze, o clamor do ser*. Rio de Janeiro: Jorge Zahar, 1997, p. 139.
127 DELEUZE, G. *Lógica do sentido*. São Paulo: Perspectiva, 1982, p. 228.
128 O grande livro sobre o aspecto esotérico e obscuro do elemento primordial é *Lógica do sentido*.

De maneira geral, extrairemos de uma filosofia da diferença três movimentos: *em primeiro lugar*, a constatação da impermanência como condição temporal dos seres; *em segundo*, a extração, no seio da impermanência, de um princípio originário *não substancial*, dissolvente e agente dos seres, concebido como princípio de razão diferencial; *em terceiro lugar*, a intuição da univocidade do ser como unidade íntima entre *Ser* e *Pensamento*, já que a instabilidade ontológica é a parte inefetuável do real – aquela que se mantém livre da distribuição fixa dos entes – e já que essa liberdade é a paixão própria do pensamento. Assim, "a univocidade eleva, extrai o ser para melhor distingui-lo daquilo a que ele acontece e aquilo do qual ele se diz. Ela o arranca aos entes para o trazer novamente a eles em uma vez, projetá-los sobre eles por todas as vezes".[129] Fica patente então que o Ser é o elemento aleatório e misterioso que, não podendo ser apreendido na forma de coisa ou identidade, impulsiona o movimento criativo do pensamento que o tornará visível na forma intuitiva da diferença: "O Ser se diz em um só e mesmo sentido de tudo aquilo do qual ele se diz, mas aquilo do qual ele se diz difere: ele se diz da própria diferença".[130] Toda aparente dificuldade reside então na falta de solidez deste *Ser* que não se deixa apreender senão como elemento diferencial: "Não temos dificuldade em compreender que o Ser, se é absolutamente comum, não é por isso um gênero".

Princípio vital e distribuição nômade

Que o Ser seja um gênero é a proposição fundadora da metafísica ocidental, de acordo com a crítica de Nietzsche e Deleuze. A generalidade, nesse sentido, é definida por um princípio extrínseco ao qual a matéria rebelde do devir viria a se conformar na sua impossibilidade ontológica de se auto-organizar. Como diria Deleuze, ela é o *Juízo de Deus* e, desde que a tomemos como princípio, deduziremos uma distribuição no modelo do *julgamento* ou da *analogia*, na qual os entes são organizados segundo uma partilha fixa e remetidos constantemente ao princípio como juiz de seus acidentes. Mas, desde que não tenhamos dificuldade em pensar o Ser nos termos em que Deleuze propõe, trocando a analogia pela univocidade e a metafísica pela ontologia, o princípio deixa de ser generalidade e se torna, em última instância, *princípio vital*. A *vida* é a forma nietzschiana e bergsoniana

---

[129] DELEUZE, em *Lógica do sentido*, *apud* Badiou, DELEUZE, A. O clamor do ser. Rio de Janeiro: Jorge Zahar Ed., 1997, p. 140.
[130] DELEUZE em *Diferença e repetição*, *apud* Badiou, A, *ibid.*, p. 126.

da diferença. Ela é o próprio nome do Ser.[131] Isso equivaleria dizer que o Ser, em vez de um universal categórico, é antes *potência*, e potência criativa, *autopoiética*, pois ele é como a tensão primordial que faz ressoar a diferença na distribuição das coisas. A ressonância da diferença, ao contrário da captura e da limitação operada pela identidade no modelo do julgamento, faz com que os entes se repartam por *diferenciação*, num espaço aberto e infinito, sem que tenham de observar os limites fixos estabelecidos pela presença do princípio extrínseco. Pelo contrário:

> *Não é o ser que se partilha segundo as exigências da representação, mas todas as coisas que se repartem nele e na univocidade da simples presença (Uno-Todo). Uma tal distribuição é demoníaca, e não divina; pois a particularidade dos demônios é operar nos intervalos entre os campos de ação dos deuses, como saltar por cima das barreiras ou dos cercados, confundindo as propriedades.*[132]

Se a imagem do demônio é invocada é porque a escolha é também entre *forma* e *intensidade*. Na linguagem nietzschiana considera-se o par demônio-intensidade como maneira de subverter o par Deus-Forma. Essa subversão troca o campo compartimentado do pensamento tradicional por um campo intensivo e aberto onde o Ser pode se distribuir como *fluxo de intensidade*, o que possibilita tanto o movimento infinito que compreende os seres disjuntos numa igualdade do Ser, como sua manifestação expansiva e rizomática por processos de *paradas* e *cortes* de fluxo (diferenciação). A intensidade, sendo sempre *diferença de intensidade*, traça o *continuum* no qual "o ser igual está imediatamente presente a todas as coisas, sem intermediário nem mediação, embora as coisas se mantenham desigualmente nesse ser igual".[133] Os seres serão considerados então pela dinâmica de sua potência, por aquilo que escapa ao *juízo de Deus*, pela sua diferença intrínseca e pelo modo como ela efetua sua ligação com o Todo.

Essa forma é nomeada por Deleuze de *distribuição nômade*, e se contrapõe à *distribuição sedentária* do modelo metafísico. São, portanto, duas formas de se julgar os seres: a partir de sua proximidade com relação aos modelos e as categorias, ou seja, do princípio extrínseco; ou a partir do desenrolar de sua potência no grande circuito que o liga ao Todo imanente, quer dizer, a partir de sua parte na distensão da Vida, que é ao mesmo tempo sua ação na Substância e a ação da

---

131 BADIOU, A. em *A vida como nome do Ser*, apud ALLIEZ, E. (org.) *A assinatura do mundo*. Rio de Janeiro: Editora 34, 1994.
132 Deleuze em *Diferença e repetição*, apud BADIOU, A. *Deleuze, o clamor do Ser*. Rio de Janeiro: Jorge Zahar, 1997, p. 128.
133 *Ibid.*, p. 129.

Substância na imanência do fenômeno. Mas esse *continuum* intensivo traçado pela distribuição nômade é a morada de um duplo movimento. O que eleva um ente à presença do Ser não é sua manutenção na lei ou na ordem, mas a *hybris*, o coeficiente de desmedida das coisas, o plano imanente que as desfaz e, em vez de aproximá-las do Ser, as *conduz* até ele por prolongamento de suas linhas intensivas no *continuum* absoluto do qual elas são inseparáveis. Mas, ao mesmo tempo, o que conduz a descida do Ser até sua manifestação fenomênica, não é a formalização por semelhança do tipo platônica ou a realização de uma possibilidade do tipo aristotélica, e sim o desenrolar de um processo intensivo no qual as coisas e os organismos são autoproduzidos por diferenciação (criação) e onde cada coisa ou organismo retoma os circuitos do Todo num processo de *atualização*. Enfim, a Vida como nome do Ser é o próprio movimento infinito de síntese disjuntiva, "a mais alta afirmação" que retorna a cada vez para fazer ressoar a totalidade do Ser no processo criativo dos entes: "a eternidade móvel na qual se enlaçam dois tempos que divergem". Um tempo definindo a ascese o outro a imaculada concepção das coisas: "O Ser unívoco é ao mesmo tempo distribuição nômade e anarquia coroada", *autopoiesis* ou caosmose:[134]

> *Sobre as ripas da ponte, sobre os adros do barco, sobre o mar, com o percurso do sol no céu e com o barco, se esboça, se esboça e se destrói, com a mesma lentidão, uma escritura, ilegível e dilacerante de sombras, de arestas, de trações de luz entrecortada e refratada nos ângulos, nos triângulos de uma geometria fugaz que se escoa ao sabor da sombra das vagas do mar. Para, em seguida, mais uma vez, incansavelmente, continuar a existir.*[135]

Sob esses aspectos, a filosofia de Deleuze constitui um vitalismo. Mas seu vitalismo se esforça para que a vida seja compreendida na sua impessoalidade, da mesma forma que sujeito e objeto deverão ser tomados como efeitos empíricos dessa força agente. O trajeto percorrido por essa força deve marcar ao mesmo tempo um movimento de diferenciação, no qual a força produz os entes por ramificação, e um movimento de unificação que se dá por ressonância dos entes na unidade do Todo. Mas uma das condições da filosofia de Deleuze é que o Todo, ainda que não condicionado, não seja absolutamente indiferenciado, como o nada. É necessário que ele seja determinado – ainda que de forma obscura – e que seja compreendido não como uma totalidade universalizante, mas como o turbilhão que define o espaço intensivo virtual colocado em jogo pela instância

---

[134] *Ibid.*
[135] Maguerite Duras em *L'amant de La Chine Du Nord, apud* GUATTARI, F. *Caosmose*. Rio de Janeiro: Editora 34, 1993.

móvel que o atualiza. A substancialidade do Todo é a de um turbilhão, por isso a escolha é pelo trágico como síntese de Apolo e Dionísio. É, portanto, numa intuição absoluta que o pensamento capta o Todo e a vida que o constitui: "Um movimento é absoluto quando, sejam quais forem sua quantidade e velocidade, relaciona 'um' corpo considerado múltiplo a um espaço liso que ocupa de maneira turbilhonar".[136]

Assim, chega-se ao conceito intermediário de *atualização*, pois se "tudo se passa como se a vida se confundisse com o próprio movimento da diferenciação em séries ramificadas", é porque a atualização "supõe uma unidade, uma totalidade primordial virtual, que se dissocia segundo linhas de diferenciação, mas que, em cada linha, dá ainda testemunho de sua unidade e totalidade subsistentes".[137] Portanto, é na relação recíproca entre o Todo e a coisa que devemos nos concentrar para entender como Deleuze entende o processo de individuação e manifestação dos seres. Tal projeto invoca o conceito de multiplicidade, instância que marcará a copertença dos seres às duas dimensões da realidade, atual e virtual.

As duas metades da coisa

Ao subverter o platonismo e assumir como objeto do pensamento a diferença em vez da identidade, Deleuze acaba por tratar a filosofia como teoria das multiplicidades e não como sabedoria dos princípios, no sentido metafísico tradicional. Cada objeto ou coisa, material ou não, deve não só ser experimentado como uma multiplicidade, mas pensado como tal.[138] É, portanto, o estatuto das multiplicidades o centro de gravidade em torno do qual gira a filosofia de Gilles Deleuze:

> *Toda multiplicidade implica elementos atuais e elementos virtuais. Não há objeto puramente atual. Todo atual se envolve de uma névoa de imagens virtuais. Tal névoa se eleva de circuitos coexistentes mais ou menos extensos, sobre os quais as imagens virtuais se distribuem e correm.*[139]

A coisa, portanto, não se apresentaria como absolutamente destacada do fundo do qual emerge, como nos parece no senso comum ou no dito realismo

---

[136] DELEUZE, G. *Mil platôs* (vol. 5). São Paulo: Editora 34, 1997 p. 226.
[137] DELEUZE, G. *Bergsonismo*. São Paulo: Editora 34, 1999, p. 76.
[138] "A multiplicidade não deve designar uma combinação de múltiplo e de uno, mas, ao contrário, uma organização própria do múltiplo como tal, que de modo algum tem necessidade da unidade para formar um sistema". DELEUZE, G. *Diferença e repetição*. Rio de Janeiro: Graal, 2006, p. 260.
[139] DELEUZE, G; PARNET, C. *Diálogos*. São Paulo: Editora Escuta, 1998, p. 173.

ingênuo, mas como estrutura complexa, de duas metades, ao mesmo tempo substancializada em uma forma atual, e religada intensivamente ao Todo por meio de seus circuitos virtuais pensáveis.

O que define a metade atual da coisa é o presente, o dado empírico. É atual aquilo que nos aparece na forma de um presente que diz respeito, primeiramente, à manifestação sensível da coisa, e, num sentido menos evidente, às dimensões representativas do pensamento (sujeito, objeto, universais etc.). A metade atual da multiplicidade aparece então como sua parte extensiva e implica sua divisão em partes exteriores qualificadas, definindo seu aspecto substancial, grosseiro, sua dimensão *molar*. Por outro lado, considera-se virtual a metade da coisa que se divide interiormente em dimensões implicadas umas nas outras, dimensões intensivas que se desdobram num *continuum intensivo* que religa o objeto ao Todo. Aqui o tempo da coisa já não é mais o presente, *Cronos*, mas uma espécie de eternidade, *Aion*, o tempo *não linear* que marca no dado a presença latente do passado que nele insiste, assim como a abertura para o porvir que o faz correr para possibilidades futuras. É, então, pela virtualização da coisa que ascendemos à sua dimensão *molecular*, quer dizer, *não substancial* e informal, que a religa ao Todo, abrindo sua presença empírica para um universo transcendental. Dessa maneira o presente nada mais é do que a parte mais contraída do Todo, e o passado-futuro, a ramificação da coisa desenvolvida nos circuitos intensivos que a religam à totalidade. Atual e virtual definem, portanto, a estrutura completa de qualquer multiplicidade, englobando tanto sua dimensão substancial e sensível quanto sua dimensão intensiva e pensável. Lancemos mão de um exemplo.

Na perspectiva de Deleuze, ao percebermos uma coisa qualquer, uma pessoa por exemplo, estaremos nos colocando em face de uma entidade complexa de duas metades. A metade mais evidente é aquela que nos chega diretamente pelo universo sensível e que pode facilmente ser designada pelos elementos representativos da linguagem: temos assim um corpo, com qualidades e traços sensíveis presentes, assim como uma alma individual definida pela identidade encarnada no momento, por exemplo, um homem adulto, alto e racional. Temos, então, um sujeito dotado de qualidades que lhe são atribuídas como suas propriedades, um homem que pode ser facilmente representado por sua carteira de identidade ou facilmente apontado na rua como um sujeito responsável. Porém, caso consideremos essa pessoa do ponto de vista de alguém que por ela está apaixonada, podemos constatar que nesse caso já não lidamos com a dimensão atual da pessoa, pois não é ao sujeito dotado de qualidades que o amante se refere como o amado. Ele se refere ao campo intensivo de onde o sujeito emerge como efeito ou fruto das linhas de forças complexas que definem sua dimensão virtual:

> *Teus olhos amarelos/ritmados numa ferida distante/de AMOR/A Rosa Azul & vazia como uma gaveta de hotel/Diga-me langorosamente os pequenos mamelucos/ tremem em tentáculos eletrificados/eu provo tua boca/as folhas se desorganizam/em tapeçarias outonais/& nas curvas de teus RINS/fotografando em cores (em supremo grau como/o fogo da floresta)/uma cidade sagrada tão/AZUL.*[140]

A pessoa aparece não como um sujeito formado, mas como um complexo de linhas, de forças e afetos, o que para Deleuze representa um tipo de individuação que não procede mais por forma e sujeito, mas por consolidação de elementos virtuais num campo de intensidade consistente. Nessa individuação intensiva a "coisa" circula com a velocidade do pensamento, se deslocando a cada vez e se desdobrando em seus elementos mais ou menos virtuais num plano intensivo. Para marcar sua anterioridade com relação às formas empíricas do sujeito e do objeto, Deleuze dirá que essa individuação é impessoal: "Uma corrente de ar, um vento, um dia, uma hora do dia, um riacho, um lugar, uma batalha, uma doença tem uma individualidade não pessoal".[141] Nesse caso a coisa é definida por uma instância móvel que percorre vários elementos disjuntos e garante, com a velocidade própria de seu movimento, uma *consistência* individual que não é exatamente a de uma forma. Isso implica o fato de a coisa só se definir pelas relações em que entra, ou seja, pelo seu devir. E se a coisa escapa por todos os lados fazendo de sua própria substancialidade um elemento diferencial é porque ela é dissolvida e puxada pelos dois aspectos do tempo virtual (*Aion*), passado e futuro, de modo que jamais teremos dela uma visualização sólida e estável, mas apenas um vislumbre, uma *visão* intuitiva que a ergue em pensamento como "uma escritura, ilegível e dilacerante de sombras". Com efeito, jamais sabemos onde está exatamente um pôr do sol, uma corrente de ar ou uma batalha. É assim que ao falarmos de uma pessoa podemos defini-la de duas maneiras, ora a designando como um sujeito dotado de qualidades e propriedades atuais, ora erguendo-a em intuição como um *sujeito larvar*, quer dizer, um sujeito intensivo que ainda não se encontra absolutamente formado, mas que, justamente, se define pelo processo em que emerge do campo afetivo impessoal que é como sua paisagem, ou seu *agenciamento*. No último caso definimos uma pessoa não como um sujeito, mas como um acontecimento: "Rainha Vitória.../a virgem delgada e desagradável com a qual qualquer um se deitaria/a imagem lívida flutuando entre barbas germânicas/a governanta má de imensos mapas róseos/a solitária enlutada por um príncipe".[142]

---

140 PIVA, R. *Piazza* XII em *Um estrangeiro na legião*. São Paulo: Globo, 2005, p. 126.
141 DELEUZ, G.; GUATTAR, F. *Conversações*. Rio de Janeiro: Editora 34, 1992, p. 176.
142 COHE, L. *A rainha Vitória e eu, atrás das linhas inimigas de meu amor*. Rio de Janeiro: 7Letras, 2007, p. 93.

O signo poético, com efeito, possui a propriedade de tratar a coisa em sua dimensão virtual, pois ele "desdobra todas as possibilidades ou potências de ser que, reunidos em sua unidade original, constituem 'a coisa' ".[143] Mas tal propriedade deve ser antes atribuída à potência do próprio pensamento, que racha a substancialidade da coisa e a abre para seu universo imaterial extraindo de sua dimensão extensiva os graus intensivos que a agitam por dentro. Essa abertura implica, portanto, que o virtual deverá ser expresso não mais pelas dimensões representativas da linguagem, mas pelo encadeamento indireto do discurso que mostrará a coisa em seu movimento de retraimento e devir cujo aparecimento só pode ser captado pela velocidade da intuição própria ao pensamento. É assim que no romance moderno, segundo Deleuze, encontramos mais perfeitamente o mapa de um devir, nele os personagens só se constituem pelas relações em que entram e pelas passagens de acontecimentos que os engendram. De um lado temos então o ser se mostrando na coisa formada e empírica, e de outro, o ser se mostrando no fundo intensivo que o pensamento descobre quando racha a coisa e a desdobra idealmente através de um discurso indireto que ultrapassa as possibilidades representativas da proposição. É assim que o pensamento faz advir o mundo não como um fundo organizado de onde os seres surgiriam por semelhança ou realização de possibilidade, mas como um sem-fundo de onde uma mesma potência engendraria a totalidade de sua manifestação por ligações intensivas que se efetuam ao mesmo tempo nas coisas e no pensamento.

Tratemos de um segundo exemplo. Se pensarmos não em uma pessoa, mas em uma batalha, podemos entender mais claramente que esse objeto é uma entidade mais ou menos empírica, mas que não se deixa esgotar na dimensão corporal. A batalha como entidade pensável é uma multiplicidade que deixa bem evidente suas duas dimensões, a virtual e a atual. Se perguntarmos onde está a batalha vemos de imediato que ela não é designável em sua unidade. De certa forma vemos que ela está nos corpos e nas ações dos sujeitos que dela participam diretamente, nos golpes e nas feridas dos combatentes. Mas "diretamente" aqui diz respeito a um limiar de percepção que define apenas o tempo mais ou menos presente apreendido pela consciência, e não a unidade da batalha. Acontece que, desde que o pensamento se põe a rachar a coisa e desvendar o seu mapa intensivo, quer dizer, o jogo de forças da qual ela emerge, já não podemos mais localizar o evento batalha. Justamente porque a batalha se abriu para sua dimensão intensiva (passado-futuro, *Aion*) suas determinações já não são mais da alçada da forma, dos corpos ou dos sujeitos. Deleuze dirá que a batalha toma a forma do

---

143 DELEUZE, G. *Crítica e clínica*. São Paulo: Editora 34, 1997, p. 110.

acontecimento, essa entidade múltipla que não se efetua totalmente nos corpos, mas guarda uma parte ideal, ao mesmo tempo passado e futuro, já que se abre para um tempo que não deixa o presente existir senão como o próprio furtar-se em "já-passado e ainda-por-vir".

Com efeito, se perguntarmos onde está a batalha podemos apontar os corpos caso estejamos diante do confronto, mas caso não estejamos lá, a batalha já não é algo apontável, mas uma estranha entidade ideal que repercute sua existência se efetuando infinitamente nos elementos que entram em seu circuito. A batalha não está menos nos corpos dos combatentes que nos corpos de suas esposas, no semblante de seus filhos, se efetuando sob modalidades físicas, psicológicas, geográficas, culturais e econômicas diversas. Ela se prolonga na crise econômica, no pavor popular, nos gestos espontâneos do desempregado que acende seu cigarro. Ela entra na história como um acontecimento, uma multiplicidade cuja efetuação não esgota seu ser, pois se encontra aberta, com suas pontas a espera de novos agenciamentos que a arrastarão para outros lugares e a atualizarão sob outros elementos concretos. Tal consideração ultrapassa a linearidade histórica, pois a lógica da ligação entre os acontecimentos interiores ao acontecimento não é a lógica causal. Os acontecimentos não se comunicam por vias causais, mas por ressonâncias ideais, "ecos", vias virtuais que conduzem um ao outro através das relações abertas e conjugadas pelos signos. Os signos e os processos por eles desencadeados colocam em movimento os elementos heterogêneos da batalha (físicos, psicológicos, cósmicos). Eles são prolongados até que a batalha mesma se confunda com toda a história ou com toda a vida, ao mesmo tempo em que toda a história e toda a vida se encontrem implicadas ali, na batalha:

> *E o que faz um destino ao nível dos acontecimentos, o que faz com que um acontecimento repita outro apesar de toda sua diferença, o que faz com que uma vida seja composta de um só e mesmo Acontecimento, apesar de toda a variedade daquilo que lhe ocorre, que seja atravessada por uma só e mesma fissura, que toque uma só e mesma melodia em todos os tons possíveis com todas as palavras possíveis, não são relações de causa e efeito, mas um conjunto de correspondências não causais, formando um sistema de ecos, de retomadas e de ressonâncias, um sistema de signos, em suma, uma quase-causalidade expressiva, não uma causalidade necessitante.*[144]

---

144 DELEUZE, G. *Lógica do sentido.* São Paulo: Perspectiva, 1982, p. 176.

O estatuto do limiar

Um acontecimento, uma multiplicidade, é, portanto, uma entidade complexa que conjuga elementos heterogêneos sem submetê-los a uma identidade formal. Isso implica que sua ordem seja móvel e seu centro não localizável, definido por uma composição de signos que abrem e fecham os acontecimentos de acordo com sua natureza. Os signos (a visão, a audição, os gestos, a linguagem) conjugam as coisas e os acontecimentos, pois são definidos por um processo de focalização da percepção, cujo movimento determinará a atualidade e a zona de virtualidade do acontecimento, assim como sua ascese e encarnação. O que define o foco momentâneo do acontecimento é sempre um limiar de percepção que o atualiza em elementos empíricos presentes. Mas desde que ultrapassamos esse limiar, elevando o uso de nossas faculdades e criando com prudência as condições de nossas experiências, o foco se racha e as pontas do acontecimento tendem a se ramificar em circuitos cada vez mais virtuais. O limiar perceptivo é ultrapassado, o presente deslocado, e a coisa dissolvida na totalidade dos elementos que formam sua *zona de vizinhança*. Nesse sentido não há substancialidade senão aquela definida por um limiar perceptivo. O fundamento mesmo sendo o sem-fundo dentro do qual as coisas retomam seu trajeto intensivo infinito. E como Deleuze define este processo? Citemos o filósofo a respeito dos elementos virtuais: "Eles são ditos virtuais quando sua emissão e absorção, sua criação e destruição são feitas em um tempo menor do que o mínimo de tempo contínuo pensável, e que tal brevidade os mantém desde então sob um princípio de incerteza ou de indeterminação".[145]

O mínimo de tempo contínuo pensável é o que define o limiar próprio do foco da consciência que sintetiza todo o *continuum* em uma imagem atual pensável e o põe como objeto e forma. Mas o limiar não constitui apenas o movimento do pensamento, e sim de todo aparato sensível e consciente, de modo que toda percepção atual se define por uma contração do tempo (*Aion*) em um presente consciente que o expressa (*Cronos*) – como quando percebemos uma série de vibrações sonoras como um som contínuo, ou uma série de vibrações visuais como uma cor sólida. Como a substancialidade da coisa percebida é remetida a um limiar, a realidade da coisa e da percepção não deve limitar-se à esfera consciente. Ela se encontra estendida por todo o campo inconsciente que ultrapassa os limiares, e que deve ser levado em conta como a latência da coisa, sua essência diferencial, sua dramaticidade dionisíaca. É assim que podemos compreender o virtual

---
[145] *Diálogos*. São Paulo: Editora Escuta, 1998, p. 173. *Idem.*

CAPÍTULO VII ■ GILLES DELEUZE

como "a insistência do que não é dado". Essa inconsciência é todo o campo da coisa que se encontra fora de foco no ato de consciência empírica: as nuances que constituem o vermelho que vejo, os ruídos que constituem o som que ouço ou os elementos ideais que constituem o objeto que percebo. Do molar ao molecular há mudança de limiar de consciência ou de percepção. O pensamento intuitivo já representa um salto com relação ao limiar molar definido pela percepção ordinária dos objetos e pelas categorias da consciência representativa, daí a distinção feita por Deleuze entre um uso empírico e um transcendental das faculdades. O pensamento, para Deleuze, é como a ação pela qual a consciência ultrapassa suas possibilidades de reconhecimento e faz de si um uso transcendental, de potência máxima, que penetra nas coisas as abrindo ao modo de um mapa. Sua paixão, quer dizer, aquilo para que ele surge, é a multiplicidade na sua dimensão virtual.

Enfim, se a atualização da coisa, seu processo de manifestação sensível possui um sujeito, ele é a impessoalidade virtual. O atual em face do virtual é como um resto, um produto ou um complemento. A manifestação grosseira é como uma casca que esconde uma estrutura profunda definida por forças em ação. Cada limiar de força define uma singularidade, que mede a passagem gradativa do virtual para o atual, do *não manifestado* para o manifestado. O objeto formado é o próprio atual, que não dura senão o tempo necessário para que a atualização dê conta das relações diferencias cuja dinâmica ela expressa. Esse processo força uma ultrapassagem de limiar na qual se funda o mundo sensível e representativo da consciência, da mesma forma que o processo contrário, o de virtualização da coisa pelo pensamento ou pela experiência, funda o plano das possibilidades transcendentais de percepção e consciência: "O atual cai para fora do plano como fruta, enquanto a atualização o relaciona ao plano como ao que reconverte o objeto em sujeito".[146]

Bem entendido: de um lado sujeito impessoal inconsciente, Todo-Virtual, Agente, Natureza Naturante, Dionísio, e, de outro, objeto individual reconhecível, atual, Natureza Naturada, Apolo. Esses dois lados, as duas metades da coisa vistas sob ângulos diversos, saltam de forma espetacular na obra de Deleuze. Porém, ao mesmo tempo ela não nos deixa esquecer que o essencial não é captado nos extremos, pois *a operação ontológica se dá pelo meio*. Esse pequeno enunciado esotérico é uma das intuições profundas de Deleuze que define bem o grau de compreensão que se pode ter de sua filosofia. Ora, se essas duas metades se distinguem e aparecem através dos limiares determinados pela consciência, é no estatuto do limiar que está a unidade do real pensada por Deleuze. É ele o movimento último de uma

---

[146] *Ibid.*, p. 175.

multiplicidade e do próprio pensamento. O limiar é ao mesmo tempo o que separa e o que une. Ele ultrapassa a lógica binária da racionalidade e por isso só aparece *pelo meio*, quer dizer, se furtando às demarcações que estabelecemos no discurso direto, e com certo grau de indeterminação. Sua visualização, portanto, se dá apenas pelo drama criado por um discurso indireto que o faz aparecer, utilizando o exemplo de Deleuze, "como o sorriso do gato de Alice". Mas em última instância é o limiar que aparece como o elemento último pensável, a *arché*. A teoria das multiplicidades reconhece por elemento último essa estranha forma que, por sua informalidade, só pode ser visualizada de maneira negativa, ou melhor, de forma criativa, pois é a criação o que a faz aparecer como a vida inorgânica que tudo articula. Como colocou Alain Badiou: "Que o ser não tenha nenhuma propriedade, é uma velha tese. Mas a renovação dessa tese por Deleuze é que o ser é a neutralização ativa das propriedades pela virtualização inseparada de sua separação atual".

Enfim, o limiar é o Grande Pã, que nos momentos mais intuitivos da obra de Deleuze aparece sob nomes que marcam a indiscernibilidade final entre atual e virtual: "instante diabólico", "precursor sombrio", "o monstro de todos os sistemas". Pois em última instância "o atual e o virtual coexistem, e entram em um estreito circuito que nos conduz, constantemente, de um a outro".[147] Para entender o ponto de vista de Deleuze, perguntemos com profundidade: onde está a batalha? Ou ainda, onde está a vida? Veremos por um instante que as coisas fogem e que, justamente por sua fuga, a vastidão do mundo se manifesta. "A disparidade, isto é, a diferença ou a intensidade (diferença de intensidade) é a razão suficiente do fenômeno, a condição daquilo que aparece".[148] Num estranho comentário sobre a letra Z, em uma filmagem feita no final de sua vida, Deleuze diz que a origem do Universo não está no Big Bang, mas no Z, no movimento do raio, na força oculta que relaciona potências disjuntas, iluminando-as. Ou, como expresso na intuição mística de Heráclito: "O fogo, sobrevindo, há de distinguir e reunir todas as coisas".

Questões para estudo e discussão:

- Em que sentido a filosofia de Gilles Deleuze pode ser classificada como vitalista?

- Explique o fundamento ontológico dessa filosofia.

- A partir da perspectiva deleuziana, explique como se dá a manifestação da natureza e a atividade pensante do homem.

---

147 *Ibid.*, p. 179.
148 DELEUZE, G. *Diferença e repetição*. Rio de Janeiro: Graal, 2006.

Capítulo VIII – Cornelio Fabro

(José Vidal de Amorim – PUG)[149]

Vida e obras

Após o sistema hegeliano, a reflexão filosófica parece ter mergulhado num vazio.[150] É como se a razão tivesse esgotado, tendo dado tudo aquilo que poderia oferecer; ou ainda, de uma forma pessimista, é como se a razão tivesse enlouquecido. O fato é que uma reação no século XX permitirá uma retomada de dois endereços muito significativos: racionalismo e empirismo. Contudo, nem razão nem experiência isoladas, mas seus possíveis desenvolvimentos através dos pensamentos de Kant e Hegel. Em suma, tudo indica tratar-se de um neokantismo e um neo-hegelianismo. É como se não pudesse mais fazer filosofia sem considerar esses dois gigantes do pensamento.

O que pouco se percebeu a partir do renascimento foi aquilo que teria sido a contribuição de Tomás de Aquino. Por séculos afora, a doutrina do Doutor Angélico foi preterida pela consolidação da chamada nova ciência e seu desenvolvimento nos endereços do empirismo e do racionalismo. Essas correntes colocaram as bases para a filosofia que se desenvolveu centrada na razão. O surgimento desse endereço filosófico foi como reacender a luz da razão que adquiriu sua máxima luminosidade na filosofia de Hegel. Paralelamente ao surgimento

---

[149] Professor doutor em Filosofia pela Pontifícia Universidade Gregoriana (PUG – Roma), e professor do Instituto Diocesano de Teologia de Volta Redonda.

[150] Um grande escritor espanhol do século XX assim descreveu este período: "*Desde 1840 a 1900 puede dicirse que ha atravesado la humanidad una de sus temporadas menos favorables a la filosofía. Ha sido una edad antifilosófica. Si la filosofía fuese algo de que radicalmente cupiese prescindir, no es dudoso que durante esos años habría desaparecido por completo*" (ORTEGA y GASSET, J. ¿*Qué és filosofía?* Curso realizado na Universidade de Madrid no ano de 1929, em: *Obras completas, Revista de Occidente*, vol. VII, Madrid, 1969,3ª edição, p. 286). Depois disso, veio o século XX, e pode ser verificado como violento pelas guerras e regimes totalitários, mas também por uma não filosofia como detectou Merleu-Ponty em: *O visível e o invisível*, São Paulo 2009, p. 163 (nota de trabalho de janeiro de 1959).

desse endereço filosófico, surgiu também o tomismo, sobretudo com os seguintes pensadores: Caetano (1468-1534), Suarez (1548-1617) e João de São Tomás (1589-1644). Talvez o brilho intenso da razão a partir de Descartes tenha relegado a um segundo plano o movimento tomista, silenciando-o nos séculos posteriores. O tomismo reaparecerá somente no século XIX.

É nesse contexto que surge no século XX Cornelio Fabro (1911-1995), autor italiano de Udine, nasce precisamente na pequena cidade de Flumignano, em 24 de agosto. Formado em ambiente neoescolástico, ele, já no início de seu filosofar, deixa transparecer sua postura filosófica, a qual, a partir do pensamento cartesiano e de seus desdobramentos, busca atualizar o pensamento de Tomás de Aquino. Essa atualização se deve, essencialmente, à chamada crise da metafísica, à falta de fundamento. A metafísica se encontrava numa situação de complexidade e periculosidade nas sendas absolutizantes do idealismo. Uma postura contrária, entre outras, era o existencialismo e, nele, o ateísmo como possibilidade.

Sem sombra de dúvida, é notável a influência que o nosso autor recebe de Martin Heidegger. Mais precisamente, o fato de o filósofo alemão ter acusado a filosofia de esquecer seu objeto fundamental, o ser. Esse objeto fundamental que teria sido brilhantemente apresentado pelos pré-socráticos, em especial Heráclito.[151] Através de Heidegger, Cornelio Fabro reconhece a decadência da tradição escolástica. Tal reconhecimento fará com que o filósofo de Flumignano desenvolva a metafísica ao interno do tomismo confrontando-a com Heidegger. A propósito, é uma característica do nosso filósofo a constante e igual referência às fontes clássicas e modernas. Fabro chama Tomás de Aquino, Hegel, Kirkegaard e Heidegger de pensadores essenciais.[152] Disso se conclui que o nosso filósofo não é como uma janela através da qual se tem acesso à mansão do pensamento medieval somente, mas um autor que se aproxima dos textos de Tomás de Aquino estabelecendo um diálogo com pensadores modernos e contemporâneos, em especial Hegel e Heidegger.[153]

Da biblioteca pessoal de Cornelio Fabro se pode ter uma ideia geral do seu interesse filosófico.[154] Curiosamente o autor mais representado, em número

---

[151] PANGALLO, M. *L'Itinerario Metafisico di Cornelio Fabro*, Euntes Docete: Roma, 1997, pp. 7-31.
[152] ACERBI, A. *La Libertà in Cornelio Fabro*, Roma, 2005, pp. 19-28.
[153] ACERBI, A.; ROMERA, L. *La Antropología de Cornelio Fabro*, Anuario Filosofico, XXXIX/1, 2006, pp. 101-131.
[154] O padre Elvio Fontana, na sua tese doutoral apresentada à Universidade de São Tomás, Roma, nos apresenta uma classificação dos livros, do nosso filósofo, segundo autores e idiomas: *La sua biblioteca personale è stimabile intorno alle venticinque mila unità fisiche, tra libri e fascicoli di riviste. Si trovino libri in 15 lingue diverse; la più rappresentata è il tedesco, con il 50 per cento dei libri; segue l'italiano al 20 per cento; l'inglese al 12; il francese all'8; il danese al 5 per cento. L'autore più rappresentato è Hegel (90 libri), seguono Kant (67), Heidegger e Marx (49), Jaspers (47), San Tommaso (44), Kierkegaard (43) e via via tutti gli altri* (E. Fontana, *Attualità del Tomismo di Cornelio Fabro*, Roma, 2007, p. 28).

de obras, é Hegel. Tal curiosidade se dá pelo fato de que numa primeira aproximação ao filósofo de Flumignano, tem sido comum considerá-lo como tomista ou kierkegaardiano. Nesse sentido, não basta a vasta biblioteca do nosso filósofo para compreender seu endereço filosófico. É necessário verificar seus escritos e o que se escreveu sobre ele.

Ao folhearmos três obras específicas do filósofo de Flumignano se pode perceber, de imediato, os autores mais citados. Certamente aqui se pode dar um passo mais seguro entre a ideia geral de seu interesse filosófico para seu endereço propriamente dito. Na obra de 1941 intitulada *La Fenomenologia della Percezione*, os autores mais citados são os responsáveis pela chamada Psicologia da Forma: Kurt Koffka, Wolfgang Köhler e Max Wertheimer. Em outra obra do mesmo ano, *Percezione e Pensiero*, também são três os autores mais citados: Aristóteles, Tomás de Aquino e Kant. Por fim, duplicando a lista dos autores mais citados, numa obra de 1955, *L'Anima. Introduzione al Problema dell'Uomo*, teremos dois filósofos da idade antiga, Platão e Aristóteles; também dois do período medieval, Agostinho e Tomás de Aquino; e finalmente outros dois filósofos da idade moderna, Kant e Hegel.

Sem dúvida, a julgar pelos autores mais citados nessas três obras do nosso filósofo e da sua vasta biblioteca, se pode afirmar que ele se serve, em especial, da Psicologia da Forma, para mergulhar mais profundamente no mar revolto da especulação filosófica, da questão do *ser*. Certamente, trata-se de um pensador moderno que entra em contato direto com a filosofia de Tomás de Aquino. Essa característica presente em Cornelio Fabro permite-lhe atualizar o percurso desenvolvido pelo Doutor Angélico. Além disso, o fato de entrar em contato direto com as obras do Aquinate o faz isento das interpretações equivocadas de determinados tomistas. Nesse sentido, é original o tomismo do filósofo de Flumignano.

Esse tomismo é tido como algo até então não percebido. Exemplo é a defesa que Cornelio faz das críticas realizadas por Heidegger. Ele admite a falência do pensamento ocidental denunciado por Heidegger, mas diz ser necessário excetuar a posição tomística. A convicção do filósofo de Flumignano vem do fato de que Tomás de Aquino soube conciliar platonismo, aristotelismo e criacionismo cristão, através do conceito de participação.[155]

É por isso que Fabro defende a importância de um tomismo essencial que transcenda todo e qualquer sistema fechado, incluindo o próprio do Doutor Angélico, quando atrelado aos limites da cultura de seu tempo. Esse tomismo deve ainda saber inserir-se na problemática da cultura moderna e, sobretudo, superar as novas instâncias de liberdade. Por fim, um tomismo essencial deve aprofundar

---

155 PANGALLO, M. *L'itinerario Metafisico di Cornelio Fabro*, p. 8.

CAPÍTULO VIII ■ CORNELIO FABRO

o problema do princípio das coisas, ou seja, do ser como início. Nesse sentido, acentua-se a contribuição de Tomás de Aquino, na qual o ente faz referência ao ser, que é o ato de todo ato.[156]

Somente através de um contato direto com as obras do Doutor Angélico se pode perceber que, além de teólogo e comentador, ele foi um grande filósofo, em especial um grande metafísico. Nesse sentido, Cornelio Fabro é um dos grandes redescobridores de Tomás de Aquino. A contribuição do filósofo de Flumignano se dá em especial no que se refere ao *esse* tomístico. Seu grande mérito se encontra no fato de ter precisado a natureza e a originalidade do *esse* de Tomás de Aquino. Devido à transcendentalidade do *esse* do Aquinate, não se percebe nenhuma relação com o ser de Parmênides, de Hegel e de Heidegger.[157]

As grandes descobertas especulativas se encontram no primeiro período da vida de Fabro, que coincide com a turbulência social: *La Nozione Metafisica di Partecipazione* (1939), *La Fenomenologia della Percezione* e *Percezione e Pensiero* (1941), *Netomismo e Suarezismo* (1941), *Introduzione all'Esistenzialismo* (1943), *Problemi dell'Esistenzialismo* (1945). Mais tarde, entre outras obras, destaco aquelas que muito ajudam na compreensão do tomismo e no aprofundamento do pensamento metafísico de Tomás de Aquino: *Participation et Causalité selon S. Thomas d'Aquin* (1954), *Dall'Essere all'Esistente* (1957), *Breve Introduzione al Tomismo* (1960), *Esegesi Tomistica* e *Tomismo e Pensiero Moderno* (1969), *Introduzione a San Tommaso. La Metafisica Tomista & il Pensiero Moderno* (1983).

O pensamento de Cornelio Fabro

O próprio Cornelio Fabro, no final de seu percurso no horizonte do pensamento, nos fornece algumas pistas do seu itinerário filosófico, em que ele mesmo diz ter-se mantido fiel ao longo de quase meio século, em três direções fundamentais: aprofundamento da noção metafísica de participação; a determinação da essência metafísica do princípio moderno de imanência como "ateísmo radical"; e a recuperação do realismo clássico-cristão no existencialismo metafísico de Kierkegaard contra o antropologismo ateu da imanência moderna. De imediato, se pode observar que o termo metafísica aparece nas três direções elencadas pelo autor. Isso mostra que seu percurso está apoiado numa reflexão propriamente especulativa.

Vamos nos deter na primeira direção, a noção metafísica de participação, por acreditar ser ela que nos fornece a base sobre a qual compreender a

---

156 FABRO, C. Per um Tomismo Essenziale. Em: *Aquinas*, Annus VIII, n. 1, 1965, pp. 9-23.
157 MONDIN, B. *La Conoscenza dell'Essere in Fabro e Gilson*, Euntes Docete, pp. 85-115.

determinação da essência metafísica do princípio moderno e a recuperação do realismo clássico-cristão. A noção de participação, já presente em Platão e também em Aristóteles, se torna essencial no pensamento metafísico de Tomás de Aquino. Este tem como particularidade o fato de ter elaborado uma estrutura metafísica considerando os méritos do filósofo de Atenas e do estagirita. Assim, o Aquinate considera os princípios aristotélicos e platônicos que os ajudam a superar de uma só vez seja o "separatismo" das ideias platônicas, seja o fechamento aristotélico das oposições formais lógico-metafísicas. O Doutor Angélico não *batizou* Platão como quiseram determinados segmentos da escolástica e nem concordou com os aristotélicos averroístas em separar razão e fé, mas procurou fazer encontrar a noção de ser com aquela de ato.

Antes de tudo, deve-se dizer que a metafísica é um problema antigo, mas sempre atual. Trata-se de uma intuição do Estagirita. Afirma Aristóteles sobre o ser: "constitui o eterno objeto de pesquisa e o eterno problema".[158] De fato, se consideramos o percurso que vai de Parmênides a Nietzsche, do ser ao nada; ou se quisermos, de Heráclito a Hegel, do esvanecimento do ser à sua absolutização, se estende um caminho de verdades, opiniões, sobre o ser, ora em harmonia, ora em desarmonia entre elas. Da impossibilidade de algo que não seja, porque o ser é e não pode não ser, à sua extinção na última fumaça da realidade segundo Nietzsche;[159] ou, segundo Heráclito, da possibilidade de que todas as coisas se transformem em fumaça à ideia hegeliana do ser absoluto, têm-se a impressão de que o objeto da metafísica é sempre o mesmo, com apenas retoques epocais.

A noção metafísica de participação foi uma intuição juvenil do nosso filósofo. Sua preocupação era o problema da causalidade, que a partir de Hume se tornou para ele o problema filosófico. Aquilo que parecia para o filósofo de Flumignano um problema insolúvel, encontra na doutrina da participação uma resposta eficaz e, além disso, permite ao filósofo uma intuição essencial para o tomismo, pois ela penetra todo o pensamento do Doutor Angélico.[160]

Através dessa nova perspectiva, Cornelio Fabro critica tomistas influenciados pelo *a priori* kantiano, e chama atenção para uma autêntica noção tomística de participação, capaz de distinguir o *esse* como ato não só da essência que é sua potência, mas também da existência que é o fato de ser. Nesse caso, é "resultado" e

---

158 ARISTÓTELES. *Metafísica*, VII, 1, 1028b, 2-3.
159 NIEZSCHE, F. *Crepúsculo dos ídolos ou como se filosofa com o martelo*, Lisboa, 1985, & 4.
160 FONTANA, E. C. *Metafisica della Partecipazione. Genesi e Significato della Scoperta Fabriana*, Segni, 2011, pp. 61-62.

não princípio metafísico. Assim, o filósofo evidencia o erro daqueles tomistas que fundavam a experiência ou a apreensão do *esse* no ato do juízo.[161]

Na concepção do filósofo de Flumignano, Tomás de Aquino conseguiu unificar em uma síntese superior duas correntes de pensamento, platonismo e aristotelismo através da doutrina da participação.[162] Assim, o Doutor Angélico apresenta-se no cenário filosófico com um robusto sistema metafísico. Seguramente seu sistema não significa tornar forte um argumento fraco, como dizia Protágoras.[163] A impostação de sua metafísica tem como objeto colher o ser no interior do próprio mundo, de acordo com a abstração.

Cornelio Fabro evidencia que o percurso metafísico do Doutor Angélico compreende quatro momentos. O primeiro refere-se ao conceito aristotélico de ato no sentido de "perfeição" emergente em si e para si. Em decorrência disso, o ato é por sua natureza "antes" da potência, ato como atividade operante ou ato primeiro como perfeição do qual se origina e ao qual se retorna à operação. Através da concepção de ato emergente sobre a potência, cai por terra o princípio fundamental do realismo exagerado: na definição de espécie vêm unificados formalmente os conceitos de gênero e diferença, e assim não podem indicar realidades distintas. Tais conceitos indicam a mesma natureza em modos diversos: o gênero indica o elemento indeterminado e a diferença indica o elemento determinante. Desse modo, nas substâncias materiais, o gênero corresponde à matéria, princípio potencial, e a diferença corresponde à forma, o princípio atual.

Com relação às substâncias espirituais, gênero e diferença se apresentam em modo diverso, pois não indicam mais dois princípios ontológicos opostos, e sim uma mesma realidade formal considerada primeiro na sua indeterminação de espírito e, em seguida, na sua determinação. Nesse caso, podem-se compreender dois conceitos fundamentais: essência e ato de ser e, com eles, uma nova compreensão de ato e potência, aquele como perfeição e esta como capacidade de recebê-la. A concepção de potência vem alargada, não mais só a matéria, mas tantos modos quantos são as formas de ser "sujeito" do ato. Essa impostação nos insere no segundo momento da metafísica tomista, a da unidade da forma substancial em todos os corpos. Concretamente, no caso do homem, a alma espiritual é a forma substancial do composto humano.

O terceiro momento da metafísica acentua a individualidade pessoal do princípio espiritual. Reconhece-se a alma humana como forma que subsiste por

---

161 FABRO, C. Elementi per una Dottrina Tomistica della Partecipazione, em: *Esegesi Tomistica*, Roma 1969, p. 435. No entanto, o artigo apareceu pela primeira vez na revista *Divinitas* 11 (1967), pp. 559-586.
162 FABRO, C. Appunti di un Itinerario, em: *Essere e libertà*, Rimini 1984, pp. 17-70.
163 PROTÁGORAS. Scritti Dubbi, Arte dell'Eristica, em: *Sofisti. Testimonianze e Frammenti*, Milão, 2009, Fr. 6 b.

si mesma e à qual compete o ato de ser diretamente. Por isso, a alma transcende a matéria. A alma humana está em contato com a matéria corpórea por sua união substancial com o corpo. Nesse caso, ela comunica o ser à matéria e é forma do corpo. Faz-se atenção para o fato de que uma essência que não é composta de matéria e forma é uma essência simples e não se identifica necessariamente com seu ser.

O quarto momento da metafísica tomista é tido como a chave que nos dá acesso ao todo deste pensamento. Este momento é caracterizado pela afirmação da distinção real de essência e ato de ser em todas as criaturas. Esta chave se notabiliza pelo *primado do ato* através da noção de participação. Deste modo, se supera definitivamente o hilemorfismo, porque as substâncias espirituais, mesmo sendo simples na essência, são compostas como criaturas na ordem do ser.[164] A partir destes momentos essenciais do percurso de Tomás de Aquino, queremos apresentar o itinerário fabriano insistindo na noção metafísica de participação.

Para Platão, o termo participar, em geral, determina a relação entre as coisas sensíveis com as ideias. O filósofo de Atenas é aquele que primeiro contribuiu com o significado metafísico da participação.[165] Fabro especifica o termo participar, em Platão, como termo que exprime a relação entre a realidade sensível dos singulares com a realidade inteligível universal, abstrata. Assim, tem-se uma tentativa de solução para a exigência essencial do saber como conhecimento.[166]

De Aristóteles temos um texto bastante sugestivo no que se refere à relação entre um ser concreto e sua causa. O verdadeiro não é conhecido se não se conhece a causa. Uma coisa que possui em grau supremo a natureza que lhe é própria se constitui como causa de outras realidades que têm a mesma natureza. Exemplo disso é o fogo quente no grau máximo e, próprio por isso, causa do calor nas outras coisas.[167] Acrescento ainda a noção de *prós en* do Estagirita, quando afirma que o ser se diz em múltiplos significados, mas sempre em referência a uma unidade e a uma realidade determinada.[168] Aqui se vê uma aproximação da concepção platônica de participação.

O filósofo sugere um tomismo essencial para evidenciar que Tomás de Aquino construiu seu edifício metafísico a partir da concepção de ato aristotélico e da

---

164 FABRO, C. *Introduzione a san Tommaso. La Metafisica Tomista & il Pensiero Moderno*, Milão, 1997, pp. 84-93.
165 *Partecipazione*, em: *Enciclopedia filosofica*, Fondazione Centro Studi Filosofici di Gallarate, Milão 2006, vol. 9, p. 8342.
166 FABRO, C. *La Nozione Metafisica di Partecipazione secondo San Tommaso d'Aquino*, Segni, 2005, pp. 50-51.
167 ARISTÓTELES. *Metafísica*, II, 1, 993 b 23ss.
168 ARISTÓTELES. *Metafísica*, IV, 2, 1003 a 33 ss.

inspiração platônica de participação. De acordo com o filósofo de Flumignano, é com a noção de participação que o tomismo adquire condições de abrir o diálogo seja com o pensamento clássico, seja com o pensamento moderno.[169] Fabro sublinha que é sempre no espírito da especulação aristotélica que Tomás de Aquino desenvolve sua noção de participação.[170]

Mas à qual compreensão de participação alude o Doutor Angélico? Ora, deve-se ter a compreensão de participação não como a ação em que a realidade A toma parte na realidade B; não se trata da relação entre cômpar; e sim díspar. Destarte, se deve pensar o conceito de participação numa relação que envolve o ser como ato puro e o ser como sínolo. Antes de tudo, essa noção permitirá ao Aquinate o estabelecimento da relação entre Criador e criatura. Para tanto, Fabro mostra que o termo "participar" tem a propriedade de exprimir, por um lado, a dependência essencial do participante pelo participado, e, por outro lado, exprime o absoluto exceder metafísico do participado em relação ao participante. Nesse sentido, o termo "participar" é o único a exprimir a relação que existe entre o ser finito e o ser infinito, ou seja, a criatura e o Criador.[171]

Criador e criatura, participante e participado, nos remetem à concepção de ser em Tomás de Aquino, que considera não só o contingente, mas também o necessário. Criatura e participante são termos que expressam substância derivada, segunda. Elas se referem ao mundo da contingência. Assim, os seres por participação nos conduzem e nos reconduzem continuamente à imediatidade da experiência na relação entre mundo e homem e vice-versa.[172] Criador e participado são termos que acentuam uma diferença que escapa a qualquer precisão da consciência, perceptiva ou abstrativa. Para a consciência perceptiva, a palavra mais eloquente é a não palavra, o aterrador silêncio. Para a consciência abstrativa, a centelha de luz que revela algo do Ser remete à analogia. Assim, abre-se um caminho para a doutrina da causalidade como participação.

Logo, a noção de participação descortina algo para além do horizonte sensível. Toda realidade existente o é porque essencialmente participante de uma realidade suprema, participado, que é sua causa. Cornelio Fabro procurou, com suas pesquisas, considerar os problemas da causalidade na sua pertença essencial, para esclarecer a superação das opostas concepções (vertical e horizontal) presentes em Platão e Aristóteles. Para tanto, Fabro se serviu da concepção tomística do ato intensivo emergente do ser. Destarte, o intensivo puro que

---

[169] FABRO, C. *La Nozione Metafisica di Partecipazione*, p. 21.
[170] *Ibid.*, p. 141.
[171] *Ibid.*, p. 344.
[172] FABRO, C. *Partecipazione e Causalità Secondo S. Tommaso d'Aquino*, Segni 2010, p. 229.

Platão chamou de o Bem separado e Aristóteles de intelecto puro, o Doutor Angélico o denominou de *Ipsum esse subsistens*.[173]

A doutrina de ato e potência de Aristóteles é, sem dúvida, um dos elementos essenciais na interpretação tomista. É verdade que a relação de ato e potência pode muito bem ser verificada no sínolo, mas o Aquinate nos chama a atenção para o fato de que a relação ato e potência está presente não só no sínolo. Isso é esclarecido a partir da concepção plena e parcial do ser. Uma coisa é o ser considerado na sua totalidade (*ipsum esse*), outra coisa quando é considerado parcialmente (*actus essentiae*). O ser, na sua consideração parcial, tem presente não só a composição aristotélica do sínolo, matéria e forma, mas também a composição de essência e de existência. A primeira composição corresponde à substância física, enquanto a segunda corresponde à substância intelectiva. A relação de ato e potência é considerada nessas composições não do mesmo modo. No sínolo, a forma pode denominar-se aquilo pelo qual é (*quo est*), enquanto o ser (a existência) é o ato pelo qual a substância se denomina ente. Já a substância intelectiva é subsistente, nela a forma constitui aquilo que é, o *quod est*, enquanto o ser mesmo lhe é o ato e aquilo pelo qual é, *quo est*.[174]

Esse esclarecimento é fundamental, pois a relação entre ato e potência nessas composições nos ajuda a ter presente a diferença entre elas e, ao mesmo tempo, a diferença entre essência e ato de ser. Nesse sentido, o ser considerado na sua totalidade, *ipsum esse*, vai muito além da forma (ato por excelência). Como consequência, Tomás de Aquino pode aproximar a doutrina da fé cristã da posição do Estagirita. Assim, o Aquinate concorda com Aristóteles sobre o princípio primeiro ser o fundamento de todas as coisas; além disso, ele justifica nesse princípio a doutrina da criação.

A doutrina do ser de Tomás de Aquino revela o primado do ato em relação à potência e, assim, apresenta, por um lado, o ser como ato puro, perfeito e perfeição de todas as coisas; e, por outro lado, apresenta o ser como potência em relação ao ser puro. O ser como potência é o que se chama ser por participação, por causa da essência que participa do ser perfeito. Desse modo, por mais espetacular que seja uma realidade finita, ela é perfeita dentro de sua própria medida, e, em última instância, se fundamenta no ser plenamente perfeito, o ser como ato puro.

A doutrina da participação nos ajuda a compreender aquela realidade especial do homem, na perspectiva aristotélico-tomista, separada do seu corpo. Sentencia o Doutor Angélico: "*necesse est dicere id quod est principium intellectualis operationis,*

---

173 *Ibid.*, p. 229.
174 TOMÁS DE AQUINO. *Summa Contra Gentiles*, II, c. 54.

quod dicimus animam hominis, esse quoddam principium incorporeum et subsistens".[175] Não se trata de um dualismo, mas de uma dualidade. Tal dualidade humana vem caracterizada pelo fato de o homem ser situado entre dois mundos, corporal e espiritual, como afirma Tomás de Aquino: "*homo enim est quasi orizon et confinium spiritualis et corporalis naturae*".[176]

Essa impostação nos faz perceber o homem em duas perspectivas, matéria e espírito, finitude e infinitude, limite e abertura. A matéria, a finitude e o limite o fazem inferior em meio aos seres inteligentes. Já o espírito, a infinitude e a abertura o fazem superior em meio aos seres corpóreos. Sua superioridade não se separa de sua inferioridade. Pelo contrário, sua superioridade é tão mais excelente quanto mais emerge de sua inferioridade. O homem é no mundo, mas não reduzido a ele. Imerso no mundo, ele é chamado a transcendê-lo. O homem é fundamentalmente uma indagação em aberto, busca o infinito e depara-se com finitos, é um ser entre dois mundos.

Através da concepção de dois "mundos", espírito e matéria, Fabro retoma a concepção do ser puro de Tomás de Aquino. Um é o ser, todos os outros o são por participação. Eis a afirmação do Doutor Angélico: "*Deus autem est ens per essentiam suam: quia est ipsum esse. Omne autem aliud ens est ens per partecipationem*".[177] A essa altura, impõe-se a importância da clarificação do conceito de *ente*.

Antes de tudo, o ente, considerado em si mesmo e por si mesmo, é abstrato, plenamente ato e inteiramente perfeito. No entanto, considerando-o na sua relação com o sujeito que conhece, ele é a primeira coisa que cai na imaginação do intelecto humano e desperta a consciência para o conhecimento, o ser é alguma coisa que lhe é apresentada por um processo. Cornelio Fabro nos ajuda a penetrar no coração da metafísica tomista ao afirmar que ao termo concreto "Ente" correspondem, em abstrato no pensamento tomista, dois termos: "Essência e Ser". Esses significam duas atualidades, de onde compreendemos o ente real, isto é, a essência, e o *actus essendi*, ou o *esse essentiae* e o *esse existentiae*.

Fabro sublinha que quando conhecemos alguma coisa, o *esse essentiae*, sabemos que coisa é, e porque algumas coisas venham a diversificar-se em meio às outras com as quais coexistem. Por *esse existentiae* sabemos que existe de fato, e não pode ser reduzida ou confundida com um conceito. Isso dito, se pode perceber que "essência" e "*actus essendi*" são dois significados (*intentiones*) distintos, mas não independentes, porque um implica necessariamente uma referência ao outro.

---

[175] TOMÁS DE AQUINO. *Suma Teológica*, I, q. 75, a. 2.
[176] TOMÁS DE AQUINO. *In III Sent*, Prologus.
[177] TOMÁS DE AQUINO. *Summa Contra Gentiles*, II, 15, & 926.

Não se pode compreender uma essência senão em relação à existência, ou como possível se a essência é considerada em abstrato, ou ainda como real se considerada realizada de fato na natureza. De modo semelhante, o existir não é concebível por nós senão como ato, possível ou real de alguma formalidade. O ser puro não é para nós objeto de simples apreensão ou intuição, mas é uma conclusão a que chegamos depois de trabalhosas reflexões.[178]

A essência de cada coisa existente é uma realidade perfeita, mas uma essência determinada não abraça a totalidade da perfeição; outras coisas também são perfeitas. A concretização de um ente limita sua essência e dá possibilidade ao intelecto humano de conhecê-lo. Somente um ente pleno é o que podemos dizer plenamente perfeito. Desse modo, o ente como ente não é conhecido senão através da doutrina da participação. Para Nietzsche, tal ente não existe (está morto); para Heidegger, ele foi esquecido.

Mas se pode considerar plena alguma essência? Fabro, na sua interpretação tomista, considera a essência plena somente no ente abstrato. Interessante observar que aqui abstrato não significa aquilo que resulta da abstração humana. Fundamentalmente, o ente é considerado abstrato porque é ato puro e ato de todas as coisas. Para melhor compreensão, seria como uma abstração, mas não de um intelecto limitado, e sim de um intelecto pleno, pensamento de pensamento, como dizia Aristóteles. Tal ente abstrato ou ser como ato puro vem assim afirmado por Tomás de Aquino: "*ipsum esse est perfectissimum omnium: comparatur enim ad omnia ut actus. Nihil enim habet actualitatem, nisi inquantum est: unde ipsum esse est actualitas ominium rerum, et etiam ipsarum formarum*".[179] Assim, o ser puro, perfeito, *ipsum esse*, é ontologicamente diferente de todos os seres.

Diante do ser puro, perfeito, *ipsum esse*, o homem se coloca como que espantado ou admirado, com dúvidas ou incompreensões, com pessimismo ou otimismo. Assim, o homem é diferente do ser que admira, contempla, conhece; e essa diferença faz emergir nele uma privação. O homem é carente e tem consciência da sua carência, e próprio por isso ele se põe, então, em busca daquilo que lhe falta, o Belo, o Bem, a Verdade, enfim, se põe em busca do Absoluto, pois tem fome e sede de plenitude.[180] Essa atitude o faz retornar ao fundamento de si mesmo e de toda realidade. Tal fundamento para Cornelio Fabro não é o ato da consciência como quiseram os filósofos modernos, mas o ato de ser tomasiano.

Enfim, o ser humano, bem como o mundo, não resulta do acaso. Assim como uma estátua de mármore é oriunda da ideia de um escultor, um edifício

---

178 FABRO, C. *La Nozione Metafisica di Partecipazione*, p. 188.
179 TOMÁS DE AQUINO. *Suma Teológica*, I, q. 4, a. 1, ad 3.
180 Santo Agostinho dá uma interpretação religiosa àquilo que põe em movimento o ser humano: "*fecisti nos ad Te et inquietum est cor nostrum, donec requiescat in Te*" (AGOSTINHO. Confissões, I, 1,1).

o é de um arquiteto, o mundo tem como origem uma ideia perfeita, divina. Exatamente por isso ele tem uma consistência de realidade e verdade na doutrina metafísica do Doutor Angélico. O ser perfeito de uma ideia perfeita, causa de todas as causas, não impede que o mundo tenha sua própria atividade, como, *"sol dicitur esse causa manifestationis colorum, inquantum dat et conservat lumen, quo manifestantur colores"*.[181] Com muito mais razão, impõe-se a consistência de realidade e de atividade do ser humano, como *ser-no-mundo*, que por sua natureza intelectual, luz natural, pode imitar o ser perfeito em grau máximo.

Logo, para o filósofo de Flumignano, o ser humano se encontra no mundo, mas não se encontra eternamente abraçado por ele, movimentando-se na sua fissura. Mundo e homem se fundamentam em um ser que é ato puro, perfeito e causa primeira de todas as coisas. Enfim, a perspectiva metafísica de Cornelio Fabro, baseada na doutrina da participação, não se limita ao ser como aparece, como se apresenta; ao contrário, ele parte deste e se endereça ao ser como ser.

Importância e atualidade de Cornelio Fabro

É sabido que o filósofo de Flumignano não quis se identificar com o neotomismo de nenhuma corrente. Isso não fez dele um pensador alheio às redescobertas do tomismo na primeira metade do século XX, através de autores como Del Prado, Geiger, Gilson, Forest, Maritain etc. Em diálogo com esses autores, Fabro encontrou elementos para um novo modo de ler Tomás de Aquino, diferente do formalismo e essencialismo de algumas correntes neoescolásticas.

Atento às questões emergentes de sua época, Fabro estudou profundamente o existencialismo da primeira metade do século XX; e encontrou em Sören Kierkegaard, do qual se tornou um dos grandes tradutores e intérpretes, aliado fundamental para o desenvolvimento do seu pensamento, pois com a metafísica do Doutor Angélico pôde romper definitivamente com o subjetivismo da filosofia moderna, que fez da consciência o princípio do ser.

Pode-se afirmar que o filósofo de Flumignano leu Tomás de Aquino tendo presente as grandes contribuições do pensamento moderno e contemporâneo, e isso o ajudou na sedimentação do seu pensamento. Ele mesmo chegou a dizer que seu encontro com o Aquinate e com o filósofo dinamarquês foram decisivos, mas não menos que o encontro com Kant, Hegel, Marx. Tudo isso faz de Fabro protagonista do tomismo no século XX. Protagonista no sentido literal da palavra, ou

---

181 TOMÁS DE AQUINO. *Suma Teológica*, I, q. 105, a. 5.

seja, aquele que tem a parte principal na ação. Especificamente, protagonista na retomada e renovação do tomismo.

Além disso, ele é grande conhecedor da história da filosofia e notório estudioso do existencialismo, do idealismo alemão, do espiritualismo francês e italiano, da fenomenologia e do marxismo. Tudo isso fez com que ele alcançasse fama de pensador universal, como se pode verificar pela sua participação em muitas academias internacionais, como American Catholic Philosophical Association, Kierkegaard Selskabet, Academia Sören Kierkegaard, Société Philosophique.

O filósofo de Flumignano se notabilizou pelo aprofundamento da doutrina metafísica de participação, que o fez recuperar a transcendência do ser como ato (*esse ut actus*) em Tomás de Aquino, em oposição às correntes escolásticas e neoescolásticas que reduziam o ser à forma. Sem dúvida, trata-se de uma contribuição que encontrou sólido lugar no horizonte do tomismo e da história cristã. Para Tomás de Aquino, o *esse ut actus* tem prioridade fundante em todo ato e em todo sujeito no ato. É propriamente aquilo que Cornelio Fabro chama de intensivo.

Fabro mostrou que o Aquinate, influenciado pela leitura da obra *Liber de Causis* e autores como Boécio e o pseudo Dionísio, soube construir seu edifício metafísico de baixo ao alto, do *esse commune* ao *Esse subsistens*. O *esse commune*, no qual o ser está no ente como o abstrato ao concreto, ao *esse compositum*, no qual o *esse* se coloca em relação à *essentia* como ato em relação à potência, até ao ser supremo, *Esse subsistens*, que ocupa em relação a todos os entes a posição absoluta de causa primeira.

A convergência do princípio platônico da participação com aquele aristotélico da distinção entre ato e potência permitiu que o Doutor Angélico elevasse o ser formal aristotélico, que não é ainda, ao *esse subsistens*, o ser real que é sempre e causa de todos os outros seres. Assim, o *esse ut actus* não é nenhuma operação especulativa do intelecto humano, mas energia que aperfeiçoa intrinsecamente o ente finito. Assim, abre-se um horizonte para a perspectiva da criação, que tem em Deus, *Esse subsistens*, aquele que comunica o ser às criaturas.[182]

Não há dúvida de que a grande contribuição do filósofo de Flumignano se encontra mesmo, por excelência, no problema metafísico; no ser se evidencia o problema da liberdade. Esse não é assunto último e de menor importância, ele se encontra implícito no pensamento de Cornelio Fabro. O tema mereceu atenção explícita do autor nas últimas décadas de sua produção científica. Uma coletânea de artigos resultou numa obra de 1983 intitulada *Riflessioni sulla Libertà*.

---

[182] PANGALLO, M. *Padre Cornelio Fabro Protagonista del Nostro Tempo*, Doctor Communis, ano L, n. 1, 1997, pp. 3-11.

Além dessa, temos também um material datilografado que corresponde a um curso realizado por Fabro no ano acadêmico de 1967-1968, intitulado *Essere e Libertà. Corso di Filosofia Teoretica*. No início dessa apostila, o filósofo chama a atenção para a pertença mútua de ser e liberdade. Eles não são sinônimos nem temas heterogêneos. O ser está essencialmente em conexão com a liberdade, que um envia ao outro e vice-versa; é como o côncavo e o convexo, o fundo e o fundamento, o conteúdo e o ato.[183]

Mas em que estaria fundamentada a liberdade? Nas coisas? No sujeito? Fabro sustenta que o fundamento da liberdade não se encontra na dimensão objetiva do ato, ou seja, no horizonte da diversidade diante do sujeito nem na indeterminação dele frente o horizonte da diversidade. O fundamento está no sujeito, em sua dimensão essencial e originária.[184] A liberdade é inerente ao homem. Não é exagerado afirmar que a liberdade é o princípio e o fundamento da pessoa humana. O filósofo afirma que o eu se constitui, se atualiza e se revela como sujeito através da liberdade. Esse é o fundamento da subjetividade e, juntamente, sua realização é o fim (*télos*).[185]

Finalmente, Cornelio Fabro sublinha que a pessoa humana, sujeito espiritual, enquanto participa ou assume diretamente em si o *esse*, como *actus essendi*, se põe e se impõe como "pessoa subsistente", que é, em si, livre no agir e, numa ascendência metafísica, imortal no ser. Destarte, intelecto e vontade tendem para a totalidade, num itinerário que faz do conhecer a apreensão do verdadeiro e, da liberdade, a decisão pelo sumo bem. Assim, o ser humano não caminha para o vazio do nada nem para o abismo da incompreensão. Pois, a fundamentação originária da independência do agir se dá no absoluto do *esse*, que transcende as vicissitudes do tempo e é o ato primeiro da subsistência do sujeito espiritual.

Questões para estudo e discussão:

• A metafísica é possível ainda hoje? Que tipo de metafísica?

• Onde reside o ponto de partida da metafísica?

• Até que ponto a doutrina da participação se constitui solução plausível para a metafísica de Tomás de Aquino?

---

183 FABRO, C. *Essere e Libertà*, p. 5.
184 ACERBI, A.; ROMEIRA, L. *La Antropología de Cornelio Fabro*, p. 110.
185 FABRO, C. *L'io e L'esistenza*, Roma, 2006, p. 79. Trata-se de uma publicação póstuma daquilo que foi um curso de filosofia teorética, realizado no ano acadêmico de 1975-1976.

Capítulo IX – Merleau-Ponty

(André Luiz Pinto da Rocha – UERJ)[186]

A vida, a obra e a ontologia do corpo e da carne

O pensamento de Maurice Merleau-Ponty (1908-1961), o pensador do corpo e da carne, é, sem dúvida, no interior da fenomenologia, um dos autores mais relevantes. O objetivo deste capítulo, apesar de o espaço não nos permitir cobrir todos os conceitos do filósofo, é o de apresentar de modo linear e historiográfico os principais temas de sua obra. Só assim acreditamos que seja possível ao leitor apreender a radicalidade do seu pensamento; mais do que isso, seu caminho de radicalização: de comentar a primeira geração de escritores franceses até se debruçar sobre a filosofia de Edmund Husserl – a fenomenologia –, ele romperá nos últimos anos com a tradição e o programa fenomenológicos, desenvolvendo uma análise absolutamente sua. O projeto, portanto, da filosofia pontiana, como todo projeto de envergadura, é ousado e pessoal; contudo, parte significativa de sua obra só foi publicada após sua morte. Para aqueles que o estudam, trata-se de um desafio porque, ao contrário de outros autores que tiveram obras publicadas postumamente – como é o caso, só para não ficarmos na especulação, de Wittgenstein –, com exceção de *La Prose du Monde*, alguns dos escritos mais importantes só foram editados em textos inacabados. Como filósofo da carne e do sensível, por ironia do destino, aquele que se debruça na obra pontiana também se vê diante do desafio de lê-lo ainda em construção, com as idas e vindas próprias de quem acabou de escrever, de quem ainda tinha muito a dizer. Para quem, durante a juventude, era um assíduo pesquisador dos arquivos Louvain, que conservam ainda hoje a obra de Husserl, ele nos deixou um legado mais intrincado, e, em alguns aspectos, mais apaixonante do que seu mestre.

---

[186] Mestre e doutorando em Filosofia pela Universidade do Estado do Rio de Janeiro (UERJ) e professor da Universidade Estácio de Sá/RJ.

Seus pesquisadores se veem como que diante da mesa de escravinha de Merleau-Ponty ainda bagunçada, com as anotações, as inseguranças e os deslizes de um texto em rabiscos. Seus textos, aliás, têm sido forte estímulo entre psicólogos e filósofos da mente, ou, como Matthews sugere, o debate atual "entre a mente e a consciência emparelhou com Merleau-Ponty".[187] Inicialmente estudante de filosofia na École Normale Supérieure, uma das instituições de ensino superior mais prestigiosas da França, Merleau-Ponty travou contato já nesse período com aquele que seria um de seus melhores amigos e em termos de desavença intelectual, uma de suas maiores frustrações, Jean-Paul Sartre. O contato com a fenomenologia de Husserl, pedra angular para toda uma geração de autores franceses que despontariam a partir da década de 1940, ocorreu nesse período, e, ao que tudo indica, Merleau-Ponty presenciou uma palestra do próprio Husserl quando ele esteve em Paris em 1929.[188] Depois de graduado, Merleau-Ponty lecionou Filosofia em escolas secundárias, quando, em 1935, assume o cargo de professor assistente na própria École Supérieure, exercendo o posto até o início da Segunda Guerra.

Em 1940, sua tese de doutorado é publicada sob o título *La Structure du Comportement*. De conotação fenomenológica, o filósofo analisa de forma original a experiência humana, só que, em vez de recorrer à teoria da intencionalidade, ele adota como modelo a Gestalttheorie ou Psicologia da Forma, que fora desenvolvida com os trabalhos de Wertheimer e Koffka. Em oposição à perspectiva comportamental e naturalista, que compreendia a experiência humana em unidades sensoriais atomísticas destituídas de sentido e intencionalidade, Merleau-Ponty aposta no modelo gestáltico para explicar o que ele entendia como próprio da experiência: uma natureza organizada, em que o significado dos elementos individuais depende da sua relação com o todo. Os anos de 1940, por sua vez, foram cruciais para Merleau-Ponty não apenas em termos teóricos, mas políticos. Será a década em que ele se aproxima de Sartre, formando juntos um pequeno grupo da resistência, de fato, não muito eficaz, e que tentou dar sua parcela de contribuição na luta contra a ocupação alemã. Depois da dissolução do grupo, os dois filósofos fundaram o periódico *Le Temps Modernes*, e, em 1948, um novo partido de esquerda, o Rasseblement Démocratique Révolutionaire (RDR); o que, aliás, teve pouco êxito, uma vez que não teve apoio para atuar como outra opção ao tradicional Partido Comunista Francês (PCF). Ainda durante a década de 1940, Merleau-Ponty publicaria, em 1945, aquele que em vida seria seu livro mais difundido, *Fenomenologia*

---

[187] MATTHEWS, Eric. *Compreender Merleau-Ponty*, p. 9.
[188] *Ibid.*, p. 10.

da percepção. Nessa obra, Merleau-Ponty reafirma seu compromisso com o estudo da corporeidade e do sensível, todos aqueles aspectos que seus contemporâneos – incluindo Sartre – pareciam considerar contingência menor, em certa medida, uma investigação de caracterização empirista. Ainda em 1945 Merleau-Ponty retorna ao ensino superior como professor de Filosofia da Universidade de Lyon. Em 1949, volta a Paris, agora como professor de Psicologia e Pedagogia na Sorbonne, em 1952, obtém uma cátedra de filosofia no Còllege de France, cargo que ocupou até sua morte.

Uma peculiaridade é a do teor político de quase todos – senão os de maior relevância – os seus livros publicados ainda em vida depois de *Fenomenologia da percepção*. Em 1947, *Humanismo e terror* mostra os conflitos ideológicos que se revelavam da parte de quem assumia a esquerda política quando diante da repressão política cujas notícias chegavam cada vez mais no Ocidente. O filósofo dedica, aliás, nesse pequeno volume uma análise extensa do processo de acusação do revolucionário Boukharine, condenado à morte durante o governo de Stalin. Para Merleau-Ponty, se, por um lado, o comunismo constituía um discurso que se opunha "à mentira ou à astúcia [...] à violência, [...] à propaganda [...], enfim, ao realismo político dos valores liberais", o problema na década de 1940 era o fato de que a pureza de seus princípios "não somente tolera, como ainda necessita de violências".[189] As críticas de Merleau-Ponty ao comunismo soviético aumentariam nos anos seguintes e esses foram alguns dos motivos da dissensão entre Sartre e Merleau-Ponty em 1953. Sartre defendia a necessidade de ainda apoiar a União Soviética para não trair a causa operária. A discordância entre os dois autores chegou a tal monta que Merleau-Ponty renunciaria ainda em 1953 à função de editor de *Le Temps Modernes*, dedicando-se nos anos seguintes cada vez menos à política, ainda que mantivesse uma posição favoravelmente esquerdista. Seu livro sobre o assunto fora *As aventuras da dialética*, em 1955. Este livro e *Signos* serão os últimos em que o filósofo expressará sua opinião política. Será em *As aventuras da dialética* que Merleau-Ponty fará um longo ataque a Sartre. Em termos de publicação, a década de 1950 será mais um período de preparação e elaboração de textos do que propriamente um período de edição.

O filósofo se dedica à edição de pequenos ensaios, alguns, aliás, reunidos na forma de livro nas coletâneas *Signos*, como já citamos, e *Sense et Non Sense*. Outro texto importante também publicado nesse período fora sua aula inaugural no Còllege de France intitulado *Elogio da filosofia*. Contudo, aquelas que seriam, a nosso ver, as obras mais originais do filósofo só vieram a público após sua morte tragicamente precoce, em 3 de maio de 1961, aos 53 anos.

---

189 MERLEAU-PONTY, Maurice. *Humanismo e terror*, p. 9.

Desse volume, destacamos quatro livros: *Le Visible et L'Invisible*, em 1964, *La Prose du Monde*, em 1969, *La Nature*, em 1995, e *Psychologie et Pédagogie de L'Enfant*, em 2001. Dos livros póstumos, somente *La Prose du Monde* fora publicado em sua versão final. Todos os outros ainda se apresentam sob a forma de croquis, notas e apontamentos. A forma caótica, no entanto, esconde um segredo: durante a década de 1950, Merleau-Ponty dava uma nítida virada, de modo a romper não apenas com a fenomenologia de Husserl, mas com a ontologia heideggeriana. Merleau-Ponty propõe, em particular, nos escritos de *Le Visible et L'Invisible*, o que ele denominou de ontologia do ser bruto ou selvagem. No caso, uma dimensão da realidade anterior a todas as separações e fixações que o pensamento filosófico-científico impôs. Contudo, se Heidegger e Sartre também buscavam, antes de Merleau-Ponty, de modo fenomenológico, o sentido do ser em geral, Merleau-Ponty destaca-se desses autores porque, em vez de desvelar o ser a partir do recorte da compreensão ontológica e da consciência, ele o desvela através do anímico, isto é, através de dimensões da realidade já relegadas pelos fenomenólogos ao plano do empírico: o sensível, o biológico e o estético retomam a ordem do dia como dimensões essenciais, se quisermos compreender o ser que nós mesmos somos.

A necessidade de superar o dualismo ocidental entre sujeito e objeto

Em linhas gerais, como Chaui observa no prefácio para a coleção *Os pensadores*, a filosofia pontiana pode ser definida como crítica ao humanismo. Para o filósofo, o humanismo, que representa a tradição filosófica-científica do Ocidente, constitui um pensamento reflexivo que, no intuito de superar a ingenuidade do realismo, procurou resolver, em termos epistemológicos, "os paradoxos perceptivos recorrentes à separação entre a consciência e o mundo".[190] Assim, desde *A estrutura do comportamento*, Merleau-Ponty, ao fazer uso da noção de estrutura ou *gestalt* para abordar a realidade – seja de natureza física, vital ou humana – como um todo organizado, já se posiciona de forma crítica a Husserl, o autor que mais o influenciou, ainda que sua filosofia apresente clara influência da Gestaltheorie, como vemos mais detidamente, do pensamento de Martin Heidegger, do próprio Sartre, e, de forma menos evidente, Hegel, quando analisa e contextualiza a história da filosofia em textos como "Em toda parte e em parte alguma", e Saussure e Freud, quando Merleau-Ponty analisa o papel da

---

190 CHAUI, Marilena. Merleau-Ponty: vida e obra. Em: MERLEAU-PONTY, Maurice. *Textos escolhidos*, p. 8

linguagem e sua formação durante a infância. Para o filósofo francês, Husserl não consegue superar o modelo moderno que separa, de um lado, a *res cogitans*, e que, na obra husserliana, corresponde ao sujeito transcendental, e, do outro, a *res extensa* ou objeto. A dicotomia sujeito-objeto, inaugurada e imortalizada pela metafísica cartesiana, constitui o ponto de partida da cisão entre consciência e mundo. O humanismo comete, segundo Merleau-Ponty, dois equívocos: ora tende ao subjetivismo filosófico – outorgando ao sujeito o poder de se apropriar da realidade exterior e heterogênea –, ora tende ao objetivismo científico, outorgando ao objeto "o poder de recriar a relação com o sujeito, exercendo sobre esse último influência de tipo causal."[191] O subjetivismo cartesiano encaminhou-se para o idealismo, enquanto o objetivismo científico seguirá o caminho inverso; no caso, a realidade será convertida, em especial, a partir do século XIX, a um "epifenômeno de acontecimentos físico-fisiológicos observáveis e objetivos".[192]

Ainda que as tendências idealista e empirista não se confinem, respectivamente, à filosofia e à ciência, esse esquema é o que encontramos mais largamente na história do pensamento ocidental: enquanto na filosofia o mundo é subsumido à representação, na ciência a consciência será reduzida à esfera dos objetos naturais. No interesse de superar as separações e fixações que o pensamento filosófico e científico impuseram, Merleau-Ponty, no decorrer de alguns de seus cursos ministrados nos anos 1950, desenvolveria sua própria ontologia. Essa busca do sentido do ser em geral, que, como veremos, encontra-se coligada à visão pontiana do anímico, está presente em textos em que vão desde o campo da estética, da psicologia, da filosofia da linguagem, à filosofia da ciência e da biologia.

No entanto, para que se apresente, ainda que sucintamente, o desenvolvimento e a radicalização do pensamento pontiano, seria importante analisar o próprio sentido da palavra fenomenologia para Merleau-Ponty. Como vimos, Merleau-Ponty esteve atraído como muitos autores de sua época não apenas por Husserl, mas, principalmente nos anos 1930 pela fenomenologia heideggeriana, em particular, como a encontramos em *Ser e tempo*. Com Heidegger, a fenomenologia era entendida mais como um estilo de pensar do que propriamente como um sistema filosófico. Sem entrar em pormenores, quanto à crítica fenomenológica, seja ela husserliana ou heideggeriana, ao objetivismo, nós já encontramos essa crítica em Hegel, Nietzsche e Freud.[193] Cada um à sua maneira suspeitou da tradição filosófica ocidental originada com os gregos. A tradição filosófica em geral considera a razão como o mais elevado atributo humano. No caso, uma

---

191 *Idem.*
192 *Ibid.*, p. 9.
193 MATTHEWS, Eric. *Compreender Merleau-Ponty*, p. 24.

razão impessoal que põe de lado perspectivas individuais sobre o mundo, como se assim eu pudesse depurar a linguagem filosófica-científica de qualquer parcialidade. O que então se disseminou no Ocidente fora a ideia de que as ciências matemáticas forneciam o modelo mais confiável de fundamentação da realidade. As ciências empíricas deveriam expressar suas descobertas em linguagem matemática, assim como as ações humanas deveriam ser consideradas da mesma maneira que o funcionamento das máquinas. Se nos atentarmos hoje para programas de pesquisa como o eliminativismo desenvolvido pelo casal Churchland, o que está em jogo é substancialmente isso: a compreensão de que o vocabulário habitual que fazemos uso para tratar do comportamento humano – em geral acompanhado de conceitos como "sentimentos", "interesses" e "razões" – deve ser substituído pelos termos da neurofisiologia. Para Paul Churchland, a chamada "psicologia popular não é apenas uma representação incompleta de nossas naturezas interiores; ela é pura e simplesmente uma representação *distorcida* de nossas atividades e estados internos".[194]

As descrições científicas substituiriam o qualitativo pelo quantitativo; em vez de eu falar de cores, eu trato de comprimentos de ondas de luz; em vez de eu falar de pensamentos e sentimentos, eu trato de processos cerebrais. O próprio ser humano será no decorrer do século XX reduzido a uma entidade biológica cujo funcionamento deve ser explicado enquanto processo físico-químico. Merleau-Ponty, seguindo a crítica de Husserl, considera que os cientistas se equivocam nesse mérito. Eles parecem esquecer que as ciências são realizações humanas, com propósitos específicos. Assim, o homem não poderia ser subsumido a um tipo específico que seria explicado de fora, até porque somos nós mesmos que damos significados aos conceitos. As ciências, enfim, são válidas desde que elas não abram da experiência humana.

O significado ontológico das noções de experiência e percepção

Para explicitar o papel da ciência, as noções de "percepção" e "experiência" serão revalorizadas por Merleau-Ponty. Contudo, essa é uma posição que já encontramos na obra husserliana. Em *Ideias para uma fenomenologia pura e para uma filosofia fenomenológica*, Husserl começa suas análises observando que, se o positivismo científico extrai todo crédito que se deposita na experiência

---

[194] CHURCHLAND, Paul. *Matéria e consciência*, p. 79.

perceptiva, seria importante recuperar e ressignificar essa dimensão, a princípio, subjetiva. Para Husserl, e essa é uma visão também abalizada por Merleau-Ponty em *Fenomenologia da percepção*, é a percepção e nenhuma outra consciência que determina a compreensão de algo como transcendente. A percepção ofereceria, em sua multiplicidade de perfis, a presença em carne e osso do objeto. Dela "surge, pois, a distinção eidética fundamental entre *ser como vivido* e *ser como coisa*".[195] Dizer que uma percepção apresenta o objeto intencional nele mesmo é já, por definição, colocar-se à distância dele, perfilá-lo. O trecho que destacamos não poderia ser mais claro: "onde não há ser no espaço, não há [...] sentido em falar de um ver a partir de pontos de vistas distintos, numa orientação que varia conforme aspectos distintos que ali se oferecem, conforme perspectivas, aparências e perfis distintos".[196] O "aparecer" que constitui a percepção não ocorre por acaso. Ele indica uma orientação, um modo de aparecer, uma espécie de vivido cuja expressão é a de uma estrutura peculiar.

O equívoco do positivismo científico é a crença de que a percepção, por só oferecer as coisas por um de seus lados, não me permite ter acesso à coisa mesma. Em atos intuitivos como a percepção, o que é intuído como coisa "é caracterizado de forma peculiar como ele mesmo 'em carne e osso', em contraposição ao que ocorre na recordação ou na livre inspiração, onde recebe o caráter modificado [...] de um algo 'presentificado' ".[197] A percepção de uma coisa distingue-se de quando a imaginamos ou a recordamos; até porque, quando percebemos, a impressão que se tem é a de que estamos diante da própria coisa, independentemente de nós. Esse é o sentido que dela extraímos. As percepções que temos das coisas são em essência perfilantes; elas trazem em seu bojo, por necessidade de essência, certa inadequação. A percepção que eu tenho de uma coisa envolve uma multiplicidade de percepções possíveis, que se fundem umas nas outras, constituindo uma unidade de percepção que perdura, vide uma nova série de perfis que mostra novos lados e reitera os antigos. Essa inadequação, insuprimível nas percepções, é o que explica o espírito científico de descoberta. Para Husserl, a descoberta científica está fundada no horizonte de indeterminidade que caracteriza a experiência perceptiva.[198]

As considerações husserlianas de que através das percepções a consciência está aberta ao mundo deram ensejo às análises de Merleau-Ponty, que procurou, numa pretensão ontológica mais fundamental, "restituir a percepção em seu

---

[195] HUSSERL, E. *Ideias para uma fenomenologia pura e para uma filosofia fenomenológica*, p. 96.
[196] *Ibid.*, p. 101.
[197] *Ibid.*, p. 103.
[198] *Ibid.*, p. 104.

sentido originário, que é o de ser nossa abertura e iniciação ao mundo, nossa 'inserção' em um mundo, em uma natureza, em um corpo 'animado'".[199]

Como já falamos, contrário ao intelectualismo, em que a percepção corresponde a uma espécie de inspeção pura do espírito, e ao realismo, em que a percepção se reduz a um acontecimento objetivo, para Merleau-Ponty, a percepção, mais do que um escalonamento de perfis, trata-se do ponto de encontro da natureza, que é sua base, com a história, do qual ela é fundação. Em *Fenomenologia da percepção*, Merleau-Ponty deixa claro que, para ele, a percepção constitui o fenômeno originário "com que se determina o sentido de todo ser que possamos conceber"[200] Nesse sentido, ainda que o primado da percepção seja contestado por Merleau-Ponty a partir de 1945, se há um elemento que atravessa a obra pontiana é o entendimento de que a realidade é "sustentada, no seu aparecer por uma armadura invisível de idealidade carnal,"[201] ou seja, na percepção, o que ainda encontramos é a idealidade – *Wesen*, essência ativa ou operante – "à vida concreta da experiência.".[202]

Quanto ao termo "experiência", ainda que, como "percepção", seja um desses nomes que tratam do fenômeno originário que constitui o contato direto e imediato que temos com o mundo e que a fenomenologia procura desvelá-lo de modo "aquém das construções e idealizações da ciência", no intuito justamente de "reativar, criticar, retificar as significações fundamentais que, transmitidas ao longo da história, regem nossa inteligência do ser e mesmo o acesso a nosso próprio ser", esse termo será distinguido por Merleau-Ponty em suas obras de maturidade da noção de percepção. Porém, se, em *Fenomenologia da percepção*, de 1945, as noções de percepção e de experiência eram solidárias na medida em que o conceito de percepção tematizava abertura do mundo, ao passo que a experiência trata das operações cognitivas que giram em torno dessa abertura, na obra póstuma *O visível e o invisível*, o fenômeno que Merleau-Ponty faz uso para tratar do contato originário que temos com o mundo será a experiência e não mais percepção. O que, então, encontramos são duas perspectivas bem diferentes ao longo da obra pontiana: se, em 1945, a fenomenologia de Merleau-Ponty ainda se aproximava da de Husserl, uma vez que a originalidade da percepção ainda era firmada na comunhão ou acoplamento entre o *cogito* – a consciência – e o *cogitatum* – o objeto –, no final da década de 1950, a experiência já não será dependente da separação entre sujeito e objeto; antes, será tratada como

---

199 DUPOND, Pascal. *Vocabulário de Merleau-Ponty*, p. 62.
200 *Idem.*
201 *Ibid.*, p. 63.
202 *Idem.*

"'fissão' ou 'deiscência' no tecido do mundo".²⁰³ Quanto ao termo "deiscência", extraído da botânica, e que designa a abertura de um órgão quando atingiu sua maturidade, constitui um dispositivo conceitual que Merleau-Ponty "estabelece em seus últimos textos para subtrair o campo transcendental do primado da consciência, da subjetividade ou da imanência".²⁰⁴

Assim, se o conceito de "transcendental", muito corriqueiro em fenomenologia, ainda dizia respeito, em *Fenomenologia da percepção*, ao que Husserl denominava de imanente à consciência, ou seja, de caracterização intencional, nos últimos textos, Merleau-Ponty analisou "o transcendental como evento de meu corpo para ele mesmo e para o mundo".²⁰⁵ Destarte, quando trata da deiscência (*dehiscence*), não está falando, à maneira de Husserl, de um corpo submetido à consciência intencional, mas de um corpo e de um mundo imbricados. Observando com acuidade *O visível e o invisível*, o que se nota da parte de Merleau-Ponty em comparação à obra de 1945 é uma inversão metodológica: em vez de estabelecer nossa iniciação no mundo vide a distância entre consciência e objeto, o filósofo mostra que dessa fissão ou abertura orgânica é que se faz nascer "um para o outro, o vidente e o visível".²⁰⁶ Foi exatamente nessa zona de sombra que ele desenvolveu seus conceitos; enfim, nessa necessidade de "retomar a essa ideia da proximidade pela distância, da intuição como auscultação ou palpação em espessura [...] e põe em causa", ainda que coincidente, "a coincidência".²⁰⁷ O original que salta aos olhos quando se debruça sobre a obra pontiana é como o filósofo desenvolveu as bases de uma ontologia geral a partir dos aspectos corporais e orgânicos de nosso ser.

Outro conceito pouco empregado por Merleau-Ponty, contudo, de certo destaque em autores como o filósofo marxista Ernst Bloch, é o de *Ser-assim* (*Sosein*), que diz respeito ao fato de que somos um corpo, isto é, de que somos "pensamentos que experimentam, através deles, o peso do espaço, do tempo, do próprio Ser que eles pensam".²⁰⁸ A proximidade de Merleau-Ponty de Bloch é flagrante, uma vez que ambos desenvolvem suas análises a partir do corpóreo e do sensível. As palavras de Bloch em *O princípio esperança* não poderiam ser mais claras: "esse ser (o homem) é, em primeiro lugar, o corpo vivo individual: sendo movido por estímulos e transbordando deles, possui ele os impulsos, que não pairam de modo genérico"²⁰⁹. Merleau-Ponty faz parte de um conjunto de

---
203 *Ibid.*, p. 28.
204 *Ibid.*, p. 14.
205 *Idem.*
206 *Ibid.*, p. 28.
207 MERLEAU-PONTY, Maurice. *O visível e o invisível*, p. 125.
208 *Ibid.*, p. 114. A proximidade de Merleau-Ponty a Bloch é, nesse mérito, flagrante, uma vez que ambos desenvolvem suas análises a partir do corpóreo e do sensível.
209 BLOCH, Ernst. *O princípio esperança*, volume I, p. 52.

autores que revalorizará a dimensão sensorial e corporal, tendo em vista, ora sua fragilidade e materialidade, como Bloch e Levinas, ora a ambiguidade inerente nessa dimensão, como é o caso de Levinas e do próprio Merleau-Ponty.

De qualquer forma, Merleau-Ponty faculta, distinto de todos os demais filósofos de sua época, em particular, os fenomenólogos, uma sobreimportância à biologia. Quando Merleau-Ponty classifica a experiência como forma de deiscência, o que o filósofo está propondo é que, com a experiência, os organismos não se separam das coisas com que interagem; pelo contrário, a experiência abre o vidente para o visível. Para Merleau-Ponty, o que a experiência nos mostra é a dimensão da corporeidade. A fenomenologia seria assim para ele o retorno à experiência direta; um pensamento que põe de lado quaisquer ideias preconcebidas derivadas de nossas teorias científicas. Porém, se Merleau-Ponty faz da filosofia esse retorno ao mundo antes do conhecimento, esse retorno ao sensível nem por isso deve ser tomado como fusão com o imediato. Assim, o famoso pedido husserliano de retornar às coisas mesmas, em Merleau-Ponty não deixa de ser uma reflexão, que reconhece "sua própria dependência em relação a uma vida irrefletida que é sua situação inicial, constante e firme".[210] Em outras palavras, o filósofo parte da compreensão de que, mesmo quando nos propomos, à maneira de Descartes e Husserl a pôr o mundo entre parênteses, não somos capazes de fugir desse mundo; pelo contrário, fazemos parte dele. Assim, se, em Husserl, a redução ainda se tratava desse recuo metodológico face aos preconceitos teóricos; em Merleau-Ponty, ainda que aceite a ideia de redução, já adverte que ela não pode ser tomada como retirada de nosso envolvimento com o mundo.

Pelo contrário, é preciso reconhecer que estou entre outros sujeitos, e que, portanto, a minha experiência constitui apenas uma experiência de mundo se comparada com a dos outros. Essa se trata de uma posição pontiana não apenas de caráter epistêmico, mas antropológico e político. No texto *Em toda parte e em nenhuma parte*, que serviu de introdução para um livro coletivo – *Les Philosophes Célèbres*, de Lucien Mazenod, Merleau-Ponty, ainda que parta das análises históricas hegelianas, delas se afasta e até se posiciona criticamente a elas quando trata das chamadas filosofias orientais, pois, ao contrário de abordá-las como fenômeno histórico menor, num meio caminho entre a religião e a filosofia, elas deveriam ser tomadas em sua inteireza e estranhamento.

Para Merleau-Ponty, Hegel ainda respondia por uma visão etnocêntrica, sendo necessário superá-la. A pretensão hegeliana por uma "filosofia pura e absoluta, em cujo nome Hegel exclui o Oriente, exclui também boa parte do passado ocidental", ao que Merleau-Ponty conclui, "talvez, se aplicado rigorosamente, o critério só

---

210 MERLEAU-PONTY, Maurice. *Fenomenologia da percepção*, p. 35.

agraciaria Hegel".[211] O reconhecimento, por sinal, vai além disso: ele se estende ao fato de "que não posso ter consciência de mim mesmo como sujeito sem também ter consciência de outros sujeitos".[212]

A condição biológica de *ser-no-mundo*

A existência de outros sujeitos tanto quanto de si mesma acaba significando um mundo compartilhado, ou seja, um mundo que fornece um horizonte comum às nossas experiências. A subjetividade não teria como estar desarticulada do mundo, mesmo fazendo uso de um artifício metodológico como a redução. Para Merleau-Ponty, *ser-no-mundo* – termo, aliás, que o filósofo extrai da ontologia heideggeriana – significa um ser encarnado em certa situação histórica.

A dimensão do corpo e da carne, que, como "mundo vivido" (*Lebenswelt*), o filósofo recupera da noção husserliana "corpo orgânico" (*Leib*), designa a condição de que quando tratamos do corpo em estado de animação, também denominado por Merleau-Ponty de "corpo próprio" e "corpo fenomenal", esses termos, em distinção de "corpo objetivo", tratam de uma categoria ontológica. Para Merleau-Ponty, a condição de estarmos no mundo é inseparável do fato de que somos igualmente um organismo. Como Matthews observa, a visão pontiana é, em certa medida, biológica, ainda que se deva deixar claro em que sentido Merleau-Ponty assume o biologismo. Evidentemente, o filósofo não está identificando o nosso ser com um corpo reduzido a aspectos físico-químicos. Ainda no que diz respeito ao biológico, merece destaque a obra póstuma *A natureza*, conjunto de enxertos correspondentes a um curso proferido pelo filósofo de 1956-1957. O autor parte do princípio de que a noção de natureza deve ser avaliada em primeiro lugar do ponto de vista de sua história conceitual. Ele mostra que a natureza era originariamente entendida como tudo o que fomenta sentido mesmo desprovido de pensamento. A noção aproximaria assim da noção de vida como no hilozoísmo de Tales de Mileto. Seria importante se deter um pouco mais nessa visão autoprodutiva da natureza. Significa simplesmente que a natureza "determina-se de dentro",[213] ou, se preferir, responde por um sentido que lhe guia no cumprimento de suas manifestações como etapas, como se na natureza habitasse um pensamento. De qualquer forma, devido ao fato de a visão teleológica da natureza estar atualmente circunscrita, e com restrições, ao conceito biológico de função, *A natureza* deixa claro em sua introdução que, para Merleau-Ponty, o que

---

211 MERLEAU-PONTY, Maurice. *Textos escolhidos*, p. 220.
212 MATTHEWS, Eric. *Compreender Merleau-Ponty*, p. 27.
213 MERLEAU-PONTY, Maurice. *A natureza*, p. 4.

ainda continua nos dias de hoje correspondente à noção originária de natureza é a ideia de que a natureza se distingue de todo e qualquer artifício; de que, enfim, ela constitui "o primordial, ou seja, o *não constituído*, o *não instituído*".[214] Se na natureza já não posso falar, pelo menos em termos absolutos, de um *telos*, ainda se salvaguarda uma *arché* que a diferencia, por exemplo, dos objetos de cultura. Sendo prévia ao homem, a natureza se oferece ao homem como solo originário "que nos sustenta".[215] Esse é, enfim, o aspecto que torna a natureza "um objeto enigmático, um objeto que não é inteiramente objeto".[216]

Em termos husserlianos, a significação de uma realidade que originariamente independente da consciência que a espreita. O que Merleau-Ponty denuncia, assim como vimos em relação ao humanismo, é uma dupla tendência na reflexão sobre a natureza: ora reduz a natureza ao mecanicismo, ora explora com uma significação que seria dependente, em última instância, da consciência. Para superar esse impasse, Merleau-Ponty pede ajuda às ciências a fim de esclarecer a ideia de natureza que vigora atualmente entre as pesquisas[217]. No campo da biologia, que nos interessa, ele trata de fenômenos como o mimetismo, que ofereceria "elementos cruciais para a configuração de uma nova postura ontológica".[218]

No mimetismo, os organismos se confundem com o ambiente, o que se vê é uma dupla camada de eventos, ou seja, um ambiente que se organiza como sensibilidade, em que as cores e formas dos seres vivos se confundem com as da paisagem. O mundo encontrar-se-ia assim organizado como "sensibilidade iminente, para que as capacidades perceptivas possam se exercer".[219] A percepção, enfim, e, nesse mérito, a experiência, dependeria não só do percepente, mas também de uma natureza cuja tônica é a de ser sensível, isto é, de estar aberta a visadas perceptivas. As análises de Merleau-Ponty sobre a animalidade partem do princípio de que essa constitui uma região do ser que não se oferece passivamente à consciência, antes, ela está estruturada de tal forma que acaba por definir em vários aspectos a percepção.

A filosofia pontiana inscreve-se em todos os temas que aborda sob esse índice de ambiguidade. Por exemplo, quando trata da linguagem, vejamos o que Merleau-Ponty tem para dizer, uma vez que sendo um dos principais temas da filosofia no século XX será objeto de estudo de Merleau-Ponty em diversos textos. Em geral se observa que em seus estudos "acerca da linguagem, tem como

---

214 *Idem.*
215 *Idem.*
216 *Idem.*
217 *Ibid.*, p. 136.
218 FERRAZ, M. S. A. *Fenomenologia e ontologia em Merleau-Ponty*, p. 119.
219 *Ibid.*, pp. 119-120.

princípio tratá-la como modalidade do corpo e não como operação do pensamento puro".[220] A linguagem seria uma extensão do próprio corpo, ela consiste apenas em um comportamento específico.

As palavras expressariam, enfim, uma intencionalidade corpórea. No fundo, a linguagem constitui apenas uma forma geral quando a gente fala de gestos. Ela não deve ser tratada "como exterior ao pensamento ou como sua vestimenta".[221] Pelo contrário, como tudo que é tratado por Merleau-Ponty, seu índice de ambiguidade só nos mostra que a linguagem é apenas outra faculdade do mundo sensível, ou seja, outro modo de o corpo se manifestar.

O pensamento, por sua vez, também não se trata de uma emanação descarnada; pelo contrário, "não há *o* pensamento e *a* linguagem: examinando-os verificamos que cada uma das duas ordens se desdobra e lança um tentáculo para outra".[222] A linguagem estende-se, aliás, para Merleau-Ponty, para além da expressão verbal. Ela constitui, antes, uma linguagem silenciosa que atravessa toda a vida, presente nos gestos, nas artes, constitui todo um sentido implícito; as palavras mesmas não são rígidas, os significados são maleáveis; em nosso mundo contemporâneo sabemos disso: "uma tradução direta de um texto de computador, por exemplo", é bastante problemática.[223] As análises pontianas parecem se voltar para uma única Roma: o corpo. Nesse mérito, são análises de uma acuidade penetrante.

O corpo e a descoberta do ser selvagem

Para Merleau-Ponty, os corpos animados apareceriam como que entranhados de uma possessividade que me impede de os classificar como puramente objetivos. O mundo não poderia ser mais apreendido como uma realidade simplesmente pensada, mas como algo experimentado em que agimos sobre. Suas significações envolveriam uma ambivalência emocional, sensual e imaginativa. Com Merleau-Ponty, a condição de *ser-no-mundo* engloba aspectos objetivos e subjetivos: somos uma espécie animal e, como qualquer animal, somos afetados "pelas influências que atuam de fora".[224] Dito de outro modo, como organismos biológicos, agimos em um mundo circundante (*Umwelt*); nesse mérito, o simples fato de *sermos*, mais do que simplesmente *termos*, um corpo faz com que nossas relações não sejam

---
220 CARMO, Paulo Sérgio do. *Merleau-Ponty: uma introdução*, p. 96.
221 *Ibid.*, p. 97
222 MERLEAU-PONTY, Maurice. *Signos*, p. 26.
223 CARMO, Paulo Sérgio do. *Merleau-Ponty: uma introdução*, p. 99.
224 MATTHEWS, Eric. *Compreender Merleau-Ponty*, p. 117.

de ordem abstrata ou intelectual; e mesmo aquelas "de ordem intelectual, como as reflexões sobre as coisas, só podem ser entendidas contra o pano de fundo de nosso entendimento pré-reflexivo com o mundo".[225] O mundo, não custa frisar, só tem sentido porque estamos envolvidos nele; ele é, enfim, "simplesmente o correlativo de nossa experiência".[226] Contudo, ainda que, para Merleau-Ponty, o mundo só tenha sentido quando diante de um sujeito cognoscente, este não tem sua existência reduzida, como em Berkeley, à condição de ser percebida. Quando dizemos que somos no mundo, de alguma maneira, consideramos desde sempre que o mundo existe independentemente de nós. Contudo, somente como corpos, o mundo revela em nós esse sentido em sua intimidade: se, por um lado, o corpo não se reduz à imanência da consciência, por outro, ele não se explica única e exclusivamente com mecanismos psicológicos.

O corpo é, como a consciência, reflexivo; porém, como os objetos, visível e extenso no espaço. O corpo constitui literalmente uma espécie de espelho natural. Ele é, enfim, "um visível que *se* vê, um tocado que *se* toca, um sentido que *se* sente".[227] Uma das imagens pontianas geralmente citada nos almanaques de filosofia é a experiência estesiológica da mão que toca ao mesmo tempo em que é tocada pela outra: o que está em jogo é a ambiguidade.

Como discernir a sensação do toque e o ato de tocar? Para Merleau-Ponty, a experiência inicial do corpo é da ordem de uma reflexividade que se estenderia à relação que mantemos com as coisas, e em especial, de modo mais enfático, com os outros. As dimensões aqui então vislumbradas abririam a filosofia para a não filosofia, o imediato, o anterior do discurso quando ditado pela inteligibilidade. Corpo, linguagem, orgânico: essas são apenas algumas das muitas formas que Merleau-Ponty encontrou para tratar dessa dimensão do ser, e que ele não poupou palavras de chamá-lo de "selvagem", "bruto", ser para além das contradições da antropologia, do naturalismo e da teologia, em suma, pré-reflexivo. Esperamos ter apresentado, algumas vezes de modo mais esmiuçado, outras mais *en passant*, os temas centrais da filosofia de Merleau-Ponty, sobre o papel da percepção e do comportamento, seja levando em conta seu diálogo com a ciência, os elementos centrais de seu pensamento; que, aliás, não abre mão de seu peso, o barroquismo de um mundo selvagem que, se, por um lado, não é a simples concessão do espírito à natureza, por outro, resgata no interior da natureza seu sentido.

---

225 *Ibid.*, p. 118.
226 *Ibid.*, p. 119.
227 CHAUI, Marilena. Merleau-Ponty: vida e obra. Em: MERLEAU-PONTY, Maurice. *Textos escolhidos*, p. 10.

Questões para estudo e discussão:

- De que forma o pensamento pontiano pode contribuir como contraponto para as análises biológicas, no que tange ao reducionismo da biologia, por exemplo, em campos como a genética?

- A fenomenologia é em geral considerada um discurso valorativo da consciência. Como a fenomenologia desse autor rompe com esse paradigma através da admissão do corpo?

- Do corpo para a dimensão do outro, da dimensão do outro homem para a dimensão da história: como o pensamento aparentemente empirista de Merleau-Ponty reúne em uma unidade essas esferas do pensamento? É ainda possível falar hoje de unidade, de corpos, de doutrina? Ainda há lugar para o unicismo, ou seja, para uma tese que encerre todos os pontos e dúvidas?

POSFÁCIO

Este livro nasceu a partir do Projeto de Extensão em Filosofia que está sendo desenvolvido na Universidade Federal Fluminense (UFF), *campus* de Volta Redonda, desde o início de 2011. O Projeto nasceu da necessidade de tornar a filosofia mais conhecida pelos estudantes das diferentes faculdades que compõem o *campus*, proporcionando-lhes o contato com um especialista de uma área da Filosofia. Em uma região onde as oportunidades de formação filosófica são raras e precárias, abrimos o Projeto também aos professores das escolas de ensino médio da região sul fluminense. Desde então, um grupo vem se reunindo periodicamente com a presença de um professor de filosofia que se dispõe a apresentar-lhes o filósofo de sua especialização, oferecendo-lhes uma chave de leitura que abra as portas do leitor não familiarizado com a filosofia ao mundo de alguns pensadores clássicos.

Após uma série de palestras, pensamos que seria de grande utilidade partilhar o material apresentado com um público mais amplo, publicando os textos preparados pelos professores. Sintetizar a obra de um filósofo, em cerca de quinze páginas, não é tarefa simples. Exige não somente o discernimento do que é essencial em sua obra, mas também a capacidade de reunir, em poucas páginas, seu itinerário filosófico percorrido durante três ou quatro décadas de produção filosófica. Por isso, achamos que cada professor deveria apresentar o filósofo sobre o qual se especializou em seus estudos doutorais para evitarmos uma visão superficial ou infiel ao pensamento do autor. Os que fizeram parte desse projeto estudam, há alguns anos, os autores que apresentam e se dedicam ao ensino da Filosofia em universidades públicas e particulares do Rio de Janeiro e de Minas Gerais.

Nas últimas décadas, temos visto crescer o interesse pela Filosofia em nosso país, principalmente durante os estudos da graduação, tendo o Brasil se tornado um dos países onde mais se estuda filosofia, no mundo ocidental. As obras dos grandes nomes da filosofia têm sido traduzidas para o português, permitindo ao estudante brasileiro o contato direto e próximo com as ideias geradoras da civilização ocidental. Estamos aprendendo que a Filosofia preenche um espaço que os outros campos do conhecimento não podem fazê-lo, dada a tendência ao saber fragmentário e técnico de grandes áreas da educação universitária. Fiel à tradição que a marcou desde o nascimento, ela permanece voltada para a construção de uma visão de conjunto, para a procura de um olhar sobre a totalidade, impedindo a parcialização e a instrumentalização do conhecimento de serem suas únicas marcas. Se ainda prevalece uma razão de tipo instrumental na academia, se ainda predomina a procura pelos conhecimentos meramente técnicos em algumas áreas do ensino, a Filosofia se compromete, por sua própria natureza, a construir uma razão de tipo comunicativo e uma racionalidade ética alicerçada em valores que dão sentido às construções humanas e significado às ações pessoais e coletivas. Assim, consideramos que os pensadores aqui apresentados foram, em suas épocas e em suas sociedades, uma presença crítica como deve ser a do intelectual que ajuda seus contemporâneos a fazerem uma leitura adequada de sua própria história e experiência.

Agradeço o interesse e a colaboração dos colegas que se dispuseram a partilhar nestas páginas um pouco do que descobriram e continuam a descobrir, em suas experiências acadêmicas, a respeito dos pensadores de que se ocupam, tornando suas ideias iluminadoras e provocadoras para nossa reflexão sobre a realidade brasileira.

Volta Redonda, 25 de novembro de 2013.

Prof. Ozanan Vicente Carrara

Referências bibliográficas

AA.VV. *Essere e Libertà. Studi in Onore di Cornelio Fabro*. Rimini: Maggioli, 1984.

ACERBI, A. *La Libertà in Cornelio Fabro*. Roma: Università della Santa Croce, 2005.

_____; ROMERA, L. *La Antropología de Cornelio Fabro*. Navarra: Anuario filosofico, XXXIX/1, 2006, pp. 101-131.

ALLIEZ, E. *Gilles Deleuze: uma vida filosófica (org.)*. São Paulo: Editora 34, 2000.

ARISTÓTELES. *Metafísica*. São Paulo: Loyola, 2002.

AZEVEDO, Juan Llambías de. *Max Scheler: Exposición Sistemática y Evolutiva de su Filosofía*. Buenos Aires: Editorial Nova, 1965.

BADIOU, A. *Deleuze, o clamor do ser*. Rio de Janeiro: Jorge Zahar, 1997.

BAILLY, A. *Dictionnaire Grec-Français*. Paris: Hachette, 1950.

BARTHÉLEMY-MADANTE, Madeleine. *Bergson*. Paris: Seiul, 1967.

BEAUVOIR, S. *A cerimônia do adeus*, seguido de *entrevista com Jean-Paul Sartre (agosto-setembro 1974)*. Tradução de Rita Braga. Rio de Janeiro: Editora Nova Fronteira, 1982.

BENNINGTON, G.; DERRIDA, J. (1990) *Jacques Derrida*. Paris: Ed. Du Seuil, Les Contemporains. Tradução de Anamaria Skinner. *Jacques Derrida*. Rio de Janeiro, Jorge Zahar Ltda., 1996.

BERGSON, Henri. *Oeuvres*, 5e édition. Édition du Centenaire, 3ème édition. Paris: P.U.F., 1991.

_____. *Mélanges*. Édition du Centenaire. Paris: P.U.F., 1972.

_____. O pensamento e o movente – introdução (primeira parte). Em: *Cartas, conferências e outros escritos*. São Paulo: Abril Cultural, 1979(a) (Coleção Os Pensadores).

_____. Introdução à metafísica. Em: BERGSON, Henri. *Cartas, conferências e outros escritos*. São Paulo: Abril Cultural, 1979(b) (Coleção Os Pensadores).

BLOCH, Ernst. *O princípio esperança*. Tradução de Nélio Schneider. Rio de Janeiro: Contraponto/EdUERJ, 2005.

CALIN, Rodolphe; SEBBAH, François-David. *Le Vocabulaire de Lévinas*. Paris: Éditions Ellipses, 2002.

CAPUTO, John D. *Radical Hermeneutics: Repetition, Deconstruction and the Hermeneutic Project*. Bloomington, Ind.: Indiana University Press, 1987.

_____ (org.). *Deconstruction in a Nutshell. A Conversation with Jacques Derrida*. New York: Fordham Univ. Press, 1997.

CARMO, Paulo Sérgio de. *Merleau-Ponty: uma introdução*. São Paulo: EDUC, 2000.

CARRARA, Ozanan Vicente. *Levinas: do sujeito ético ao sujeito político*. Elementos para pensar a política outramente. Aparecida: Ideias & Letras, 2010

CASANOVA, Marco Antônio. *Compreender Heidegger*. Rio de Janeiro: Vozes, 2009.

CHANG, Mathieu. Personne et Amour chez Max Scheler. Em: *Revue Philosophique de Louvain*, 1971.

CHURCHLAND, Paul. *Matéria e consciência: uma introdução contemporânea à filosofia da mente*. Tradução de Maria Clara Cescato. São Paulo: Editora UNESP, 2004.

CIARAMELLI, Fabio. *Transcendance et Éthique. Essai sur Levinas*. Bruxelles: Éditions Ousia, 1989.

COELHO, J. G. *Bergson leitor de Lucrécio: as implicações existenciais do determinismo*. Trans/Form/Ação, São Paulo, vol. 26, 2003, pp. 129-140.

COHEN-SOLAL, A. *Sartre – 1905-1980*. Tradução Milton Person. Porto Alegre: L&PM, 1986.

_____. *Sartre*. Tradução de Paulo Neves. Porto Alegre: LP&M, 2005.

CONTAT, M.; RYBALKA, M. *Les Écrits de Sartre*. Paris: Gallimard, 1970.

DA SILVA, L. D. *A filosofia de Sartre entre a liberdade e a história*. São Carlos: Claraluz, 2010.

DAHLSTROM, Daniel. Heidegger's Method: Philosophical Concepts as Formal Indications. *Review of Metaphysics*, 47, 1994. pp. 775-795.

DELEUZE, G. *Diferença e repetição*. Rio de Janeiro: Graal, 2006.

_____. *Nietzsche e a filosofia*. Rio de Janeiro: Editora Rio, 1976.

_____. *Lógica do sentido*. São Paulo: Perspectiva, 1982.

_____. *Conversações*. Rio de Janeiro: Editora 34, 1992.

_____. *Crítica e clínica*. São Paulo: Editora 34, 1997.

_____. *Diálogos*. São Paulo: Editora Escuta, 1998.

_____. *Bergsonismo*. São Paulo: Editora 34, 1999.

_____; GUATTARI, F. *O que é a filosofia?* Rio de Janeiro: Editora 34, 1992.

_____. *Mil platôs* (vol. 1, 2, 3, 4, 5). São Paulo: Editora 34, 1997.

_____. *O anti-édipo*: capitalismo e esquizofrenia. Rio de Janeiro: Imago Editora, 1976.

DERRIDA, Jacques. *Adieu à Emmanuel Lévinas*. Paris: Galilée, 1997.

_____. *Edmund Husserl, L'Origine de la Géométrie*. Tradução e introdução de J. Derrida. Paris: P.U.F, 1962.

_____. (1967(a)) *De la Grammatologie*. Paris: Minuit. Tradução de Miriam Schnaiderman e Renato J. Ribeiro. *Gramatologia*. São Paulo: Perspectiva, 1973(a).

_____. (1967(b)) *L'écriture et la Différence.* Paris: Seuil. Tradução de M. Beatriz M. N. da Silva. *A escritura e a diferença,* 3ª ed. São Paulo: Perspectiva, 2002).

_____. *La Dissémination.* Paris: Seuil, 1972(a).

_____. (1972(b)) *Marges de la Philosophie.* Paris: Minuit. Tradução de Joaquim Costa e Antonio Magalhães. *Margens da Filosofia.* Porto: Ed. Rés, s.d.

_____. (1972(c)) *Positions.* Paris: Minuit. Tradução de Tomaz Tadeu da Silva. Posições. Belo Horizonte: Autêntica, 2001.

_____. *La Carte Postale. De Socrate à Freud et Au-delà.* Paris: Flammarion, 1980.

_____. Admiration de Nelson Mandela: où les lois de la réflexion. Em: Derrida and Mustapha Tlili (ed.). *Pour Nelson Mandela.* Paris: Gallimard, 1986.

_____. (1987(a)) *De L'Espirit. Heidegger et la Question.* Paris: Galilée. Tradução de Constança Marcondes Cesar. *Do Espírito.* Campinas: Ed. Papirus, 1990.

_____. *Psyché. Inventions de L'Autre.* Paris: Galilée, 1987(b).

_____. *Mémoires pour Paul de Man.* Paris: Galilée, 1988(a).

_____. (1988(b)). *Limited Inc.* Illinois: Northwestern Univ. Press. (ed. franc. 1990. Paris: Galilée). Tradução de Constança Marcondes Cesar. *Limited Inc.* Campinas: Papirus,1992.

_____. *Demeure. Maurice Blanchot.* Paris: Galilée, 1988(c).

_____. *Du Droit à la Philosophie.* Paris: Galilée, 1990(a).

_____. *Donner le Temps: La Fausse Monnaie.* Paris: Galilée, 1991.

_____.(1992(a)) Donner La Mort, em: *L'Étique du Don. Colloque de Royaumont*: dec. 90. Paris, Metalié-Transitions.

_____. *Points de Suspensions. Entretiens.* Paris: Galilée, 1992(b).

_____. (1993) *Spectres de Marx. L'État de la Dette, Le Travail du Deuil et la Nouvelle Internationale*, Paris: Galilée.Tradução de Anamaria Skinner. *Espectros de Marx*. Rio de Janeiro: Relume Dumará, 1994.

_____. *Politiques de L'Amitié*. Paris: Galilée, 1994.

_____. (1995(a)) *Mal D'Archive*. Paris: Galilée. Tradução de Cláudia de Moraes Rego *Mal de Arquivo. Uma impressão freudiana*. Rio de Janeiro: Relume Dumará, 2001.

_____. (1995(b)) The Time is out of Joint. Tradução de Peggy Kamuf. Em: *Desconstruction is in America: A new Sense of the Political*. New York: New York Univ. Press, pp. 14-41.

_____. (1996(a)) *Le Monolinguisme de L'Autre*. Paris: Galilée. Tradução de Fernanda Bernardo. *O monolinguismo do outro ou prótese da origem*. Porto: Campo das Letras, 2001.

_____. *L'Autre Cap. La Démocratie Ajournée*. Paris: Minuit, 1996(b).

_____. (1996(c)) Terei de errar só. Em: *Cadernos de subjetividade*. NEPS, São Paulo: junho, pp. 224-227. Tradução de Luciana A. Penna (Folha de São Paulo).

_____. *Apories. Mourir – S'attendre aux "Limites de la Vérité"*. Paris: Galilée, 1996(d).

_____.(1996(e)) As If I Were Dead, an Interview with Jacques Derrida. Em: *Applying to Derrida*. Ed. John Brannigan, Ruth Robbins and Julian Wolfreys. London: Macmillan, pp. 212-217.

_____. *Le Droit à la Philosophie du Point de vue Cosmopolitique*. Edit. Unesco – Verdier, 1997(a).

_____. (1997(b)) *Anne Dufourmentelle Invite Jacques Derrida à Répondre De L'Hospitalité*. Paris: Calmann – Lévy. Tradução de Antonio Romane. *Anne Dufourmentelle convida Jacques Derrida a falar da hospitalidade*. São Paulo: Escuta, 2003.

_____. (1997(c)) *Adieu à Emmanuel Lévinas*. Paris: Galilée. *Adeus a Emmanuel Lévinas*. São Paulo: Perspectiva, 2004.

_____. *Cosmopolites de Tous les Pays, Encore um Effort*. Paris: Galilée, 1997(d).

_____. (1999) L'Animal que Donc Je Suis. Em: *L'Animal Autobiographique. Autour de Jacques Derrida*. Paris, Galilée. Tradução de Fábio Landa. *O animal que logo sou* (a seguir). São Paulo: UNESP, 2002.

_____. *Foi et Savoir*. Paris: Ed. du Seuil. Tradução de Roberta Barni, Claudia Cavalcanti e Luciana Vieira Machado. Fé e saber, em: *A religião: o seminário de Capri*. São Paulo: Estação Liberdade, 2000.

_____. *De Quoi Demain... Dialogue* (*avec* Elisabeth Roudinesco). Paris: Arthème Fayard/Galilée, 2001.

_____. *Chaque Fois Unique la Fin du Monde*. Paris: Galilée, 2003.

_____. (2012) Pensar e não ver. Em: *Pensar em não ver. Escritos sobre as artes do visível* (1979-2004). Tradução de Marcelo Jacques de Moraes. Florianópolis: Ed. UFSC, pp. 63-89.

DESCARTES, René. *Meditações*, 3ª ed. São Paulo: Nova Cultural, 1983 (Coleção Os Pensadores).

DILTHEY, W. *Der Aufbau der Geschichtlichen Welt in die Geisteswissenschaften, Gesammelte Shriften*. Stuttgart: B. G. Teubner, 1958, vol. 7.

DUPOND, Pascal. *Vocabulário de Merleau-Ponty*. Tradução de Claudia Berliner. São Paulo: Editora WMF Martins Fontes, 2010 (Coleção Vocabulário dos Filósofos).

DUPUY, Maurice. *La Philosophie de Max Scheler: Son Évolution et Son Unité*, 2 vol. Paris: Presses Universitaires de France, 1959.

ESCUDERO, J. A. El Programa Filosófico del Joven Heidegger: en Torno a las Lecciones de 1919. La Idea de la Filosofía y el Problema de la Concepción del Mundo. Em: *Eidos*, n. 7, 2007, pp. 5-151.

FABRO, Cornelio. *Introduzione a San Tommaso. La Metafisica Tomista & il Pensiero Moderno*. Milão: Ares, 1997.

_____. *La Nozione Metafisica di Partecipazione Secondo San Tommaso d'Aquino*, 4ª ed. Segni: Edivi, 2005.

_____. *Partecipazione e Causalità Secondo S. Tommaso d'Aquino*, 2ª ed. Segni: Edivi, 2010.

_____. *L'io e L'esistenza e Altri Brevi Scritti*. Roma: Università della Santa Croce, 2006.

_____. *Per un Tomismo Essenziale, Aquinas, Annus VIII*, n. 1, Roma, 1965, pp. 9-23.

FERRAZ, Marcus Sacrini A. *Fenomenologia e ontologia em Merleau-Ponty*. Campinas: Papirus, 2009.

_____. *O transcendental e o existente em Merleau-Ponty*. São Paulo: Associação Editorial Humanitas, 2006.

FONTANA, Elvio. *Attualità del Tomismo di Cornelio Fabro*. Roma: Università S. Tommaso d'Aquino, 2007.

_____. *Metafisica della Partecipazione*. Genesi e Significato della Scoperta Fabriana. Segni: Edivi, 2011.

FOUCAULT, M.; BARTHES, R.; DERRIDA, J.; BAUDRY, J. L et al. *Théorie d'Ensemble*. Paris: Du Seuil, 1968.

GADAMER, Hans-Georg. *Hermenêutica em retrospectiva: a posição da filosofia na sociedade*. Tradução de Marco Antônio Casanova. Petrópolis: Vozes, 2007, vol. 4.

GOUHIER, Henri. Avant-Propos, em: BERGSON, Henri. *Mélanges*, 5ᵉ édition. Édition du Centenaire, 3ᵉᵐᵉ édition. Paris: P.U.F, 1972.

_____. Introduction, em: BERGSON, Henri. *Oeuvres*, 5ᵉ édition. Édition du Centenaire, 3ᵉᵐᵉ édition. Paris: P.U.F., 1991.

GUALANDI, A. *Deleuze*. São Paulo: Estação Liberdade, 2003.

HARDT, M. *Gilles Deleuze, um aprendizado em filosofia*. São Paulo: Editora 34, 1996.

HEIDEGGER, M. *Introdução à metafísica*. Tradução de Emmanuel Carneiro Leão, Rio de Janeiro: Tempo Brasileiro, 1987.

_____. *Ser e tempo*. Vol. 1 e 2. Tradução de Márcia de Sá Cavalcanti. Petrópolis: Vozes, 1993.

_____. *Sein und Zeit*. Tradução de F.-W. von Herrmann. Frankfurt am Main: Vittorio Klostermann, 1976.

_____. *Die Grundprobleme der Phänomenologie*. Frankfurt am Main: Vittorio Klostermann, 1975 (Gesamtausgabe 24), 127.

_____.*Grundprobleme der Phänomenologie*. Frankfurt am Main: Vittorio Klostermann, 1992, (Gesamtausgabe 58).

_____.*Ontologie Hermeneutik der Faktizität*. Frankfurt am Main: Vittorio Klostermann, 1988, (Gesamtausgabe 63).

_____. *Los Problemas Fundamentales de la Fenomenologia*. Tradução de José G. Norro. Madrid: Trotta, 2000.

_____. *Ontologia: Hermenêutica de la Facticidad*. Tradução de Jaime Aspiunza. Madrid: Alianza Editorial, 1999.

_____. *Ser y Tiempo*. Tradução de Jorge E. Rivera. Santiago de Chile: Universitária, 1997.

HEGEL, G. W. F. *Fenomenologia do Espírito*, 3ª ed. Tradução de Paulo Menezes; colaboração Karl-Heinz Efken e José Nogueira Machado. Petrópolis: Vozes; Bragança Paulista: Editora Universitária São Francisco, 2005.

HENCKMANN, Wolfhart. *Vernunft und Gefühl. Schelers Phänomenologie des emotionalen Lebens*. Würzburg: Königshausen & Neumann, 2003.

HESSEN, J. *Filosofia dos valores*. Tradução de L. Cabral de Moncada, Coimbra: Armênio Amado, Editor Sucessor, 1967.

HUSSERL, E. *Die Idee der Phänomenologie: Fünf Vorlesungen*. W. Biemel. Martinus Nijhoff, 1958.

_____. *Idées Directrices pour une Phénomenologie*. Paris: Gallimard, 1950.

_____. *Idées Diretrices pour une Phénoménologie*. Tradução de Paul Ricoeur, 5ª ed. Paris: Gallimard, 1980.

_____. *Investigaciones Logicas*. Tradução de Manuel G. Morente e Jose Gaos. Madrid: ed. Castilla, 1976.

_____. *Ideias para uma fenomenologia pura e para uma filosofia fenomenológica*: Introdução geral à fenomenologia pura. Prefácio de Carlos Alberto Ribeiro de Moura e tradução de Márcio Suzuki. Aparecida: Ideias & Letras, 2006 (Subjetividade Contemporânea).

KOJÈVE, A. *Introdução à leitura de Hegel*. Tradução de Estela dos Santos Abreu. Rio de Janeiro: Contraponto/EdUERJ, 2002. (*Introduction à la Lecture de Hegel*. Paris: Gallimard, 1947).

LEOPOLDO e SILVA, Franklin. *Reflexão e existência*. Discurso (Rev. Dep. de Filosofia da USP), ano IV, n. 4.

_____. *Bergson – intuição e discurso filosófico*. São Paulo: Loyola, 1994.

LEVINAS, E. *Totalidade e infinito*. Lisboa: Edições 70, 1980.

_____. *Autrement Qu'être ou Au-delà de l'Essence*. Paris: Brodard & Taupin, 2001.

_____. *Noms Propres*. Paris: Fata Morgana, 1976.

_____. *De Dieu qui Vient à l'idée*. Paris: Librairie Philosophique J. Vrin, 1998.

_____. *De Deus que vem a ideia*. Tradução de Pergentino Pivatto. Petrópolis: Vozes, 2002.

_____. *Descobrindo a existência com Husserl e Heidegger*. Lisboa: Instituto Piaget, 1997.

_____. *Le Temps et l'Autre*. Paris: Press Universitaire de France, 1983.

_____. *Entre Nous. Essais Sur le Penser-à-l'Autre*. Paris: Éditions Grasset & Fasquelle, 1991.

_____. *De l'Existence à l'Existant*. Paris: Librairie Philosophique J. Vrin, 1998.

_____. *Da existência ao existente*. Tradução de Paul Albert Simon e Lígia Maria de Castro Simon. Campinas: Papirus, 1998.

_____. *Éthique et Infini*. Paris: Fayard, 1982.

_____. *Ética e infinito: diálogos com Philippe Nemo*. Tradução de João Gama. Lisboa: Edições 70, 2000.

_____. *Humanisme de l'Autre Homme*. Paris: Fata Morgana, 1972.

_____. *Humanismo do outro homem*. Tradução de Pergentino Pivatto. Petrópolis: Vozes, 1996.

_____. *Théorie de l'Intuition dans la Phénoménologie de Husserl*. Paris: Librairie Philosophique J. Vrin, 1994.

_____. *Transcendência e inteligibilidade*. Tradução de José F. Colaço. Lisboa: Edições 70, 1991.

MACHADO, R. *Deleuze, a arte e a filosofia*. Rio de Janeiro: Jorge Zahar, 2009.

MADER, Wilhelm. *Scheler: in Selbstzeugnissen und Bilddokumenten*. Hamburg: Rowohlt Taschenbuch Verlag, 1995.

MALARMÉ, Stéphane. *Poésies*. Paris: ed: GF, 1992.

MARION, Jean Luc. *L'Idole et la Distance*. Paris: ed. Grasset & Fasquelle, 1977.

_____. *Positivité et Transcendence. Lévinas et la Phénomènologie*. Paris: PUF, Coll. Épiméthée, 2000.

MATTHEWS, E. *Compreender Merleau-Ponty*. Tradução de Marcus Penchel. Petrópolis: Vozes, 2006.

MERLEAU-PONTY, M. *A estrutura do comportamento*. Tradução de Márcia Valéria Martinez de Aguiar. São Paulo: Martins Fontes, 2006 (Tópicos).

_____. *A natureza*: curso do Collége de France. Tradução de Álvaro Cabral, 2ª ed. São Paulo: Martins Fontes, 2006 (Tópicos).

_____. *As aventuras da dialética*. Tradução de Claudia Berliner. São Paulo: Martins Fontes, 2006 (Tópicos).

_____. *Fenomenologia da percepção*. Tradução de Carlos Alberto Ribeiro de Moura. São Paulo: Martins Forntes, 1999.

_____. *Humanismo e terror*: ensaio sobre o problema comunista. Tradução Naume Ladosky. Rio de Janeiro: Tempo Brasileiro, 1968.

_____. *O visível e o invisível*. Tradução de José Arthur Gianotti e Armando Mora d'Oliveira, 4ª ed. São Paulo: Perspectiva, 2005 (Debates).

_____. *O visível e o invisível*, 4ª ed. São Paulo: Perspectiva, 2009.

_____. *Psicologia e pedagogia da criança*: Curso da Sorbonne 1949-1952. Tradução de Ivone C. Benedetti. São Paulo: Martins Fontes, 2006 (Psicologia e pedagogia).

_____. *Signos*. São Paulo: Martins Fontes, 1991.

_____. *Textos escolhidos*. Prefácio, seleção de textos, tradução e notas de Marilena de Souza Chaui. São Paulo: Abril Cultural, 1980 (Coleção Os Pensadores).

MONDIN, Battista. *La Conoscenza dell'Essere in Fabro e Gison*. Roma: Euntes Docete: Roma, 1977, pp. 85-115.

MORATO PINTO, D.; BORBA, S.; KOHAN, Wa. Atualidade de Bergson. Em: LECERF, E.; BORBA, S.; KOHAN, W. *Imagens da imanência: escritos em memória de Henri Bergson*. Belo Horizonte: Autêntica, 2007.

MOUTINHO, L. D. S. *Sartre – existencialismo e liberdade*. São Paulo: Moderna, 1995.

NIETZSCHE, F. W. *Crepúsculo dos ídolos ou como se filosofa com o martelo*. Lisboa: 70, 1985.

ORTEGA Y GASSET, José. Que és Filosofia? 3ª ed., em: *Obras Completas, Revista de Occidente*, vol. VII. Madrid, 1969.

_____. Max Scheler: un embriagado de esencias (1874-1928). Tomo IV, em: *Obras Completas, Revista de Occidente*. Madrid: Alianza Editorial, 1987.

PANGALLO, M. *L'itinerario Metafisico di Cornelio Fabro*. Euntes Docete: Roma, 1977, pp. 7-31.

PEETERS, Benoît. *Derrida*. Paris: Flammarion, 2010.

PESSANHA, José Américo. Bergson (1859-1941): vida e obra. Em: BERGSON, H. *Cartas, conferências e outros escritos*. São Paulo: Abril Cultural, 1979 (Coleção Os Pensadores), pp. 6-14.

PETROSINO, S.; ROLLAND, J. *La Verité Nomade. Introduction à Emmanuel Levinas*. Paris: La découverte, 1984.

REFERÊNCIAS BIBLIOGRÁFICAS

PHILONENKO, Alexis. *Bergson ou de la Philosophie Comme Science Rigoureuse.* Paris: Cerf, 1994.

POCHÉ, Fred. *Penser avec Arendt et Lévinas.* Du Mal Politique au Respect de l'Autre. Lyon: Chronique Social, 2003.

POIRIÉ, François. *Emmanuel Lévinas.* Essai et entretiens. Arles: Actes Sud, 1996.

PRADO JÚNIOR, Bento. *A filosofia seminal de Bergson.* Artigo publicado na *Folha de São Paulo* – Caderno "Mais!", 29 de agosto de 1999.

_____. *Presença e campo transcendental – consciência e negatividade na filosofia de Bergson.* São Paulo: Edusp, 1989.

REIS, Róbson Ramos dos. Verdade e indicação formal: a hermenêutica dialógica do primeiro Heidegger. Em: *Veritas*, n. 46, 2001(b), pp. 607-620.

SANTOS PINTO, T. J. *O método da intuição em Bergson e sua dimensão ética e pedagógica.* São Paulo: Loyola, 2010.

SARTRE, J.-P. *A Imaginação* (Coleção Os Pensadores). Tradução de Luis Roberto Salinas Fortes. São Paulo: Abril Cultural, 1973, p. 33.

_____. *A transcendência do ego: esboço de uma descrição fenomenológica.* Tradução de Pedro M. S. Alves. Lisboa: Colibri, 1994 (*La Transcendance de l'Ego: Esquisse d'Une Description Phénoménologique.* Paris: Recherches Philosophiques, 1937).

_____. *As palavras.* Tradução de J. Guinsburg. Rio de Janeiro: Nova Fronteira, 1964 (*Les Mots.* Paris: Folio, 1972).

_____. *Baudelaire.* Paris: Gallimard, 1975.

_____. *Cahiers pour une Morale.* Paris: Gallimard, 1983.

_____. *Crítica da razão dialética.* Tradução de Guilherme João de Freitas Teixeira. Rio de Janeiro: ed. DP&A, 2002. (*Critique de la Raison Dialectique.* Paris: Gallimard, 1960).

_____. *Diário de uma guerra estranha.* Tradução de Aulyde Soares Rodrigues. Rio de Janeiro: Nova Fronteira, 1983(a).

_____. *La Liberation de Paris: une Semaine d'Apocalypse*. Les Écrits de Sartre. Paris: Gallimard, 1970.

_____. *L' Être et le Néant – Essai d' Ontologie Phénoménologique*. Paris: Gallimard, 1943. (*O ser e o nada – ensaio de ontologia fenomenológica*. Tradução e notas de Paulo Perdigão. Petrópolis: Vozes, 1997).

_____. *L'Idiot de la Famille*, 1. Paris: Gallimard, 1971.

_____. *O existencialismo é um humanismo* (Coleção Os Pensadores). Tradução de Vergílio Ferreira. São Paulo: Abril Cultural, 1973(a), p. 1.

_____. *O fantasma de Stálin*. Tradução de Roland Corbisier. Rio de Janeiro: ed. Paz e Terra, 1967.

_____. *O imaginário*. Tradução de Duda Machado. São Paulo: ed. Ática, 1996.

_____. *Os dados estão lançados*. Tradução de Lucy Risso Moreira César, 2ª ed. Campinas: ed. Papirus, 1995.

_____. *Que é literatura?* Tradução de Carlos Felipe Moisés. São Paulo: Ática, 1969.

_____. *Saint Genet – ator e mártir*. Tradução de Lucy Magalhães. Petrópolis: Vozes, 2002(a). (*Saint Genet, Comedien et Martyr*. Paris: Galliamard, 1952).

_____. *Sartre no Brasil – a conferência de Araraquara*. Edição bilíngue. Tradução de Luiz Roberto Salinas Fortes. Rio de Janeiro: Editora Paz e Terra, 1987.

_____. *Sartre par Lui-même*. Filme. Entrevista concedida a Michel Contat, Jean Poillon, Jacques Bost, André Gorz e Alexander Astruct. Produção Pierre André Butang, 1970.

_____. *Situations I a X*. Paris: Gallimard, período de 1947 a 1976 (não segue a ordem anual). (*Situações I* – críticas literárias. Tradução de Cristina Prado. São Paulo: Cosac Naify, 2005).

_____. *Sursis*. Tradução de Sérgio Milliet, 4ª ed. Rio de Janeiro: Nova Fronteira, 2005 (*Le Sursis*. Paris: Gallimard, 1945).

_____. *Une Idée Fondamentale de la Phénoménologie de Husserl: L' Intentionnalite*. Situations I. Paris: Gallimard, 1947 (*Situações I* – críticas literárias. Tradução de Cristina Prado. São Paulo: Cosac Naify, 2005).

_____. *Vérité et Existence*. Paris: Gallimard, 1989.

SAUSSURE, F. (1972) *Cours de Linguistique Générale,* Paris: Payot. Tradução de Antonio Chelini, José Paes, Isidoro Blikstein. *Curso de linguística geral*. São Paulo: Cultrix, 1975.

SCHELER, Max. *Das Ressentiment im Aufbau der Moralen*. Bd. 3, Gesammelte Werke, Bonn: Bouvier, 2007, Vom Umsturz der Werte: Abhandlungen und Aufsätze.

_____. *Der Formalismus in der Ethik und die materiale Wertethik: neuer Versuch der Grundlegung eines ethischen Personalismus*. Bd. 2, Gesammelte Werke, Bonn: Bouvier Verlag, 2000.

_____. *Die christliche Liebesidee und die gegenwärtige Welt*. Bd. 5. Gesammelte Werke, Bonn: Bouvier Verlag, 2000, Vom Ewigen im Menschen.

_____. *Ordo amoris*. Bd. 10, Gesammelte Werke, Bd. 1/Zur Ethik und Erkenntnistheorie, Bonn: Bouvier Verlag, 2000, Schriften aus dem Nachlass.

_____. *Zur Rehabilitierung der Tugend*. Bd. 3, Gesammelte Werke, Bonn: Bouvier Verlag, 2007, Vom Umsturz der Werte: Abhandlungen und Aufsätze.

SEBBAH, François-David. *Lévinas*. São Paulo: Estação Liberdade, 2009.

SOLIS, D. E. N. *Desconstrução e arquitetura, uma abordagem a partir de Jacques Derrida*. Rio de Janeiro: UAPÊ/SEAF, 2009.

STREETER, Ryan. Heidegger's Formal Indication: a Question of Method in Being and Time. Em: *Man and World*, vol. 30, 1997, pp. 413-430.

SUSIN, Luiz Carlos. *O homem messiânico,* uma introdução ao pensamento de Emmanuel Lévinas. Petrópolis/Porto Alegre: Vozes/EST, 1984.

TOMÁS DE AQUINO. *Summa Contra Gentiles*. Bologna: Studio Dominicano, 2000.

_____. *Suma Teológica*. São Paulo: Loyola, 2008.

_____. *Commento alle Sentenze di Pietro Lombardo.* Bologna: Studio Dominicano, 1999-2002.

VIEILLARD-BARON, Jean-Louis. *Compreender Bergson.* Petrópolis: Vozes, 2007.

WORMS, F. A concepção bergsoniana do tempo. Em: *Dois Pontos,* vol. 1, n. 1 (Temporalidade na Filosofia Contemporânea). Curitiba: Departamento de Filosofia da Universidade Federal do Paraná, 2004.

_____. Qual vitalismo para além do niilismo? De a evolução criadora a nossos dias. Em: PINTO, D. M.; MARQUES, S. T. (org.) *Henri Bergson – crítica do negativo e pensamento em duração.* São Paulo: Alameda, 2009.

ZIELINSKI, A. *Levinas, la Responsabilité est Sans Pourquoi.* Paris: PUF, 2004.

ZOURABICHVILI, F. *O vocabulário de Deleuze.* Rio de Janeiro, versão digitalizada e disponibilizada pelo Centro Interdisciplinar de Estudo em Novas Tecnologias e Informação, 2004.

Sobre os autores

André Luiz Pinto da Rocha

Bacharel, licenciado, mestre e doutorando em Filosofia pela Universidade do Estado do Rio de Janeiro (UERJ), bacharel em Enfermagem e Obstetrícia pela Universidade do Rio de Janeiro (UNI-RIO), atualmente, Universidade Federal do Estado do Rio de Janeiro. Exerceu atividades docentes na UERJ. Como autor, participou do livro *Crença e evidência* pela Editora Unisinos. Docente concursado na rede estadual de ensino (SEEDUC) e na Fundação de Apoio à Escola Técnica (FAETEC). Atuação nas áreas de Filosofia da Ciência, Filosofia da Biologia, Bioética, Ontologia e Fenomenologia.

Dirce Eleonora Nigro Solis

Professora do departamento de filosofia da UERJ, desenvolve pesquisa sobre o pensamento de Jacques Derrida desde os anos 1990. É mestre em Filosofia pela PUC-Rio e doutora pela UERJ. É autora de vários artigos, capítulos e livros sobre o pensamento do autor, com destaque para os livros *Desconstrução e arquitetura – uma abordagem a partir de Jacques Derrida* (UAPÊ, 2009) e "Espectros: Derrida e o cinema", capítulo do livro *Luz, câmera, filosofia* (Ideias & Letras, 2013), e organizadora, com Fernando Fuão, do livro *Derrida e arquitetura*, no qual escreveu dois artigos (EdUERJ, 2014). Coordenadora na UERJ do Laboratório de Licenciatura e Pesquisa sobre o Ensino de Filosofia (LLPEFIL), é responsável por alguns projetos, como o "Filosofia e ensino na visão dos filósofos", sobre questões suscitadas por Jacques Derrida.

Fábio Murat de Pillar

Graduação, mestrado e doutorado em Filosofia pela Universidade Federal do Rio de Janeiro. Desenvolveu no doutorado a questão da transcendência na fenomenologia de Max Scheler. Tem experiência no ensino de Filosofia, com ênfase em Filosofia da Vida (*Lebensphilosophie*) e Fenomenologia. Seu interesse principal dirige-se aos pontos de convergência das relações entre fenomenologia e metafísica.

Com formação complementar na Escola Teológica da Congregação Beneditina do Brasil, atualmente leciona Filosofia, como professor efetivo, no Instituto Federal do Rio de Janeiro (IFRJ). Entre seus trabalhos, publicou *Para uma compreensão da relação entre amor cristão* e *Ressentimento em Max Scheler* (Ítaca, UFRJ, vol. 11, pp. 88-99, 2009) e *Do religioso na especulação filosófica*. Em: MEES, L.; PIZZOLANTE, R. (orgs.) *O presente do filósofo: homenagem a Gilvan Fogel*, 1ª ed., Rio de Janeiro: Mauad X, 2008, vol. 1, pp. 174-186.

Hélia Maria Soares de Freitas

Doutora em Filosofia e pós-doutora em Educação pela Universidade do Estado do Rio de Janeiro (UERJ). Licenciada e mestre em Filosofia pela Universidade Federal de Santa Maria (UFSM). Exerceu atividades docentes na UFSM, UERJ e UFRJ. Atuou como conteudista da cátedra de Fundamentos da Educação I, pelo CEDERJ, no qual elaborou o livro *Filosofia e educação*. Trabalhou como docente concursada na rede estadual de ensino (SEEDUC). Tem experiência nas áreas de Ética, Filosofia Política, Educação e Ontologia, com ênfase em Fenomenologia Hermenêutica.

José Vidal de Amorim

É sacerdote católico desde 1995 e sempre procurou ter grandes proximidades em relação às pastorais sociais. Desenvolveu seus estudos filosóficos na Pontifícia Universidade Gregoriana de Roma (PUG), onde se tornou mestre e doutor em Filosofia. Lecionou Filosofia Política e Metafísica por muitos anos no Instituto Diocesano de Teologia Monsenhor Barreto, na Diocese de Barra do Piraí, Volta Redonda – RJ. Atualmente é docente concursado na rede estadual de ensino (SEEDUC).

Luciano Donizetti da Silva

Bacharel e licenciado em Filosofia com habilitação em História e Sociologia, além de mestre em Filosofia Moderna e Contemporânea pela UFPR; doutor em História da Filosofia Contemporânea pela UFSCar. É professor de Filosofia desde então, tendo atuado na UFPI e UFLA; agora é professor adjunto no departamento de Filosofia do Instituto de Ciências Humanas da UFJF. Atua como pesquisador em Filosofia Francesa Contemporânea, com ênfase em Fenomenologia, Existencialismo, Moral, Subjetividade e Liberdade.

Luka de Carvalho Gusmão

Graduado em Pedagogia, especialista em Filosofia Moderna e Contemporânea, e mestrando em Educação pela Universidade Federal de Juiz de Fora (UFJF), na qual integra o Núcleo de Pesquisas em Educação e Diversidade da Faculdade de Educação. Tem experiência em pesquisa nos temas: educação em tempo integral; educação e diversidade a partir das categorias tempo e conhecimento; pesquisas nos/dos cotidianos; filosofia de Henri Bergson na interface da aprendizagem, o currículo e a formação de professores.

Ozanan Vicente Carrara

Graduado em Filosofia pela UFJF e em Teologia pelo Melbourne College of Divinity, Austrália. Mestre pela PUC-SP com dissertação sobre a filosofia de Martin Buber e doutor em Ética e Filosofia Política, pela UERJ, com tese sobre Ética e Política na obra do filósofo franco-lituano, Emmanuel Levinas, também publicada pela Ideias & Letras. Fez pesquisas para sua tese como bolsista do CNPq, na Université Marc Bloch, em Strasbourg, França, durante o ano de 2005.

Leciona Filosofia desde o ano 2000, tendo ensinado em Juiz de Fora – MG e no sul Fluminense. Atualmente é professor adjunto III da UFF de Volta Redonda – RJ; docente no mestrado em Tecnologia Ambiental. Tem pesquisas em Ética ambiental a partir de Heidegger, Jonas e Levinas.

Tarcísio Jorge Santos Pinto

Professor adjunto III da UFJF na Faculdade de Educação, doutor em Filosofia pela USP, mestre em Filosofia pela UFRJ e licenciado em Filosofia pela UFJF. Tem experiência nas áreas da Filosofia e da Educação, atuando principalmente com os seguintes temas: Henri Bergson; História da Filosofia; Ética; Filosofia da Educação; Filosofia, Cinema e Educação. Publicou pela Editora Loyola o livro *O método da intuição em Bergson e a sua dimensão ética e pedagógica*.

Atualmente é coordenador do GEFILE (Grupo de Estudos e Pesquisas em Filosofia e Educação), vinculado ao NEPED (Núcleo de Estudos e Pesquisas em Educação e Diversidade) e ao NEFPE (Núcleo de Estudos em Filosofia, Poética e Educação), ambos da FACED/UFJF. É também coordenador adjunto do curso de Pedagogia a Distância da FACED/UAB/UFJF.

Sergio Resende

Bacharel e mestre em Filosofia pela UFRJ, onde atualmente desenvolve tese de doutorado com o tema: "O Homem e seu lugar no Cosmos segundo a filosofia de Gilles Deleuze". É professor no Instituto Federal de Educação, Ciência e Tecnologia (IFRJ), no *campus* Nilo Peçanha, em Pinheiral, e no Colégio Interativo de Volta Redonda. Dedica-se principalmente ao estudo de Metafísica, Ética, Política e Religião Comparada.

Esta obra foi composta em CTcP
Capa: Supremo 250g – Miolo: Pólen Soft 80g
Impressão e acabamento
Gráfica e Editora Santuário